図説「最悪」の仕事の歴史

The Worst Jobs in History Two Thousand Years of Miserable Employment

トニー・ロビンソン

日暮雅通・林啓恵 訳

原書房

図説「最悪」の仕事の歴史

目次

はじめに

私が学校で習った歴史といえば、王族や将軍、首相といった人物や、戦争に関する話ばかりだった。だが、それが本当に語られるべき話の半分にすぎないのだということは、つねに考えていた。ほとんどの人たちにとって、英国の歴史を生きるというのは、もっと違うことだったはずだ。歴史に名を残した偉大な男や女のかげに、つらくて危険で不快な仕事をしてきた名も知れぬ人たちが、たくさんいたのだから。

考古学という学問が、このことをはっきりと示してくれる。考古学で発掘されるもののほとんどが、偉人や賢人の遺《のこ》した貴重品でなく、ごくふつうの人たちの生活の残《ざん》骸《がい》なのだ。テレビ番組『タイム・チーム』†の仕事をしてきた私は、昔の人たちの生活にふれて感動することがしょっちゅうあった。彼らは、ある歴史上の出来事があったから生きられたのではなく、その出来事があったにもかかわらず、生き残ることのできた人たちなのである。

私は長いあいだ、そうした人たちのことをとりあげたいと思ってきた。だが、彼らの生活をありありと、しかも退屈にならないように描き出す方法が、なかなか見つからなかった。そんな中、今から二、三年前のことだが、歴史家のマイク・ジョーンズ

【タイム・チーム】考古学のプロセスを解説する、英国のテレビ局チャンネル4の人気番組。

博士と交わした騎士の時代の戦闘に関する話が、ヒントを与えてくれた。中世の騎士たちは何百ポンドもの重たいよろいを身につけて八時間ぶっ続けで戦ったわけだが、どうやってそんな過酷な戦闘を耐え抜くことができたのだろう。その疑問に博士は、分業化されたスタッフがバックアップしてよろいの騎士を戦わせるさまを、仔細《しさい》に語ってくれた。そのスタッフのうち、私がいちばん気に入ったのは、〝武具甲冑《かっちゅう》従者〟。最も地位が低く、一日中鞍《くら》の上にいた主人のよろいの中にたまった汗や尿や糞便《ふんべん》を洗い流すのが仕事だ。私には世界最悪の仕事のように思えたが、マイクはこう言ってのけた。「まだ彼は運のいいほうさ。中世の世界にはもっと悲惨な生計の立て方がたくさんあったんだから」

しかし、本当にそうなのだろうか？　そう思った私は、歴史上で最もひどい仕事が何なのかを探すことにした。そしてできたのが本書であり、公には社会史の本ということになっているのだが、そのジャンルの本を一冊でも読んだことのある人なら、なぜ私が〝社会史《ソーシャル・ヒストリー》〟という言葉を使いたがらないか、理解していただけるだろう。荘園に関する記録を細かに調べて、耕作用のすきを引くのが牛から馬へと変わっていった経緯を文書にしたり、ケント州の村における鮮魚の消費量に関する統計分析をしたりというのは、確かに学術的に重要な仕事である。だが、それではわくわくするような読み物にはならない。伝記作家なら、彼らの扱う有名なヒーローやヒロインの人生に色づけをしたり、イマジネーションをふくらませたりすることができるが、社会史の学者がその無名のテーマについて同じことをすることは、ほとんどないのである。

では、どの職業が〝ワースト〟かという点については、私の主観にもとづく選定になっていることを、お断りしておきたい。人間の悲惨さを客観的に測る方法はないのだから。さらに、最悪の中でも最悪の状況にいた人たちについて、私が意図的に避けたことにも気づかれると思う。二十世紀に入る前は、どんな時代にあっても、女性として生きるだけでも過酷であるのに加え、出産するとなると、本書の中のどの仕事にも劣らずつらいことだった。また、歴史上ずっと、無数の大人や子どもが売買の対象にされ、富者に虐待されてきたことも事実である。

私としてはむしろ、雇用に関する未踏の地を探りたかった。〝ヒキガエル喰い〟、〝火薬小僧《パウダー・モンキー》〟、〝死体取り調べ人《サーチャー・オブ・デッド》〟といった呼び名が、かつてのこの国が今とはまったく違う、胸のむかつくようなところであったことを示している。もちろん私の選択は、二十一世紀に生きる神経質でいくじなしの人間のあと知恵によるものといえる。昔の人たちのほうが、胃も神経も丈夫だった。彼らの関心は、その仕事が不快なものかどうかよりも、どのくらい稼げるかということにあったのである。とはいえ、チューダー王朝の宮廷における〝御便器番〟は、王と直接に触れあえるという非常に名誉ある地位だったわけだが、ヘンリー八世の大きなお尻《しり》を拭《ふ》くことよりももっとましな仕事で出世したいと思っていた人物は、いくらでもいたはずだ。

ここでとりあげたのは、汚らしくて不快な仕事ばかりではない。〝危険性〟という要素も、選択の際に考慮した。たとえば、十八世紀の〝騎馬巡視官〟は、ポニーと拳銃だけで凶悪犯罪の急激な増加《ウェーブ》を食い止めるという、カヌート王†の伝説さながらの任務を押しつけられた。王権にへつらう臣下を諫《いさ》めようとしたカヌート王は、波打ち際に立つと、波《ウェーブ》に向かって動かずにいろと命じ、王の力の及ばぬものもあると示したの

【カヌート王】九九四年頃―一〇三五、イングランド、デンマーク、ノルウェーの王。

だった。

また、危険性はなくとも、〝財務府大記録の転記者〟のような、毎年の王家の収支決算書を書き写すという、うんざりするほど退屈な仕事もあった。細心の注意を要する作業なので、完成させるには丸十二カ月かかり、終わったときには次の年の収支決算書が待っていて、同じ作業をまた繰り返さなければならないのだった。

時には、歴史上の大事件から着想を得ることもあった。たとえば、一六〇五年に起きた火薬陰謀事件†からは、火薬の原料となる硝酸塩を手に入れるため人間の排泄物《はいせつぶつ》を収集した、〝硝石集め人《ソルトピーター・マン》〟の役割に思い至った。当時の彼らは不思議なことに、どんな家にも出入りして勝手に床板をはずし、〝下肥〟を入手する権限を国から与えられていたのだ。

同じ系統としては、中世の大聖堂建築を支えた最悪の仕事や、ネルソン提督が率いた海軍での生活もとりあげた。ほとんどの水兵たちは、トラファルガー海戦での提督のように騒がれることもなく、黙って死んでいったのである。「キスしてくれ、ハーディ†」などと言えることも、もちろんなかった。兵士たちは縫いあわせたハンモックの中に砲弾二発と一緒に入れられ、船から海中へと投じられたのだ（ネルソンの遺体は腐敗防止のためラム酒漬けにされた）。

さらには、産業革命の衝撃がある。産業革命は、ひと握りの人間にとっては富《とみ》と権力の源泉だったが、一般大衆にとっては、惨めな仕事を数多く生み出す元になっただけだった。その一例が、〝精紡機掃除人《ミュール》〟だ。

ヴィクトリア時代に入り、労働の衛生と安全に関する法律による規制が始まると、

【火薬陰謀事件】英国議事堂の爆破未遂事件。

【キスしてくれ、ハーディ】トラファルガーの海戦で、死に際のネルソンが艦長ハーディに対して言ったとされる。

少数にしか知られない危険な仕事が減っていき、一方でロンドンの〝マッチ・ガール〟（マッチ工場の女工）たちのように、待遇改善を訴える声が上がりだした。しかし、ぞっとするような仕事で近代まで残ったものも少なくない。〝ウミガラスの卵採り〟というヴァイキングの仕事は、私たちには珍妙でしかないが、ヨークシャーのフランバラ岬には〝クリマー〟†という職名で二十世紀初頭まで残っていたのだ。

　この本を読む暇と教養があるのだから、当然のことながら、あなたの人生はここで出会う人たちほど過酷ではないだろう。私としては、この本を通じて多少なりと見識を深められることを願っているが、とりわけ、職場で惨めな思いをしたり、不当に扱われたと感じた日には、あなたの仕事よりはるかにおぞましい職業についていた歴史上の無数の人々のひとりでないことを、感謝していただきたい。

二〇〇四年六月

トニー・ロビンソン

【クリマー】クライマー（登る人）の方言。

注意

本書の各章末には、それぞれの時代の年表がならんでいる。通常、記録に残されるのは、偉人や賢人をめぐる出来事だが、ここには通常の歴史事項と、ふつうの人々の生活に影響を与えながら、あまり注目されることのない発明や成果を載せてある。

第一章 最初の最悪の仕事

ブリテン島は、北海と大西洋の波によって海岸線が形づくられてきたように、人の流入と侵略によって変容してきた。まず紀元前三五〇〇年ごろ、渡来したケルト人が、もともとの居住民に取って代わった。紀元前八〇年には洗練されたベルガエ人の波が押し寄せ、イングランド南部に定着した。そして紀元後四三年、吃音《きつおん》のあったローマ皇帝クラウディウスが本国の世論を味方につけるため、ブリテン島の永続的な侵略と占領を命じたのである。イケニ族の女王ボーディッカは、クラウディウスの後継者ネロに決死の戦いを挑んだものの、この侵略が四〇〇年近くにわたる連続的な統治の始まりとなった。こうしてローマの価値観と文化が、ブリテン島の暮らしのすみずみにまで行きわたったのだった。

ローマ時代の最悪の仕事

ローマ侵攻以前、〝仕事〟という単語には、かなりあいまいな意味しかなかった。基本的に、戦っていないあいだにすることが労働だったのだ。しかし、文化が洗練されるにつれて、労働が特殊な個々の仕事に分割されるようになった。ローマ人はどの仕事が最悪かよく知っており、そういう仕事はおおむね奴隷たちに割り振られた。ローマ人とともに持ちこまれた新技術のすべてを支えていたのは、恐ろしい条件や、多大な苦痛に満ちた生活だった。たとえば、ローマ人に床下暖房を与えた優れた工学技術は、床下暖房清掃人として働く男たちがいなくては成立しない。清掃人は闇に閉ざされた地下で身をくねらせて、パイプを掃除した。ヴィクトリア時代における

【前頁】リンディスファーン福音書より、聖マタイの図。修道士たちが隙間風だらけの筆写室で作ったベラム（三五ページ参照）による装丁の本を持っている

【左】ローマ人にとって豪華な正餐は社会的な地位の高さを表し、貴族の屋敷ではミシュランの星付きシェフに匹敵するような料理人の獲得に力をそそいだ。料理人は台所奴隷の小隊を従えて働いた。紀元前四世紀の壁画にそんな奴隷の姿が描かれている

〝煙突掃除人《チムニー・スウィープ》〟（二八〇ページ参照）の先駆けである。

奴隷の労働を〝仕事〟と呼べるだろうか？　たぶん呼べないだろう。彼らには、どこで何をするかを選ぶ権利がなかったからだ。だが、奴隷が行なっていた労働のいくつかは、自由民の男女も行なっていたので、ここでとりあげた。ローマ時代には、どの仕事を誰がするとか、どこからが給料でなくチップなのかということが、はっきりとしていない。さらにややこしいことに、家庭内の労働を受け持っていた奴隷には小遣い銭が与えられ、それで自由を買うことができた。奴隷の仕事にも階層があり、よく働いて行儀よくしていれば、悪い仕事からよい仕事へと階層をのぼることができたのだ。ある貴族は、皇帝ネロが貴族ではなく元奴隷ばかりを出世させ、彼らばかりで周囲を固めているという不満を漏らしている。

同じ奴隷でも、所有者の家族がいる家で働く奴隷のほうが、遠く離れた地所で働く奴隷よりも、出世しやすかった。この本では、主人の身近にいなければできない奴隷の仕事からとりあげていく。……実のところ、近すぎるほどなのだが。

ローマ人は地中海文化の洗練さと調理法をブリタニアにもたらした。コギデュブヌス王がフィッシュボーンにある彼の別荘で贅《ぜい》を凝らしたローマ式の宴会を開こうと思ったら、胸の悪くなるような仕事を受け持つ奴隷が欠かせなかった。

【左】ローマの成金、トリマルキオが催した、あきれるほど贅沢な饗宴（ペトロニウス『サテュリコン』より）

反吐《へど》収集人

ローマ式の饗宴《きょうえん》といえば、有名なことが二つある。ひとつはヤマネを食べること、ハチミツ漬けのヤマネを食べることと、もうひとつは、次の料理に備えて胃を空けるため、〝ヴォミトリアム〟と呼ばれる部屋に待避してヤマネを吐くことだ。

史実とされるこの二つの話のうち、実際に行なわれていたのは片方だけだった。ローマ人は確かにヤマネを食べた。奴隷がヤマネの内臓を抜き、詰めものをして、ハチミツを塗り、軽くケシの実を振ったのだ。だが、ローマの家屋にヴォミトリアムという名の部屋はなかった。ヴォミトリアムとは円形闘技場の出入口となる回廊のことで、短時間に何千という

トリマルキオンの祝宴

まだメネラオスが話しているうちに、トリマルキオンは指をぱちっと鳴らした。その合図で、宦官が遊んでいる主人に尿瓶を差し出した。彼は膀胱を軽くすると、手洗い水を要求した。そして少し水をかけた指を少年奴隷の髪で拭いた……

……ぼくらはもうすっかり驚嘆の念に包まれて彼の後につづき、アガメムノンといっしょに門についた。その側柱には掲示板がかかげてあり、次のような文字が読まれた。

「主人の許可なく門より外に出た奴隷は、すべて百回鞭打たれること」

……ようやっとぼくらが食卓の長椅子に横臥したとき、アレクサンドリア生まれの少年奴隷たちが雪で冷やした水をぼくらの手に注いだ。そのあとすぐ別な少年たちがぼくらの足元にひざまずき、じつに器用に逆剝けを切り取った。こうして厄介な仕事をしながらも彼らは黙っておらず、同時に歌をうたっていた。

……さて前菜の盆には、両脇に小籠を背負ったコリントス製青銅の小さな驢馬が置かれ、一方の籠にはオリーブの白い実が、片方には黒い実が入っていた。驢馬の両側をそれぞれ一枚の銀盤がかこみ、その盤の縁にはトリマルキオンの名前と純銀の目方が刻まれていた。さらにその両盤の上にははんだ付けされたいくつかの小さな陸橋に、蜂蜜と罌粟の実を注ぎかけたやまねがのっていた。

そして銀製の焼き網の上に、しゅうしゅうと音をたてている焼きたてのソーセージ、焼き網の下には、ダマスクス産の李とカルタゴ産の柘榴の実があった。

……トリマルキオンが入ってきた。額の汗を拭き、香水で手を洗い、ほんの少しの間をおいてからこう言った。

「みなさん、許してくれ。ずっと前からお腹が言うことを聞いてくれないのだ。侍医たちも途方にくれとる。だが柘榴の皮と酢づけの樹脂は効き目があった。まもなく腹も正常に戻るものと期待しておる。どちらにせよ、胃のあたりがごろごろ鳴っとるので、みなわしが牛かと思うだろう。もしみんなの中でやむなくおならがしたくなったら、それを恥じることはない。わしらは誰も頑丈には生まれとらん。わしは思うのだが、おならを我慢しとるほど苦しいことはない。こればかりはユピテル大神もとめることができんのだ。
おい、フォルトゥナタ、お前は笑っとるな。そのようにして、夜になるといつもお前はわしを眠らせんのだ。
ところでこの食堂では、誰でも好きなようにしたらよい。わしは何も言わん。医者も辛抱することは禁じとる。もし用が長くなる場合、何もかも外に用意してある。手洗水や便器、その他こまごました必要なものなど。（ペトロニウス『サテュリコン』国原吉之助訳）

ローマ人を外に吐きだせるところからついた名前だった。

ローマ貴族の家に吐瀉《としゃ》専用の部屋がなかったにしても、彼らが吐いていたのは事実だった。ネロの家庭教師でもあった哲学者のセネカは、ローマ人のこととして、「彼は食べるために吐き戻し、吐き戻すために食べた」†と記している。

また、哲学者で政治家のキケロはある手紙で、カエサルがいかにして暗殺の企てを回避したかについて書いている。カエサルは「食後、吐きたいとおっしゃった」†が、暗殺者たちが横たわって待つそこへは行かず、自分の寝室で吐いた。

ローマの客人たちが吐きたいときに部屋すら出なかったことは、多くの証拠が裏づけている。ご親切にも嘔吐専用に準備されていたボウルを使うか、あるいは床に直接吐いた。そして招待客のあいだをめぐり、彼らがくつろぐカウチの下に膝をついてまわったのが、反吐収集人である。これは著者の過剰な想像力の産物ではない。セネカ

【出典】セネカ「ヘルウィアに寄せる慰めの書」大西英文訳
【出典】キケロー「デーイオタルス弁護」上村健二訳

は別の著作で麗《うるわ》しくも洗練された習慣として、食卓で唾を吐いたり、戻したりといった行為を挙げているのだ。「われわれが宴会で寝椅子に寄り掛かっているときでさえも、或る奴隷は客の反吐を拭き取ったり、或る奴隷は長椅子の下に身を屈めて、泥酔した客の残したものを集めます」†

なんとおぞましい仕事だろう。彼らが片付けるのは刺激臭を放つ食物のカクテルだ。ファレルノワイン†とローストミート、料理に多用される魚を発酵させたソース、それにもちろん、消化半ばのヤマネの塊《かたまり》などが残る液体だった。

「トリマルキオの饗宴」といえば、ペトロニウスの著した『サテュリコン』の中で最も有名な箇所のひとつである。これはネロ帝時代（ローマの文化がブリタニアに紹介された時期でもある）に創作されたコミック・ロマンスで、金銭によって奴隷から自由民になったトリマルキオンの並はずれた悪趣味を揶揄《やゆ》する内容になっている。私たちがハチミツ漬けのヤマネという料理があったのを知っているのも、この書によるところが大きい。加えて、主人のためにありとあらゆる奉仕を強いられた奴隷たちの姿が鮮やかに描かれている。

それでも、少なくとも反吐収集人には屋根があるし、ローマ式のセントラルヒーティングの恩恵にあずかることができた。腹がいっぱいになった最後の客人がようやく眠りにつくと、反吐収集人は主人の金の容器にこびりついたヤマネの脂肪をこすり取る作業に入る。ひょっとするとそのとき彼らは、自分たち以上に不幸な者たちに思いを馳《は》せたかもしれない。はるか彼方《かなた》の地で、濡れねずみになって震えながら、自分たちがいま洗っている金の器の原料を集めている、哀れな者たちのことを。

【出典】セネカ「道徳書簡四七―五」茂手木元蔵訳

【ファレルノワイン】イタリア南部カンパーニャ地方産ワインで、ローマ人に人気があった。

金鉱夫

　ローマ人がブリテン島を侵略した主な理由のひとつは、ここから産出される金属と鉱物にあった。鉛《なまり》の需要は高かった。鉛は水道管に使われ、いったん溶かしてから錫《すず》と混ぜて白目《ピューター》がつくられた。また、銀も鉱石として採掘され、硬貨や器に加工された。西暦七〇年には、ブリタニアはローマ帝国最大の鉛と銀の供給地となった。博物学者にして軍人の大プリニウスは『博物誌』の中で、新しい植民地の豊富な資源について書いている。「われわれが管や薄板をつくるのに用いる黒鉛は、ヒスパニアで、またガリア諸州のいたるところで、相当に骨を折って採掘される。しかしブリタニアでは、土地の表層にあまり大量にあるので、一定量以上に生産することを禁じる法律がある」†（この記述は、ヒスパニアが皇帝に訴えたことを受けて、強制的につけ加えられた――これぞヨーロッパ連合が加盟国に出す指示文書の先駆けだろう）。露天採掘とはいえ、それだけの量を確保するために過酷な労働が強いられ、毎年、従事者の一割が命を落とした。

　しかし、ローマ時代のブリタニアにはもっと苛烈《かれつ》な採掘作業があった。最も貴重な金属である金の採掘だ。なぜそれほどきつかったかというと、金は坑内採掘だったからだ。地中にもぐると危険度は高まる。それほど危険なら奴隷にやらせていただろうと思うかもしれないが、ヨーロッパ各地で自由民がこの仕事に従事していた証拠が残されている。

【出典】プリニウス『プリニウスの博物誌』中野定雄・中野里美・中野美代訳

ウェールズのドラコッティーに金鉱があった。ローマ人はその名高い工学技術を用いて何マイルにもわたる水路をつくり、金鉱に近い丘の頂《いただき》に設置した二つの巨大な貯水槽まで水を引いた。この水を勢いよく放出して丘の斜面を覆う緑と表土を押し流し、金が含まれる石英岩《せきえい》を露出させた。ローマの工学技術にもとづくこの性急で圧倒的な見世物のあとには、ひたすら骨の折れる採掘作業が待っていた。ローマ人は採掘が可能だった三〇〇年のあいだに、ドラコッティーから五〇万トンの鉱石を掘り出したとされる。それもすべて手作業で。

奴隷たちに与えられた道具は、必要最低限のものだった。石を削り取るための簡易つるはし、カゴ、鉱石を運ぶための木製の運搬具。鉱石を大量に運ばなければならなかった原因は、金を含有する石英の存在のしかたにある。たとえば石炭などは、同じ鉱石でも比較的容易に取りだすことができる。ときには斜めになっていることがあるとしても、石炭は岩の層にはさまれたひとつの層として、それとわかる形で存在している。それに対して、太古の噴火活動によってつくられた石英は、溶解した鉱石が岩の亀裂に入りこんで固まったものなので、層ではなく、山の中を鉱脈として不規則に走っている。上向きに走ったり、下向きに走ったり、鉱脈が急に広がって大きな塊になっていることもあれば、先細りして期待はずれに終わることもある。鉱脈を

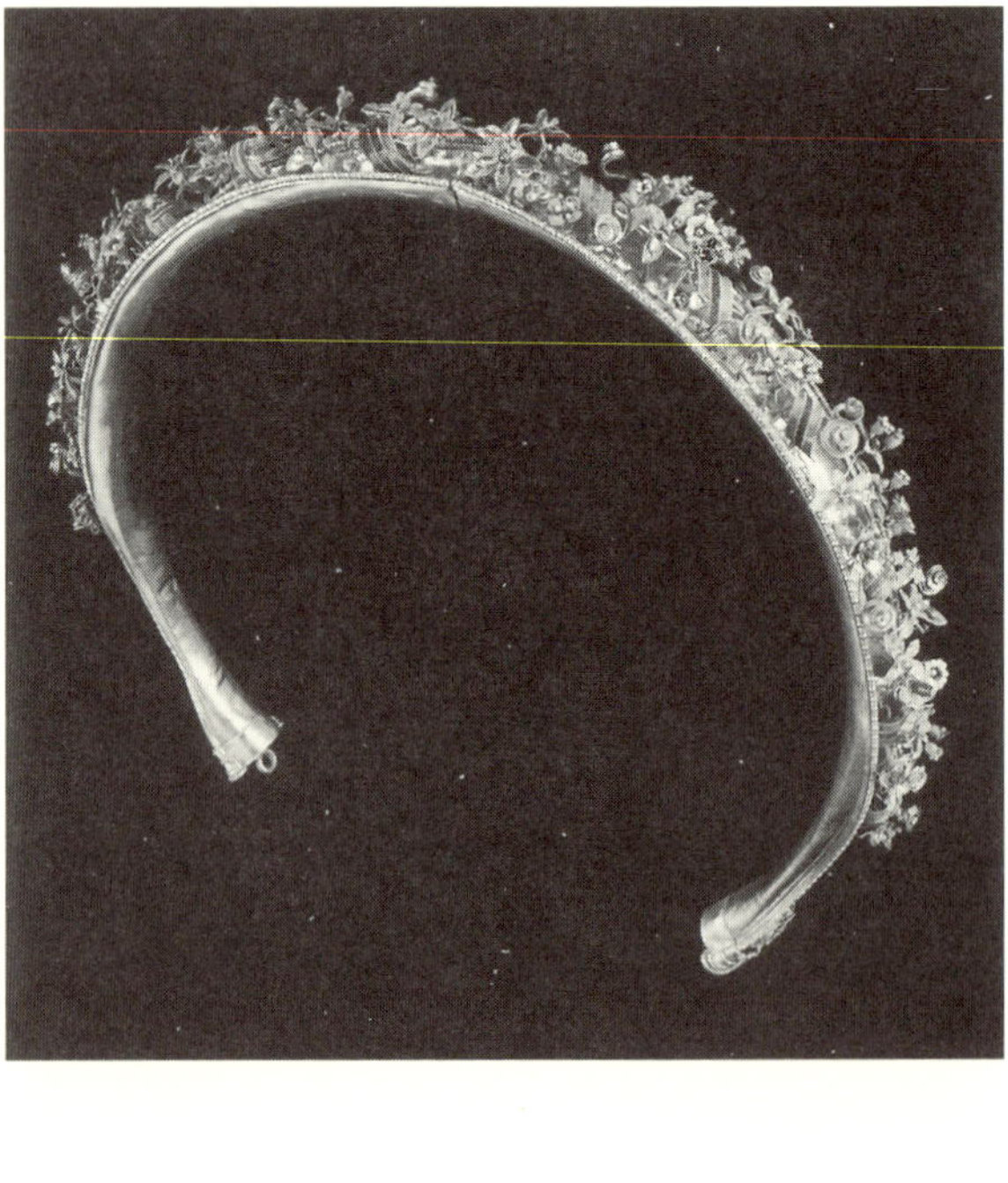

【左】金のティアラ。ローマ文明の最高潮を示す逸品だが、これも金鉱夫の最悪の仕事があってこそ

たどるのは運まかせなので、欲求不満のたまる仕事だった。

金鉱夫は迷路状の坑道で作業する。坑道の天井は木材で支えたものの、自然の作用で地面が揺れれば、マッチ棒のようにかんたんに折れてしまう。中は窮屈だし、危ないし、暗い。まっ暗闇である。動物性の脂やオリーヴオイルを燃料とするランプを携帯しても、煙が多く、たいした明るさは得られない。漆黒の闇の中、なめらかな頁岩《けつがん》とごつごつした石英を手探りで区別しながら、掘り進めることも多かっただろう。

石英に岩が張りついている場合は、薪《たきぎ》にする木材を岩の前に積んで火をつけ、数日

金鉱夫の仕事

［七〇］　第三の方法は巨人の業績をも凌いだことであろう。長い距離を押し進められた坑道によって、山々は灯火を頼りに掘られてゆく。仕事の交替も灯火によって計られる。そして鉱夫たちは何ヵ月もの間日の目を見ない。

こういう種類の鉱山の名はアルギアという。また突然割れ目が崩れて働いていた人々を圧し潰す。だから海の底から真珠やムラサキ貝を採ろうとする方が、むしろ危険が少ないように思われる。われわれは陸地を海に比べてもいっそう危険なものにしてしまったのだ。それだから上方の山の重みを支えるためところどころに迫持がつくられている。

［七一］　どちらの採掘法においても燧石の塊にぶつかる。それを火と酢を用いて砕くのだが、この方法は熱と煙のため坑道で息をつまらせるので、一五〇ポンドの鉄を運ぶ破砕機で打ち砕くことがむしろ多い。人々は昼夜となく働き、くらやみの中でその鉱石を肩に担いで一人が次の者に渡すというようにして運び出す。その列の端にいるものだけが日光を見るのだ。（プリニウス『プリニウスの博物誌』中野定雄・中野里美・中野美代訳）

間、岩を高温で熱し続けた。熱くなった岩から煙があがるようになったとき、坑道で火を燃やし続ける人たちの苦痛はいかばかりだったか。煙に喉を詰まらせ、薄暗いランプの明かりはほとんど役に立たない。しかし、最大の危険はこのあとに控えていた。熱くなった岩が輝きを放つようになったら、いっきに水か酢をかける。すると温度差によって急に収縮した岩が大爆裂を起こす。二日分の炎で煙に苦しめられてきた金鉱夫たちは、今度は崩れ落ちる岩と、暗がりで飛んでくる石片を避けなければならないのだ。

邪魔な岩は手作業で運び、長い坑道の外に捨てなければならない。こうしてようやく、鉱夫はつるはしを使って露出した石英の採石作業に取りかかることができるのだ。しかし、採石はただの始まりだった。まず運搬しやすいように鉱石を砕き、それを坑外に運び出す。石英は非常に硬くて扱いにくく、含まれている金の粒はごく小さい。そのためにできるだけ細かく砕いて羊毛皮の上に置き、石を洗い流すと、比重の重い金だけが羊毛のあいだに残る。これを燃やせば、灰に混じって小さな金の粒が採取できるわけだ。

ドラコッティーでどれだけの鉱夫が命を落としたかわからないが、ここで採取された金は装飾品となってヨーロッパじゅうの裕福な市民の手に渡った。冬季にウェールズの山間部へ行ったことのある人なら、その環境の過酷さがわかるはずだ。ドラコッティー金鉱の基地は鉱夫たちを収容できるほど大きくなかったため、奴隷たちはおそらく手枷《てかせ》や足枷をはめられたまま、それぞれの小屋に住まわされていたのだろう。五世紀初頭にようやく廃鉱になったとき、涙を流した者がいたとは思えない。この金鉱はそのまま、ヴィクトリア時代まで閉鎖されていた。

暗黒時代の最悪の仕事

四一〇年、西ゴート族のアラリクス王はローマの門口に迫っていた。西ローマ帝国は東方の戦闘的な部族から繰り返し攻撃を受けていた。ローマの軍団は各地に分散していたので、イタリア本土を守るために帝国の最果てにいた軍団が呼び戻された。

結果として、ブリタニアに兵力の真空状態ができた。ピクト人、スコットランド人、アイルランド人から攻撃にさらされていたローマ支配下のブリトン人は、軍団の代わりとして、ゲルマン系のサクソン人から傭兵を雇い入れることにした。

戦士のヘンギストとホルサは第一団にいた。彼らは四五〇年、〝キール三隻〟分の兵士たちとともに到着した。ブリトン人を率いるヴォーティガーンはヘンギストの娘と恋仲になり、彼女との結婚を許してもらう見返りとして、ヘンギストにケントを与えた。困ったのは、傭兵たちがその地をいたく気に入り、友人たちに吹聴したことだった。そのせいで、一年後には、ブリタニアの大小の町々がサクソン人に襲われていた。

ブリタニア側の激しい抵抗にもかかわらず、ヨーロッパ北部から押し寄せた部族の定住は急速に進んだ。ジュート族は南部に落ち着いた。アングル族は北部と東部に居つき、自分たちの部族名からイースト・アングリアとアングルランド（あるいはイングランド）という地名をつけた。サクソン人は自分たちのやりかたをイースト・アングリア（エセックス）、西部（ウェセックス）、南部（サセックス）、そしてあいだの地域の一部ミドルセックスに広げた。現在の英語の多くは、オランダから来たほとんど無名のフリジア語に由来する。

この異教の戦士たちの文化の猛攻撃のもと、ローマ領ブリタニアはその名残を捨てた。先住のケルト人は山間部に追いやられ、従来の文化はほとんど忘れられたまま、私たちが暗黒時代†と呼ぶ期間のあいだ、影に隠された。

新しい侵略者たちは部族ごとに居留地をつくった。町や神殿は遺棄され、壮大なローマの建築物や公共事業の産物は荒廃し、建造者たちは忘れ去られた。十世紀に書かれた詩『廃墟』は、その残滓《さんし》を題材としている。「素晴らしきかなこの石造物、事件の数々そを粉砕せり。建造物は崩れ落ちぬ、まさに朽ちんとす、巨人の作は。屋根は倒れ落ちぬ、塔は荒廃せり、格子門は荒され、厳霜は漆喰の上に置かれ、壁は口あけて破れ　崩れ落ち　年月は土台を削り取りたり†」

現在イングランドと呼ばれる地域はしだいに、南部のウェセックス、中部のマーシア、北部からスコットランドとの境界まで広がるノーサンブリアと、提携した三国によって支配されるようになった。いわゆる王国とされるそれぞれの国が、複雑きわまりない社会構造を有していた。頂点に立つのは王であり、その下に貴族がいた。貴族の実体は有力な戦士であり、王のために戦い、また国を運営した。そして、あらゆる作業を受け持つ借地自由民がいる。借地自由民は〝チェオルル〟（ここから粗野な、無作法なという意味のチェオリッシュという単語ができた）と呼ばれた。彼らにとっては、生きること自体が最悪の仕事だった。

【暗黒時代】西ローマ帝国が滅亡した四七六年から一〇〇〇年頃までを指し、いわゆる中世のうち、知的な部分の停滞した時代。

【出典】『古英詩大観』羽染竹一編・訳

【左】この中世の装飾画には、チェオルルの衣鉢を継ぐ小作人の収穫作業を監督する領主が描かれている

チェオルル

イングランド経済は、チェオルルの肩にのしかかっていた。チェオルルは自由な立場の農民だったが、皮肉にもその立場は、暗黒時代を通じて悪化する一方だった。六世紀には農地の所有が許され、仕えるべきは王だけだった。しかしノルマン征服のころには、領主のあらゆる要求に応える義務が生じ、しかも死ぬと同時に所有地を領主に没収された。

チェオルルの生活は繰り返しの多い重労働にあふれていた。だが、忘れないでいただきたいのは、彼がたったひとりの楽団ではなかったことだ。チェオルルは広がり続ける一族を率いる働き者の作業長だった。曲がりなりにもチェオルルには尊厳があった。彼の妻や子どもたち、そしておそらくは雑用を分け持ったであろう数人の奴隷たちには、それすら与えられなかった。彼らは犂《すき》や斧《おの》と同じようにチェオルルの持ち物だったのだ。すべてのチェオルルは森で働き、畑で働き、粉屋であり、大工であった。しかしその妻は粉屋であり、織工であり、仕立屋であり、料理人だった。しかも出産能力があるあいだは麻酔なしに子どもを産み続け、畑仕事に家畜の解体、収穫に穀物のより分

けと、休みなく働いた。そしてチェオルルの読み書きできない子どもたちは、牛飼いや豚飼い、羊飼いをつとめ、何かを持ってきたり運んだりと、雑事全般を手伝った。人知れず無給で働くこうした一団がいるにもかかわらず、家族を養う責任はチェオルルにあった。ごく単純な作業にすら、長時間の重労働が欠かせなかった。たとえば、暖かさを保つといったことひとつを取っても。

アングロ・サクソン時代、材木の伐採は逃れられない重荷だった。炉の火を絶やさないためには薪がいる。必要とされる燃料分の材木を切るためには、日に四時間を要した。木材は建築にも必須だった。家が欲しければ、建てなければならない。そこに用いられる技術は、よく知られている――編み垣に粘土を塗りつける泥壁打ちだ。編み垣の材料となるのは萌芽林《ほうが》のハシバミの細くまっすぐな枝で、それを根気よく折り曲げながら編みあわせて柵《さく》をつくる。そのあと柵どうしを固定して壁にする。編み垣だけでは風が通ってしまうので、密度のある粘土でそれを覆わなければならない。必要な材料は泥と水と藁《わら》と、それにとっておきの秘密である、馬糞《ばふん》。それもうんとたくさん。そうした材料をすべて練りあわせて粘着性のある泥生地をつくり、素手で編み垣に塗りこむ。なぜ糞を使うのか？　自然に消化された糞内の繊維が接着剤の役割を果たしてくれるからだ。泥だけでは、乾くと壁から落ちてしまう。

真新しい壁に囲まれ、頭上には屋根があっても、われらがチェオルルには日々生きていくという仕事が残った。単純な作業にも時間とエネルギーがかかる。もちろん彼のエネルギーではなく、チェオルルのおかみさんのエネルギーだが。主食である大麦のパンをつくるには、まずは女の手で石の挽《ひ》き臼《うす》を使って生の大麦を挽き、生地をこねて、炉で焼かなければならない。家族一二人分のパンをつくるには、粉を挽くだけで三時間はかかる。サクソンのアルフレッド大王の伝説†が十世紀の聴衆の共感を呼ぶわけだ。こんなに貴重なパンを焦がしたら、数時間の重労働が煙と化してしまう。

しかしチェオルルには自営業者以外の側面もあった。家族を養うというだけでも重労働なのに、領主に労働を提供しなければならなかった。しかも、時代が下るにつれて、奉仕の比重は重くなった。

アングロ・サクソン時代のイングランドのほぼ全般を通じて、基本的な土地の単位はハイドといって、チェオルルが生きていくのに足りるとされる地積だった。ウェセックスで一〇ハイドの土地を与えられたチェオルルは、ハチミツ一〇樽、パン三〇〇個、ブリティッシュ・エール一二アンバー（二七リットル相当か）、クリア・エール†三〇アンバー、牡牛二頭、ガン一〇羽、雌鳥二〇羽、チーズ一〇個、バター一アンバー、サーモン五匹、飼料九キロ、ウナギ一〇〇匹を上納しなければならなかった。ハンプシャーのハーストボーン・プライアーズという男は、一ハイドにつき年に四〇ペンスの地代を払い、年に四九週、週三日、領主のために働き、そのうえ三エーカーの領主の土地の耕作と種蒔《ま》き、半エーカー分の牧草刈り（長柄の草刈り鎌と小鎌を使って）の時間を捻出しなければならなかった。それでもまだ足りないとでもいうのか、さらに領主の羊を洗って毛を刈り、切りだして断ち割った木材を荷車四台分と、垣根の材料となる木材一六本を提供し、羊と子羊、エール、大麦、小麦を納めなければならなかった。

だが農業の根幹を成していたのは、ある特定の仕事だった。その仕事には力と技術

【大王の伝説】パンが焼けるのを見ているように言われたアルフレッドが、考えごとをしているうちにこれを焦がしてしまい、非難される。

【クリア・エール】ビールの一種。

の両方が求められた。もしあなたの名字がプラウマン（Plowman あるいは Plough-man）なら、あなたにはイングランドの農地で足をひきずりながら、サクソン時代と中世の基礎を築いた先祖がいるわけである。†

耕作人《プラウマン》

暗黒時代には、耕作しなければ生きていけなかった。耕作が不十分で作物ができなければ、飢饉《ききん》になる。飢えは避けがたい人生の現実だった。最悪のときには、アングロ・サクソンの法律にのっとって、息子を奴隷として売りはらい、必要不可欠な所得を得ることもできた。アングロ・サクソン時代の歴史家であった修道士のベーダ†は、七世紀に飢饉に襲われたサセックスで行なわれた合意の心中について、「しばしば四〇から五〇人の飢えに苦しみ痩《や》せおとろえた人たちが崖や波打ち際まで出かけ、たがいに手を携えて飛びおりるなり、溺《おぼ》れるなりして死んだものだ」と記している。

今、耕作という作業はあまりたいへんではなくなった。トラクターがあることだけがその理由ではない。現在の金属製の犂《すき》には、土を耕すのに最適な刃がついている。†暗黒時代の道具はもっと素朴で、技術がないと使いこなせなかった。アングロ・サクソンの犂先は〝アード〟と呼ばれた。アードはとても長い丸太でできており、〝シェア〟という木製の刃がその下から出ていた。扱いが難しく、適度な深さの犂跡をつけるには、かける圧力を一定にしなければならなかった。

犂の動力源は牡牛だった。馬はずっと高級な動物として戦場専用だったのだ。中世

【プラウマン】プラウには犂または耕作地の意味がある。

【ベーダ】六七三?―七三五、イングランドの聖職者、歴史家、神学者。

【犂】犂は牛馬に引かせる工具（プラウ）で、鋤（すき）は手や足を使う〝スペード〟。

【左】中世後期。チェオルルは羊を飼い、収穫物を貯えた。ありあまるほどの収穫があることは、チェオルルの生活にとって最高の幸せだった

教師と農夫の対話

教師　農夫よ、君はどうかね。どのように君の仕事をしているかね。
農夫　ご主人様、私は働きすぎです。夜明けに出かけて、牛を畑に追い出し、牛を犂に繋ぎます。冬はそれほど厳しいものでなく、私の主人が恐ろしいので、あえて家のなかに隠れはしませんが、牛を繋ぎ、犂の刃を固定してから、毎日、畑の全体、あるいはそれ以上を耕さなければならないのです。
教師　君には誰か仲間がいるのかね。
農夫　私には棒で牛を追ってくれる男の子はいるのですが、その子は寒いと叫んだりして騒々しいのです。
教師　昼間には、それ以上にやることがあるのかね。
農夫　もちろん、まだもっとやることがあるのです。牛の秣桶に藁をいっぱい入れ、牛に水を飲ませ、牛の糞を外に出してやらなければなりません。
教師　それはそれは、たいへんな仕事だね。
農夫　その通りです。私は自由ではないため、たいへんな仕事があるのです。（エルフリック『対話』上智大学中世思想研究所編）

に入ると、ハーネスに大改革が起きて馬を耕作に使えるようになるが、それについては六五ページで説明する。牡牛は鈍重だが足取りが確かで、念入りな訓練と技術が必要だった。いったん動かしはじめたら、あとは止めることなくまっすぐに進むのがコツだ。犂跡がまっすぐだと見た目にいいだけでなく、土壌を最大限生かすことができた。

屋外での耕作作業は、時間がかかるうえに寒かった。ひとりがアードを地面に突きたて、もうひとりが牡牛を導く。アングロ・サクソン暦のイラストには、はだしで牛を引く男が描かれている。これがふつうなのかどうか今となってはわからないが、沼のようになった秋の畑で足と靴を泥まみれにしたことがある人なら、はだしで作業す

【左】ふたりの農夫が元気そうな牡牛に引かせた木製の長い〝アード〟で土地を耕している

る気持ちがわかるだろう。長靴が発明されるまでは、原始的な革のズックをひきずって歩くより、はだしのほうが快適だったのではないだろうか。

　ささやかな逸話として、非常に裕福な家庭の前途有望な若者が農業を継がず、修道士たちと学ぶために家を出された事実がある。修道院に行けば教育が受けられ、よりよい生活が約束されたのだ。ローマ人が去ったあと、一世紀にわたって異教徒のサクソン人に支配されたものの、ローマ文化とラテン語は廃《すた》れなかった。そうした遺産を保存したのは、アイルランドにあったごく小規模なケルト系の修道院コミュニティと、アイオナなどスコットランドの島々だった。修道士たちはそうした人里離れた居留地を出て異教の来住者たちへの宣教に赴き、ノーサンブリアのリンディスファーンのように新たなコミュニティを形成した。熱心な修道士の中には、布教のためヨーロッパ大陸に出向く強者もいた。六〇〇年ごろには、ブリテン島の再キリスト教化の流れが始まっていた。

　修道生活を送るケルト系のクリスチャンたちは、ことさらに勇敢だった。好戦的な人々を改宗させるには、イエス・キリストの代弁者として不屈であらねばならないという自覚があった。そのため、中世には堕落して贅沢になる修道生活も、

アングロ・サクソン時代には最も過酷な仕事のひとつだったのだ。

修練者

ケルト系修道士の生活の細部については、あまりわかっていない。規則は口頭で伝えられるだけで、書き残されなかったからだ。しかしケルト系の修道院コミュニティの禁欲と厳しさは伝説と化している。断食と苦行を実践したことはわかっており、アイルランドの精神生活には今もそれが引き継がれている。

またケルト系の修道士が、私たちがイメージする修道士とはまったく異なる格好をしていたこともわかっている。修道士と聞いて、頭頂に少しだけ髪を残し、頭巾《ずきん》のついた黒い法衣《ほうえ》をまとい、大きな教会で中世の単旋聖歌をうたう小太りで色つやのいい男性を思い浮かべているなら、そのイメージは捨ててもらわなければならない。ケルト系の修道士は着色されていない羊毛の衣服を着、独自のケルト語の典礼聖歌をうたった。礼拝用の建物は、大聖堂というより偵察小屋に近かった。そして剃髪《トンスラ》の形も違った。あの奇妙な髪型はローマ文化の遺産だ。ローマの奴隷は髪を剃られており、修道士たちはキリストの奴隷であることを表すため、同じように髪を剃った。しかし、後世の修道士が頭頂を剃ったのに対して、ケルト系の修道士たちは両耳を結ぶラインまで髪を剃り、額が大きく禿げあがったようなかたちにした。

修道院に入った修練者たちが住まわされる小屋は、彼らの生家同様に粗末だった。ベーダは「教会のほかには、わずかな家しかなかった……実際、日々どうにか暮らせるだけの建物だった」と記している。泥壁打ちの木造建築であったに違いなく、冬季はさぞかし寒かっただろう。各自ベッドは与えられただろうが、スプリング入りのマットレスは望むべくもなかった。アドムナンと呼ばれたある修道士は、「むきだしの岩を寝椅子とし、石を枕としている」と証言している。

休息時間はあまりなく、祈りによって新兵訓練所を地中海クラブ†に変えようとするような生活だった。寝ぼけ眼の修道士は、夜中の二時にせめてもの贅沢であるベッドから起きだし、一時間ほど朝課を行なった。より大きな修道院では、まどろむ修道士たちの顔にランプを照らして起こしてまわる係がいた。朝課が終わると、修道士たちは各自自室に戻ってしばしまばたきし、夜明けとともに賛課が行なわれる。そのあとにミサ、第三時課、正午の第六時課、午後三時の第九時課、六時の晩課と続き、ふたたびベッドに入る八時か九時の直前に終課がある。どの礼拝も長く、ラテン語で行なわれた。石の枕でも眠れるわけだ！

厳しい生活を送っていただけでなく、彼らは厳格な規律に縛られていた。さまざまな違反に対して、処罰の方法が定められており、睡眠を三〇分削るといった罰もあった。聖ベネディクトの戒律から判断するに、打擲《ちょうちゃく》から修友たちの前での平伏まで、罰則は多岐にわたった。平伏については、こう書かれてある。「祈禱《きとう》所で『神の業』が終わる時に合わせて、その入口で無言のまま平伏し、顔を地面につけ、祈禱所から出てくるすべての修友の足下で伏しています。そして修道院長が償いは十分に果たしたと判断するまで、この姿勢を崩してはなりません。修道院長から命じられた時、近づいてその足下に身を伏し、次に全員の足下にひれ伏して、自分のためにその祈りを求

【地中海クラブ】フランスにある滞在型バカンスの世界的サービス会社。

めます」（吉田暁訳）

しかし多くの場合、規律は自己で管理した。肉体は精神生活の妨げになるとされ、苦行に打ちこむ者もいれば、〝白の受難〟として、断食のうちに独居して祈りを捧げる者もいた。しかし、もっと過激な修行をする修道士もいた。たとえばリンディスファーンの聖カスバートは荒行を行なったことで有名であり、屈強なサクソン人からも尊敬されたのだ。

田舎から出てきたばかりの修練者が、この深い精神性に裏打ちされた礼拝づけの生活を送れば、チェオルルの土地につきものの日々の重労働から逃れられると思ったとしたら、残念ながら、それはまちがっている。聖ベネディクトの戒律は、現実に根ざさない過度の精神性は悪とする洞察にもとづいている。労働は修道生活の基本である。

ベーダ『カスバートの生涯』

ここでも、いつもと同じように、彼［＝カスバート］は、ほかの者たちが眠っているあいだに外に出て、眠れない夜を過ごし、朝の祈りの時間には戻る。そしてある夜、修道院の修道士のひとりが、彼がひとりで出ていくのを見て、なにをするのかと、そっとあとをつけた。しかし修道院を出た彼は、下にある海まで行くと、海に分け入り、首から腕から海に浸かり、ひと晩じゅう、神を称えた。夜明けが近づき、海から出てきた彼は、ひざまずくと、ふたたび祈りを捧《ささ》げだした。そうこうするうちに、カワウソという名の四つ足の哺《ほ》乳《にゅう》動物が海から上がってきて、彼のまえの砂浜に横たわると、彼の足に息を吐きかけて毛皮で拭いた。彼から祝福を受けたカワウソは、本来の生息地に戻っていった。カスバートも時間に遅れることなく家に戻り、修友とともに慣れ親しんだ聖歌を口にした。

したがって修道士は木材の切りだしや、羊の飼育、耕作や収穫を行ないながら、修道士としての研鑽《けんさん》に励まなければならないのだ。現実的な理由で、労働時間は季節によって違い、それも聖ベネディクトの戒律に明記してあった。

復活祭から十月一日までは、朝一番課を終えた後、第四時頃まで必要な労働に従事し、第四時から六時課を唱える時刻までは、読書のために時間を当てます。六時課後、食事を終えた者は、それぞれの寝床で沈黙を完全に守りながら休みます。あるいは独り読書をしたい者がいるならば、ほかの者の邪魔にならないように読書をします。九時課は、早めに第八時の半ばにはこれを唱え、その後晩課まで再びなすべき作業に従事します。(吉田暁訳)

日々生き延びるための仕事のほかに、修道士として最悪の仕事に分類できる、特殊な作業があった。

写本装飾師

リンディスファーンとアイオナの大修道院といえば、装飾写本が有名である。どこの修道院にも筆写室、文書室があり、そこで本の作成や写本が行なわれていた。修道院のほかの建物同様、筆写室もまた草葺き屋根の単純な建物で、西洋の知識を後世に残す作業がこの粗末な小屋で行なわれた。六世紀から七世紀にかけての暗黒の日々、写本づくりはキリスト教文化を保存するという、苦痛に満ちた伝道活動の一部であり、担当するのは経験の浅い修道士だった。

福音書は伝道活動に不可欠だった。伝道や改宗は会話を通じてなされることのほうが多かったものの、教会や修道院には教義の統一性を確保する必要があり、それが筆写されたテキストを求める強い要求となった。ブリテン島から大陸へ渡った伝道師は、基礎作業を受け持つ自国の修道院にしつこく要請を出した。ケルト系の写本というと、凝りに凝った装飾ページ《カーペット》のみに注目が集まるが、本当にたいへんなのはテキストを延々と筆写することだった。修道士たちはありとあらゆる本を複製した。聖書や典礼書、神学書、教父による研究といった宗教書をはじめ、キケロやプラトン、アリストテレスなどが著した古典もあった。畑仕事よりはましだろうと思われる人がいたら、よく考えてみてもらいたい。

中世の肖像画を見ると、修道士は装丁した本に筆写をしているが、これは作画上のフィクションでしかない。筆写は一枚ずつのベラム†に行ない、それをまとめて一冊の本にした。修道士たちはベンチに腰かけ、動物の角をインク壺にした。文字どおり、彼らはベラムに文字を刻みつけた。まっすぐに書けるように罫線《けいせん》を引き、文字を書く際のガイドになるよう、文字の形に沿ってベラムに穴を空けた。万年筆で書くというよりは、入れ墨に近い。インクは消しにくかったので、ミスを避けるためには、この手間のかかる作業が欠かせないのだ。

用具は作業に入る前にすべてつくらなければならなかった。インクをつくるには、ハチの卵が産みつけられたナラの木がいる。ハチは木の樹枝に卵を産む。ハチはその

【ベラム】文字を書くように処理した子牛、子羊、子山羊の皮。

【左】ケルト系修道院はラテン文明と知識とキリスト教を保管するとともに、西洋美術に独自の足跡を残した。装飾写本は西欧で制作された最高傑作のひとつであり、ルネサンス以前のブリテン島における最高の作品だった。壮麗な『ケルズの書』はアイオナ島でつくられ、『リンディスファーン福音書』は七〇〇年ごろ、ホーリー島でイードフリスによって聖カスバートを称えるために制作された。ここに挙げたのは、ルカ伝の冒頭のページだが、写本全体からすると、たんなる氷山の一角でしかない

Lucas uitulus
incipit euangelium
secundum lucam
QUONIAM QUIDEM MULTI CONATI SUNT ORDINARE NARRATIONEM

直後に死んでしまうが、卵が孵《かえ》ると、幼虫が唾液を出す。それに樹皮が反応して、幼虫の周囲に〝虫えい〟と呼ばれる硬い層ができる。虫えいの外皮とスポンジ繊維状の層、それに硬い層があり、その種のような構造物の中でハチの幼虫は成長する。修道士は木にできた虫えいを集め、乳鉢と乳棒ですりつぶし、硫酸（硫酸鉄）とアラビアゴムを混ぜあわせ、それに酢と卵白と雨水とビールまたはワインを加えて、濃度と酸のバランスを整えるのだ。

こうした準備が終わってやっと、困難な作業に着手できる。イングランド北東部は暖房なしに何時間も座り続けていられる地域ではないが、リンディスファーンの修道士たちにはそれが求められた。視覚を確保するには日光が必要であり、暗黒時代の窓にはガラスがはまっていなかったため、修道士たちは風の吹きすさぶ小屋の中で筆写作業をしなければならないことに、つねに不平を漏らしていた。筆写作業は時間と根気のいる仕事だった。ささいなミスならナイフで削り取れるが、大きなシミでもつけようものなら、そのページを最初からやり直さなければならない。それに、じっと座っているだけとはいえ、肉体的にも苦痛を強いられる作業だった。

匿名の修道士たちがこの最悪の仕事に関する感想を残している。のちの中世の写本の余白には、彼らの落書きがあり、印刷時代到来前の時代に西洋文化を保持するのがどんなことだったのか、興味深い人間洞察の機会を与えてくれている。あるものは「写字の技法は難しい。目が疲れるし、背中は痛むし、腕と脚には痙攣《けいれん》が走る」とうめき、またあるものは「神さま、寒すぎます」と簡潔に述べている。そして三人目は、筆写室でのその日の作業の終了を、「仕事が終わった。さあ、ワインをくれ！」と祝った。

寒さに震える筆写人たちがつくりあげた作品は、印象的であるとともにきわめて貴重であり、中には表紙に宝石や貴金属をちりばめたものもあった。だからこそ修道院は侵略者の標的となった。八世紀に入ると、ヴァイキングが本島のブリテン島にまで攻めてくるようになった。何百時間もかけて制作されたものが盗まれ、金を払って買い戻されたりした。七九三年、リンディスファーンを襲ったヴァイキングは、修道院に壊滅的な打撃を加え、有名な福音書を奪った。福音書はいったん海に落ちたものの、無事に回収されたのだった。

それから数百年、ヴァイキングの襲撃は激化の一途をたどった。八六五年には、ヴァイキングの〝大軍勢〟がイースト・アングリアに上陸した。八七五年、北欧の侵入者がマーシア王国とノーサンブリア王国を征服した。そして八七七年、今度はウェセックスが襲われ、アルフレッド大王は勢力を再結集するためにサマセットの低湿地に一時撤退しなければならなかった（二七ページの焦げたパンの逸話はこの時期のものだ）。しかし翌年、大王はエディントンでヴァイキングの軍隊に圧勝し、彼らをイングランド北東部、今でいうところのデーンロー地方に押しやった。

しかしこうした大殺戮も、沼地を歩きまわって斧や剣や槍の原材料を探しだしてくる誰かがいなければ、起こりえなかったのである。

沼地の鉄収集人

沼地の鉄収集人は、その職名どおりのことをした。そう、沼地で鉄を集めたのだ。

足がびしょ濡れになって、芯《しん》まで冷えきっているところを想像してもらいたい。そしてそれが常態だと考えてもらえば、アングロ・サクソン時代のイングランドで最も恵まれない人々の退屈な日々の労苦が想像できるだろう。

沼地の鉄収集人は、社会的な序列でいくと最下層に近く、金属細工師や鉄の精錬業者の指示に従って働く低賃金の使用人か、そうでなければ奴隷だった。鉄鉱石は、草が生い茂り、歩くとぐしゃぐしゃと音のする沼地や低湿地のぬかるみに、塊としてあった。要求される量はべらぼうに多かった。金属細工師が一日に三、四〇キロの鉄鉱石を要求する地域もあった。沼地に散らばる鉄鉱石の塊はせいぜい一、二キロ。探しまわる範囲を広げなくてはならないわけだ。

沼地の鉄収集人は先の尖《とが》った金属製の長い棒を持って泥の中を歩きまわり、鉄鉱石がありそうな場所にそれを突き刺した。天候に関係なく外に出て、報いとして与えられるのは鉄鉱石に金属があたる音だけ。これぞという音が聞こえたら、はいつくばってぬかるみから塊を取りだし、それをカゴに入れて次を探す。十分な鉄鉱石が集められたら、それでようやく食事にありつける。

しかし、鉄鉱石を溶解するには、高温で熱しなければならないが、薪ではそこまでの温度が出せない。そこで登場するのが炭であり、そのためにはまた別の単調で不快な仕事が必要になる。現代の研修医の過酷な勤務時間についてはお聞きになったことがあるだろう。それも、サクソン時代の炭焼き人に比べたら、たんなるパートタイム労働でしかないのである。

炭焼き人

サクソン語でコルといったらチャコール、すなわち木炭だった。いわゆる石炭の登場はアングロ・サクソン時代の末期であり、一〇五四年にウェールズ南部のマーガムで修道士が採掘したのが始まりだった。それ以前にサクソン人の知る木炭以外の炭は、海炭《シーコール》だけだった。これは海岸で波に洗われて地下層が露出した奇妙な黒い塊だった。ただで使える予備燃料にはなったが、主要燃料とするには量が足りなかった。

木炭というのは、本質的には凝縮した木材である。炭焼きという仕事には、木材を切りだし、それを焼いて水分を抜くまでの工程が含まれる。水分を抜くには、じっくりと焼きながら、木材に火がついて灰にならないように調整しなければならず、そのためには、炭にする木材を土でおおってクランプと呼ばれる炉にし、それで火に供給する空気の量を制御する必要がある。

鍛冶屋《かじや》や貴金属の細工師にとって、木炭は十分な熱量を得られる唯一の可燃物だった。したがって大量につくらなければならず、それには長時間かけて難しい調整をしなければならなかった。

炭焼きが最悪の職業であるゆえんのひとつは、四、五日間、昼夜を分かたずぶっ続けで起きていなければならないことだ。どんな事情があろうと、炭焼き人はいぶされる木材の大きな山を見守り、土窯から漏れる煙が白から青に変わるのを待たなければならない。一瞬の油断が土窯の亀裂を見逃すことにつながる。うたた寝などしようものなら、目を覚ましたとき炎が立ちのぼっているかもしれず、そうなれば、大量の木炭と数日間の重労働がそれこそ灰燼《かいじん》に帰してしまう。そうした事故を避けるため、彼らは居眠りできないように一本足のスツールに腰かけた。

炭焼き人は半遊牧生活を送っていた。働く場所で野宿をし、つねに土窯を見守れることを第一義にして野営地を決めた。きこりとは仕事上近しい関係にあり、細すぎたり形が悪かったりして建築には適さない木材が材料になった。三トンの木炭をつくるには、一二トンの木材が必要だった。低木のうちに伐採されたハシバミやトネリコやシデなどである。材料が集まったら、一日がかりで直径七メートルの小山をつくれるだけの土を運ぶ。これでようやく炭焼きの準備に取りかかれる。

炭焼き人の仕事には疲労がつきものだった。見張りを交替できる息子や助手がいたとしても、睡眠が不規則になる。そして木の煙を吸い続けるのだから、不健康でもある。

炭焼きがすんだら、今度は木炭を取りださなければならない。木炭の冷まし方をまちがえると、いつ再発火するかわからない。七二時間から九六時間の炭焼きを終えてから、その作業を行なうために夜まで待つ。日中だと、熱い木炭は白く見えるが、あたりが暗ければ、炭が赤熱しているのを目視できるからだ。

次の炭焼きのために場所を移動する前に、もうひとつ、最後のお勤めがあった。炭を焼いた穴の底から、焼けた土を掘り出して袋に詰めるのだ。この粉末状の焼けた土は、木炭そのものより価値のある資産だった。次の盛り土をつくるとき、効果的な充《じゅう》塡《てん》材になるからだ。ただの土では通気性がよすぎる。

炭の焼き方

必要なのは三、四〇時間の余暇と、眠気防止の薬と、四トンの木材。これで一トンの木炭が手に入り、特殊な用語が身につく。

一　“窪み地《ピットステッド》”をつくる――表土を直径三メートルほどの円の形に取り除く。石があると破裂するので、丁寧に拾っておくこと。

二　“薪山《クランプ》”をつくる――中央の棒の周囲に枝や萌芽林から切りだした木材をうずたかく積みあげる。幹は使わない。中央に“穴あき棒《モッティペグ》”を差しこむ。穴があると抜き取るとき便利。ワラビやシダを集めて、薪山にかぶせる。以前に炭焼きしたときに焼けた土をふるいにかけ、表面をおおうコーティング剤をつくる。“半焼け《サンメル》”と呼ばれるこのコーティング剤を、木材とシダやワラビの上に重ねて空気の入らない層にする。その際、下から空気が取りこめるように地ぎわから十五センチほど隙間を空けるが、この隙間を“フライプ”という。

三　炭焼き開始――風の影響が出ないように、風よけや、枝を編んで“小枝のついたて《ウイッティスクリーン》”をつくる。穴あき

棒を引き抜き、赤く熾《おこ》った炭を入れる。火が燃え移ったら、穴に木炭を詰め、周囲の〝襟《カラー》〟の土を使って穴をふさぐ。この作業を〝締めくくり《キャッピングオフ》〟と呼ぶ。注意……点火から六時間ほどで温度が二七〇度に達したら、山の上のほうにいくつか穴を開け、煙を観察する。白から茶色、それがやがて青に変わる。決定的な瞬間である。いぶし焼きによって木材から水分が抜けると、〝半焼け〟が割れやすくなり、割れれば大量の空気が入りこみ、せっかくの木材が燃えてしまう。少しずつ縮むので、続々とヒビが生じてくる。煙が青に変わったら穴をふさぎ、山の下のほうに別の穴をいくつか開ける。これで上から下にいぶされる。青い煙が下の穴から出てきたら、すべての木材が木炭になった証拠。

四　消火——焼けた〝半焼け〟を一部崩し、もうひとりが〝薪山〟に水をかけたら、崩したあとをもう一度おおい、冷めるまで二四時間見守る。これでやっと炭が取りだせる。

これだけの労働に対して報酬はわずかだったが、炭焼きを職業とする人たちはたくさんいた。二千年間にわたるブリテン島の歴史を通じて、炭焼きは見慣れた光景だった。実際、この本の中で最も長く続いた最悪の仕事のひとつが炭焼きである。現在でも職業的に炭を焼いている人がいる。地元のＤＩＹの店でバーベキューのために伝統的なイギリスの木炭を買ったとしたら、それは今もなおブリテン島の森や林で仕事を行なっている一〇〇〇人ほどの炭焼き職人の誰かがつくった木炭ということになる。

しかし、炭焼き人の場合は、その長い勤務時間に見あう報酬があれば、この重労働もまだしも報われただろう。炭焼き人がつくった木炭を仕事に使っていたある職業は、その点でも恵まれなかった。

【左】アングロ・サクソン時代初期には、各王国に独自のコインがあった。このペニー貨はマーシア王国のオッファ王（七五七〜七九六）のために鋳造された。王はオッファの防壁（注・ウェールズとイングランドの間に造ったとされる土と石の防壁）を建造したことで有名

コイン奴隷

アルフレッド大王はアングロ・サクソン語で〝バー〟といわれる要塞のシステムを築いた。ローマ人の居留地に手を加えることもあれば、木材と土を材料に一から築くこともあった。要塞はヴァイキング撃退の基地として威力を発揮した。城壁の内側では、商人も安心して取り引きができた。商業が活発になると、ほどなく貨幣が扱われるようになった。やがて、こうした居住地の多くが栄え、イングランドで最初の豊かな都市へと育った。

ブリテン島ではローマ時代以前からコイン（硬貨）がつくられてきた。しかし、基本コインであるペニーが導入されたのは七五六年、サクソン

人による。暗黒時代には物々交換などによる支払いが主流だったが、政情が安定するにつれて、コイン鋳造の重要性が増した。アルフレッド大王がヴァイキングをデーンローに押しやると、コイン鋳造と交易はさらに勢いを増した。

公式には、コインは君主の管理下に置かれていた。しかし、王は許可制で業者に作業を委託し、正式なコインをつくるのに必要な打ち型や鋳型を提供した。王の代理として地元のコイン鋳造を引き受け、実質的な造幣局をつくることができたコイン鋳造業者《モニアー》は裕福だった。しかし、その下で働く四、五人の男たちは、その恩恵にあずかれなかった。造幣所で働く男たちには給金が支払われることもあったが、通常は〝奴隷《スロール》〟と呼ばれる者たちが作業にあたり、本人は一ペニーも受け取ることなく日がな一日コインに囲まれているという、非常に欲求不満のたまる環境に置かれた。

金にならない代わりに、仕事の楽しみがあるかというと、それもなかった。コインの鋳造は、最も退屈なたぐいの出来高給作業の原型のような仕事だったのだ。

コイン奴隷は、コインに模様を刻印するのが仕事だった。まず鍛冶職が、（木炭を使って）銀の延べ棒をまっ赤に熱する。延べ棒は続いて冷まされるが、水は使わない。使われたのは、本書の底流を黄金色のせせらぎのように流れている、ある物質。最悪の仕事の世界においてこれぞ万能の物質、饐《す》えた臭いのする尿である。尿に含まれるミネラル分が銀を急速に冷却するのに最適だったからだ。

延べ棒が冷えたら、今度はハンマーで叩いて平らにする。それから菓子づくりに使うようなカッターを使って模様のないただの円形を抜くか、ざっと手で切っておいて、あとから縁をトリミングする。

【左図】一五五五年、オラウス・マグヌスは、身なりのいい職業人としてのコイン製造業者がハンマーを振るい、ホットクロス・バン（注・イギリスで親しまれているレーズン・パンで、てっぺんに十字の切れこみが入っている）のような柄を打ちだしている場面を描いた。それより八〇〇年前のイングランドのコイン奴隷はボロをまとい、はるかに小さな銀盤に必死になって型を刻印していたのだろうそしていよいよコイン奴隷の栄光の時が訪れる。ベンチに固定された打ち型の上に円板を置き、そのうえに別の打ち型を置いてから、ハンマーで強打してコインの両面に模様を刻印するのだ。

ことこまかに工程を説明すれば数行はかかるところだが、実際の仕事はその半分もおもしろくなかった。哀れなコイン奴隷は来る日も来る日も未完成の銀片と向きあい、大量のコインを生み出した。さぞかしちょろまかしたいという誘惑に駆られたことだろうが、それに屈すれば厳しい処罰が待っていた。

コインが小さすぎるとみなされると、コイン奴隷が不正に切り取ったのではないかと疑われた。かけらを少しずつ集めておけば、溶かして売ることができるからだ。これは王の面子《めんつ》を傷つける行為であり(現在でも犯罪行為にあたる)、窃盗でもある。これをした者には、去勢という罰が待っていた。

着服行為が見つかったときは、元締めであるコイン鋳造業者にも累が及んだ。重さの足りないコインや、金属組成の異なるコインをつくっているのがばれたら、コイン鋳造業者は手脚を切り取られた。ア

ルフレッド大王の孫のアセルスタンの治世には、すべての地域でコインを流通させることが義務づけられ、定められた数のコイン鋳造業者に仕事が割り振られた。アセルスタン王はコインの重量と品質を守るため、厳格な法体系を施行したのである。

第三：あまねく王の領内で流通する貨幣は一種類とし、領外でのコイン鋳造は許されない。コイン鋳造業者が罪を犯した場合は、悪事を働いた腕を切り落とす。そして、コインの鍛冶《かじ》職人が裁判にかけられた場合、身の潔白を証明したいときは、熱した鉄に近づき、彼がまがいものを作成したとされる鉄に手をあてさせるべし。この神判によって有罪とされたら、定められた方法で罰する。†

残念ながら、コイン奴隷の重労働の結晶の多くは、期せずして国外に流出した。ヴァイキングによる領土拡張の圧力は十一世紀まで弱まらなかったものの、アルフレッド大王のように国家総力戦で防衛にあたる代わりに、イングランドのエセルレッド無策王（そう呼ばれたのは、ろくでもない忠告を聞き入れたため。つまり無能だった）は、デーンゲルト†や貢ぎ物を渡すことで、平和を買おうとした。ヴァイキングの侵略を防ぐための防衛策としては、金のかかるやりかただった。九九一年、エセルレッドは金《きん》の重量にして一万キロ分のコインを支払った。しかし、町のごろつき同様、エセルレッドが弱腰だと見て取るや、ヴァイキングはさらなる要求を突きつけに舞い戻ってきた。一〇一二年、エセルレッドはしぶしぶ二万キロ分を奉呈した。経済に与える影響を考えてみてもらいたい。デンマークでは、イングランドと同じくらい多くのイ

【出典】小山貞夫『絶対王政期イングランド法制史抄説』

【デーンゲルト】十、十一世紀のイングランドで、デーン人の侵入を防ぐために軍費として毎年徴収された租税。

ングランド製サクソン・コインが見つかっている。

　だが、ヴァイキングのほうはどうだったのだろう？　イングランドの海岸線から襲撃をかけられる距離に住むすべての人々に苦しみを与えた彼ら自身も、ぞっとするほどつらい仕事をこなさなければならなかった。

ヴァイキングの最悪の仕事

　ヴァイキングに対して私たちが抱いているごく一般的なイメージは、本人たちにとっても望ましいものだろう。ドラゴンの頭をつけたヴァイキング船から飛びおり、戦闘装備に身を包んで海岸を駆けのぼり、怯《おび》える敵に襲いかかる。私たちはヴァイキングと聞くと、勇壮な場面を思い浮かべてしまう。だが、彼らのかぶとに角はなかった。それは漫画家や女性客相手の男性ストリッパーを通じて広められたイメージにすぎないが、彼らはその自意識において英雄的だった。サクソン人同様、兵士の文化を持ち、個々の戦闘力の高さを最大の栄光とした。彼らにとっては天国のヴァルハラ†までが、司令官による勝利の祝宴の天上版であった。そしてエイリーク血斧王、怪力シーグルソンといった名前を好み、抜け目なく自分たちの手柄を人気の詩歌で称《たた》えさせた。

　強靭であったことに疑いの余地はない。でなければ務まらない仕事だ。襲撃をかけるまでには、苦労を耐え忍ばなければならない。彼らは寒風吹きすさぶ北海で、夜も屋根のない船上で過ごした。

　速度の出る彼らのロングシップ（ヴァイキング船）には、船首から船尾まで伸びる

【ヴァルハラ】最高神オーディンの殿堂。戦死した英雄の霊を招いて祀るところ。

堅固な竜骨《キール》を中心にした〃よろい張り〃工法が採用されていた。重ねあわせるようにならべた板は、竜骨に沿って固定される。釘《くぎ》で打つこともあれば、縄で結びつけるだけのこともあり、そうするとしなやかさが増すため、衝撃がやわらいで波に乗りやすくなる。それでも、払わなければならない代償はあった。板と板のあいだには隙間があり、おそらくコケや動物の毛やタールなどを詰めたのだろうが、やはり浸水しがちだった。天候に関係なく、誰かがつねに水を汲《く》みださなければならなかった。十四世紀にできたアイスランドの物語『剛勇グレティル』には、「手桶《ておけ》や鉢による汲みだしは、たいへんな苦痛を伴う、骨の折れる作業だった」という記述がある。とりわけ水漏れしやすい船をあてがわれた乗組員は、凍えて麻痺《まひ》した指のことを嘆いた。英雄のグレティルは、仲間の誰よりも速く水を汲みあげたので、彼から渡される桶を受け取るには、八人の乗組員が必要だったという。

もうひとつ、『海行く人』という『エクセター写本』の中の詩も、海上生活の労苦を伝えている。

しばしば辛苦を　忍び
辛い胸の苦しみを　耐えた様、
数多くの憂いの住居、恐ろしい波のうねりを
小舟で探った様を。　崖の辺りを突き進む時、
我は船の舳にあって　不安な夜の見張りを
しばしば相勤めた。わが足は
寒さに締めつけられ　霜に縛られ、
無情な枷に捕らえられた、また胸のあたりに熱く
憂いは息吹かれ、海に疲れた者の心を
内なる飢えは引き裂いた。憂き世において
幸せに暮しおる人には、心配に疲れた我が
親しい人々を奪われ
追放の身で　氷柱《つらら》に被われながら、
冷たい氷の海に　冬季の間留まっていた様は
思いもよるまい。霰は雨となって飛んでいた。†

【出典】『古英詩大観』羽染竹一編・訳

しかし、ヴァイキングにとって、外洋で野宿し、凍《い》てつく水に手を痺《しび》れさせるのは、苦難の入口でしかなかった。本格的な重労働は、陸地が見えてきて、船長が陸路運搬を命じたときに始まるのだ。

【右】ヴァイキング船博物館に展示されている優雅な弧を描くロングシップの残骸。一一〇〇年ごろ、フィヨルドに沈んだ多数の船の一隻。イングランド側からすれば、フィヨルドは一種の防御壁だった

陸路輸送人《ポーテージャー》

ポーテージングとは、運ぶことを意味する。その命令が出たら、ヴァイキング全員が陸路輸送人《ポーテージャー》になった。女性乗組員も珍しくなかったことがわかっているが、彼女たちも例外ではない。恐ろしいほど難しい仕事だった。ヴァイキングたちは、その必要が生じると、乗っていたロングシップを持ちあげ、水という物質に最適な乗りものを陸で押したのだ。

ただし、話で聞くほど無謀な作業ではない。

ヴァイキングはその当時、最新鋭の船を持っていた。帆走した場合、デンマークからイングランドまで一昼夜で航行できた。しかし岸が近づいたときや、風に恵まれないときは、筋力をフル活用するしかない。マストが倒され、オールが突き出される。まじめに船を漕いだことがある人なら、どれほどつらい運動かおわかりいただけるだろう。風と波にあらがって何日も漕ぎ続けるのだ。フィヨルドが二つある場合、ヴァイキングはロングシップをその川や入り江をつくりだしている短く突き出した陸に揚げ、陸路輸送することが多かった。このテクニックを応用すれば、川から川へいっきに移動することも可能で、敵の裏をかいて内陸部まで侵攻することができた。

陸路輸送については、一五五五年、オラウス・マグヌスが著したスカンジナヴィア史、『北方民族文化誌』のイラストで知ることができる。力仕事ではあるものの、船を傷めないだけの繊細さが求められた。ヴァイキング船には長い木の幹を輻射《ふくしゃ》形に割

【左】復元したヴァイキング船、フギン号に乗船した男たち。〝ドラゴンボート〟として恐れられ、特徴的な船首を持つロングシップは、風向きに恵まれれば、今日のモーターボートに匹敵するスピードを出せた

った板が使われたが、それには技術も時間もいるので、本国から遠く離れた地での修理は避けたかった。竜骨を保護し、地面に沈みこませないため、ヴァイキングたちは丸太を滑走部にして船を押した。

　まず船を浜に引きあげ、不要な重荷――マスト、櫃《チェスト》、予備の索具、ロープ類――を降ろす。続いてまっすぐな丸太を半分に割り、船を動かしたい方向に押せるよう、平らな面を下にして置く。やりかたとしては、この丸太に載せた船を前に押したら、最後尾の者たちが船が通り終わった丸太を列の前に運ぶ。こうした一連

の動きが容易に行なえるように、丸太には潤滑剤が塗られた。最新の研究によると、オヒョウの脂が使われていたようだが、実際には身近なものでこと足りたはずだ。腐った魚の内臓や小魚、それに高カロリーの食事で残った脂肪なども使われただろう。二週間もののサバの臭いを想像するに、それを松の丸太に塗りつけるのは、ヴァイキング生活において輝かしくも英雄的な一光景とはなりえないはずだ。

だとしても、陸路輸送というきつい労働の担い手としたら、魚の脂にはいくら感謝しても感謝したりないぐらいだっただろう。ほんの数分で手のひらが痛くなる長いオールは、船の側面に空いた穴に通され、押し手はこれをてことして利用する。そして全員が――乗組員は押し手と、丸太の移動係と、船の導き手に分けられる――丸太を中心としてならび、前に押す。肝心なのはタイミングだった。いったんはずみがつけば、あとは勢いよく前に進む。危ないのは、船を脇にそらして地面にめりこませてしまうこと、そして丸太運びの係が追いつけなくて、船の動きを止めてしまうことだった。そうやって汗をかき、疲れきり、しかも魚の悪臭まみれになり、船が目的の方角にある海や川にすべりこんだとき、ようやくひと息つけるのだ。

そのあと、ヴァイキングたちが行儀よく手を洗ったとして、祝いの席にはどんな料理がならぶのだろう？　種類はたかがしれていた。新鮮な魚か、スモークした魚、岩のように硬い塩漬けのタラ、あるいはちょっとした珍味として、これを食べなければいけないのなら、どんな仕事も最悪になってしまうもの――発酵させたサメがあった。

今日でもアイスランドとグリーンランドでは珍味として食されているが、ロンドンのレストランに登場したら衝撃を与えることは必須だろう。たぶんかつて、どこかの誰かが釣ったばかりのニシオンデンザメ《グリーンランドシャーク》の肉を生のまま、発酵させずに食べてみたに違いないが、その経験が書き残されていないのは、シアン化物が含まれていたからだ。無害化するには、内臓を抜いて軟骨と頭を切り落としたサメ肉を、夏期なら六週間、冬季なら三カ月、地面に埋めておく。その間にバクテリアがシアン化物を分解し、サメ肉から水分が抜ける。歴史学者の中には、遠い昔にはバクテリアの働きを促進するため、埋める前の肉に小便をかけたという説を唱える人もいる。ようやく掘り返されたとき、発酵の進んだサメはやわらかく、アンモニア臭を放っている。それを洗って、乾燥小屋に干すこと二カ月。全体をおおっている茶色の外皮を取り除いて、肉を小さく切り分けたら、ようやく口に放りこめる。そのときサメは、やわらかなチーズのような粘度を持った食物になっているのだ。

すでに述べてきたとおり、ヴァイキングは腐敗したものを食べ、厳しい生活を強いられ、ときには船を降りてそれを押さなければならなかった。しかし、最低最悪の仕事に比べたら、それ以外の仕事などピクニックをしているようなものだった。

この時代最悪の仕事――ウミガラスの卵採り

著者が見るところ、ノルマン侵攻までの千年間で最低最悪の職業は、気が遠くなるほどの危険にさらされたウミガラスの卵採取人である。彼にとっては、一〇〇メートル下に荒れ狂う海を見ながら綱にぶら下がったり、鳥の糞だらけの岩棚につかまったりしながら鳥の卵をカゴに入れ続けることが、現代人にとってのオフィスでの一日だったのだ。

なぜウミガラスの卵を？　男性ホルモン過多のヴァイキングには、鶏など軟弱すぎて飼っていられなかったからだろうか？

そうではない。彼らも鶏は飼った。だがウミガラスの卵はタダだし、大きいので、苦労して採る甲斐があったのだ。ヴァイキングは食料持参で襲撃に出かけ、着いた先では略奪もはたらいた。しかし、故郷を離れて越冬しなければならないこともあった。冬季は食物が少なく、とりわけスコットランドの僻地《へきち》や、イングランドの岩がちな海岸線沿いは悲惨だ。だが、海鳥が産卵のために崖に集まる春の訪れとともに、それまでの空腹をいっきに挽回できた。ウミガラスは数百個なくなっても困らないほど多くの卵を産んだ。彼らにとっては、赤ん坊からキャンディをとりあげるようなものだ。

ロープさえ手もとにあればだが。

そこが最悪の仕事の部分なのだ。高いところが苦手な人にとっては、気絶するほど恐ろしい作業だ。現代のようにスチール製のクリップとカラビナと高張力のロープがあってもうしろ向きに崖を歩くのはたいへんなのに、九世紀にはイラクサのロープを使い、チュニックにはだしか簡易なサンダルという格好で、同じことをしなければならなかった。

暗黒時代には用途の広い植物としてイラクサが栽培されていた（イラクサの栽培自体も最悪の仕事と呼ぶにふさわしい）。葉は調理して食用にしたり、水に浸けてギ酸を抽出し、その水を自然な農薬として用いたりした。繊維の多い茎の部分は亜麻（九六ページの〝亜麻の浸水職人〟参照）とほぼ同様の処理で糸にでき、それを織れば布、

【左】ウミガラス。モリバトと同程度の大きさで、おいしい食事を提供してくれる。ツノメドリとウミガラスは今もフェロー諸島とアイスランドで食用され、そこでは黒鳥と呼ばれている

撚《よ》ればロープになった。

卵採取人の仕事は単純だった。仕事に取りかかるときは、まず左手にロープを持ち、それを股間に通して右腰にまわし、体の前を通して左肩まで持ってくる。これで摩擦をブレーキ代わりにできるが、およそ快適とは言いがたい。ロープの端は近くの木や岩に縛りつけられ、引き上げと引き下げは二、三人が担当した。ほかに卵用のカゴを下ろす係がいた。

当然、事故はつきものだ。尖った岩でロープがすり切れることもあれば、結び目がほどけることもある。しかし、高さに対する恐怖と、つねに不安定な状態に置かれていることの心許《こころもと》なさは、悪いことが起きる統計学的確率とは無関係にある。仕事がうまくいくときでも、卵採取人は危険を感じなければならなかった。

そこからが恐ろしく厄介だった。ウミガラスは崖の岩棚に直接卵を産みつける。卵は尖っていて細長いので、多少揺り動かしても岩棚からは落ちず、その場で回転するだけだ。それでも壊れやすいことには変わりがない。採取人はくつろいでいる鳥たちのあいだをそっと静かに動かなければならない。唐突に動いたり、足を滑らせたりすると、ウミガラスがけたたましい声とともにいっせいに飛びたち、その勢いで卵を落としてしまう。彼らの邪魔にならないように動くには腕力がいる。股間を痛めないようロープにしがみついていなければならないからだ。崖の表面は雨風にさらされて荒れているのがふつうだし、海鳥が

集まるため、グアノ†化して足を取られやすい。うっかり姿勢を崩そうものなら、膝や脚をすりむき、へたをすればロープの先端にトチの実のようにぶら下がらなければならなくなる。加えて、ウミガラス自体は温順な性質ながら、セグロカモメやトウゾクカモメなどはときに攻撃的になり、自分たちの住処《すみか》に近づく者の頭上を飛びかかったりする。

そんな危険な仕事なら、食物に困らなくなると同時に消滅しただろうと思われるだろう。とんでもない。ブリテン島の一部地域では、十九世紀まで続いたのだ。幸い、今日ではイギリス諸島全域でウミガラスが保護種に指定されているため、採取人は絶滅し、ウミガラスは安穏と暮らすことができるようになった。

一〇六六年、ヴァイキング襲撃時代は唐突に終わった。ヨーロッパで最も恐れられた戦士のひとりであるハーラル三世苛烈王は大群を率いてウーズ川を遡航し、ヨークシャーに赴いた。イングランド王ハロルド二世はこのゆゆしき侵略の試みをスタンフォードブリッジで阻止した。イングランド軍から完膚《かんぷ》無《な》きまでにたたかれたヴァイキングたちは、本国へ戻って二度と襲わないと誓った。彼らはその約束を守り、イングランドは古代スカンジナヴィア人の略奪行為から解放された。展開によっては、この勝利によってハロルド二世は軍人として崇《あが》め奉《たてまつ》られていたはずだ。しかし、三週間後のヘイスティングズの戦いの敗北が影を差した。ハロルド二世の死は、最後のアングロ・サクソン系の王の死となり、ひとつの時代の終わりと、次の時代の始まりを告げる出来事となった。ウィリアム一世征服王とともに、新たな人々（皮肉にも、ヴァイキングの末裔《まつえい》だった）と、新たな最悪の仕事が入ってきたのである。

【グアノ】海鳥の糞が堆積硬化したもの。

【左】ウミガラスの卵の採取は、十九世紀までヨークシャーで行なわれていた。卵の採取人は〝クリマー〟と呼ばれた。フランバラ岬のクリマーたちを写したこの写真は、自然保護を訴えるサイトを運営しているＲＳＰＢから提供されたもの

「最初の時代」のできごとと仕事

四三	クラウディウス帝率いるローマ人が総力を挙げて侵攻を開始し、ケントに上陸。
六一	ブリトン人の反乱軍を率いるヴォーティガーン、敗北を喫す。
七七	ローマ人、ウェールズを征服。ドラコッティー金鉱を手に入れる。
一二二	ハドリアヌスの長城、建設される。
三二五	ハンプシャーのシルチェスターに初の鋳造場がつくられる。〝沼地の鉄収集人〟は忙しくなる一方。
四〇二	ブリタニアに駐留中のローマ二軍団のうち一軍団がローマ防衛のため撤退。
四〇六	ガリアにゲルマン民族が押し寄せ、結果ブリタニアはローマ帝国の支配を脱する。
四一〇	西ゴート族、ローマを陥落させる。
四四六	ローマ領ブリタニアの族長ヴォーティガーン、イングランド北部防衛のため、サクソン人傭兵の雇用を許可。これが裏目に出て、ホルサとヘンギスト率いるサクソン人が大挙して押しかける結果に。
四八〇～五四七	聖ベネディクト、イタリアにて修道院生活の規範となる戒律を制定。
五九七	ローマより修道士アウグスティヌス来英。異教徒サクソン人の改宗のため。
六六四	ホイットビー会議。ケルト系教会派とローマ系教会派の宗規を調整。
六八七	聖カスバート没。リンディスファーンでは彼が崇拝対象となる。
七〇〇	リンディスファーン福音書の作成。
七三一	尊者ベーダが『教会の歴史』を記してくれたおかげで、貴重なイングランド暗黒時代の資料が残された。
七六五	初のペニー硬貨、発行。鋳造したのは〝コ

	イン奴隷〟だろう。
七九三	ヴァイキング、リンディスファーンを襲撃。以来、三世紀にわたって襲撃が続く。
八五一	ヴァイキング軍、カンタベリーとロンドンを襲撃。発酵したサメの消費は増えるばかり。
八七一	アルフレッド大王、ウェセックス王に。
八七七	アルフレッド大王、アセルニー島に潜伏。そこでパンを焼いたとされる。
八七八	エディントンの戦い。アルフレッド大王、ヴァイキングを撃退。
九七八	サクソン人のエドワード殉教王、殺害される。エセルレッド無策王が王位を引き継ぐ。
一〇一二	エセルレッドは略奪を防ぐため、二万キロの金に相当する額をヴァイキングに払った。こうして〝コイン奴隷〟が製造した硬貨の多くが北欧に渡る。
一〇一三	エセルレッドが王位を追われ、ヴァイキングのカヌート王が後釜に座る。
一〇六六	最後のサクソン王ハロルドが王位に。それから九カ月後、ヴァイキングを打ち破ったものの、ヘイスティングズの戦いとノルマン人の侵攻によってサクソン人の支配は終わる。

第二章　中世の最悪の仕事

歴史用語は私たちが望むほど厳密でないことが多いが、中でも最たるものが〝中世〟[†]だろう。これは数世紀前につくりだされた用語で、〝古代〟からチューダー王朝とともに始まる〝近代〟へ移り変わるまでの期間を漠然と示しており、実質的には何も言っていないに等しい。さほど遠くないいつの日か、〝中世〟の代わりにほかの呼称が考えだされるに違いないと確信しているものの、今のところはそう呼ぶしかない。

困るのは、中世の開始を特定するのがほぼ不可能なことだ。アングロ・サクソン時代は、一〇六六年のノルマン人の侵攻とともに終わり、イングランドの貴族階級の民族構成はそっくり入れ替わった。しかし歴史学者が中世と呼ぶ時期に花開く社会的な変化の種は、ウィリアム一世征服王が希望に満ちたイギリス遠征のために船を準備する前に蒔かれていたのだ。

いつ始まったかわからないとはいえ、中世は、最悪の仕事が本格的に登場した時代だった。サクソン人やケルト人の居留地の周囲に町が集まり、地域ごとに発展した経済が複雑化し、個々人が専門化しだした。日常生活の一環として行なわれていた仕事が、独立した〝職業〟となった。新たに出現した、専門化された働き手たちは、ほどなく同業者どうしでギルド（組合）をつくり、自分たちの職業に関する決まりごとや基準を設けた。仕事のおぞましさは減らせなかったが、仲間としてふさわしくない人間を排除することはできたのだった。

中世を特徴づけるものがあるとしたら、それはウィリアム一世征服王とノルマン人戦士によって課せられた厳格な封建制度のゆるやかな解体だろう。この制度の基礎になっているのは、領地への見返りとして忠誠心と奉仕が捧げられることであり、その

【前頁】十三世紀の処方。医師がレシピを読み上げ、助手が薬を調合している

【中世】広義には四世紀末のゲルマン人の民族移動またはローマ帝国の滅亡（四七六年）から十五世紀半ばの百年戦争終結まで、狭義には一〇〇〇年頃から十五世紀半ばまでとされる。

頂点に立つのが王である。領地を与えられた王の直臣は、土地と称号を与えられたお返しとして王のために戦い、そのピラミッドの最下層には「土地に対する自由保有権のない」農奴《サーフ》がいる。彼らは実質的には、領主や主人の所有物でしかなかった。もしあなたが新たな階層に属する、自由で技術のあるヨーマン†のひとりだったとしたら、畑を耕している汚らわしい下層民といっしょくたにされたくないという気持ちが理解できるかもしれない。

のちの時代と比べると、中世における変化の速度は緩慢であり、変革というよりは、進展と呼ぶにふさわしいものだった。『モンティ・パイソン・アンド・ホーリー・グレイル』†のせいか、四〇〇年間をひと塊にして、それ自体を長く続いた最悪の仕事と考えたくなることもままあるが、当の労働者たちの見かたは違った。自分たちは新しい時代に生きていると考えていたに違いなかった。決定的な転換期には、最下層の労働者にすら、彼らの生活を一変させる最先端の技術に驚かされる機会があった。新しく発明されたハーネスのおかげで、牡牛ではなく馬で耕作ができるようになったり、風車のおかげでずっと楽にトウモロコシが挽《ひ》けるようになったりしたのだ。そして十三世紀には、水車を動力源とする初めての工業機械がつくられたおかげで、毛織物の縮絨《しゅくじゅう》という最悪の仕事がより耐えやすくなった。

中世には風景も変化した。ロンドンやヨークといった都市の周囲には、背の高い防御壁が築かれた。外来の技術を用いて、大規模な城や修道院、大聖堂が建築された。それと同時に、国じゅうの村々に石づくりの領主館《マナーハウス》や、教区教会ができた。数世紀のあいだは、ブリテン島の大部分が建築現場だったのだ。

【ヨーマン】中世末期に台頭した自由農民。

【――ホーリー・グレイル】アーサー王伝説を下敷きにしたパロディ。

しかし、多くの人にとって、中世を代表するのは石材とモルタルではなく、輝く甲冑に身を包んだ騎士像である。ひょっとすると、ろくに時代考証をせずに制作されたアーサー王やアイヴァンホーといった英雄たちの映画やテレビを観すぎたせいかもしれない。なぜなら板金よろいができたのは、中世の半ばのことだからだ。

だとしても、中世の年表に記される主な政治的出来事はほとんどすべてが戦いである。まずヘイスティングズの戦いがあった。次が十字軍。これはエルサレム奪還を目的としたキリスト教徒による公正を欠いた粗暴な国際軍事行動で、ほぼ一世紀にわたって彼の地を占領した。続いてイングランド対スコットランドの戦いがあり、戦場はスターリング・ブリッジとバノックバーンだった。そして、破壊的な大弓兵を抱えたイングランドとフランスとが、クレシーとアジャンクールの地で一戦を交えた。締めくくりは中世の終わりを意味するボズワースの戦いで、リチャード三世が、戦死した最後のイングランド王となる。

戦いはまさに現実のものだが、高貴な騎士のイメージはおおむね創作であり、理想とされる騎士道の価値観は、従者の手引き書や文学を通じて十二世紀以降に喧伝《けんでん》されたものだ。中でも影響が強かったのがアーサー王と円卓の騎士の話だが、塹壕《ざんごう》の恐怖とは無縁のビグルズ†のようなもので、中世の戦争の現実とはかけ離れていた。現実世界では、騎士といえどもつねに恭順ではなかったのだ。彼らの甲冑は、確かに輝いていた。少なくとも戦闘開始の段階ではそうだった。だが、それも立派な騎士どのが自らボロ布と金属磨きで磨いたからではなく、武具甲冑従者のうらやましくない仕事のおかげだったのだ。

【ビグルズ】少年向け人気読物の主人公。第一次大戦中の戦闘機のパイロットの設定。

武具甲冑従者

騎士道の時代、武具甲冑従者は紳士の中の紳士だった。彼らは若く、無給の見習い身分として騎士の最下層に位置した。将来、自身が騎士になることが潜在的な報酬なのだ。その当時、騎士は当時の職業としてはほぼ最高の部類に属し、現金と栄誉という配当金が支払われるわりには、リスクが高くなかった。金属をがちゃがちゃ鳴らして歩く貴族は、板金でできたよろいに身を包まれているので、身を守りやすい。では、十三世紀から十五世紀にかけて彼らに仕えた少年たちは、どんな生活を送っていたのだろう?

はっきり言って、とにかくひどいものだった。映画やテレビのおかげで、騎士の戦いは数分で終わると思っているだろうが、実際は数時間に及ぶこともあった。戦いは混乱と恐怖に満ちた一瞬に端を発し、その後はときおりわずかな飲み物休憩をはさみながら続いた。休憩時にはワインや水を口にしたが、トイレ休憩は取れなかった。よろいのスーツに前ボタンはないし、簡易着脱式のズボンをはいているわけでもないからだ。用が足したければよろいの中にして、戦闘終了までそのままでいるしかなかった。

だから、一日を通じて、騎士は不快きわまりない状態にあったはずだ。外側は泥と馬や人の血にまみれ、そして内側は……中世の戦いはだいたいが夏だった。突っ立っているだけでも、騎士はびっしょり汗をかいたはずだ。ましてや戦いのさなかとなったら、どれだけの汗が噴きだしたことか。それも上半身だけの話で、下半身はもっと悲惨だったろうし、騎士が弱虫だと、なおさらだった。地獄のありさまになっていたに違いない。

武具甲冑従者の最悪の部分は、主人が戦いから戻り、この外側と内側の両方の汚れに対処するところから始まる。悪臭を放つよろいを脱がせ、騎士に元気づけのワインを出したら、武具甲冑従者はよろいを清め、翌日に備えなければならない。水は貴重すぎて使えなかったので、代わりに研磨剤で汚れをこすり落とした。効果抜群で手軽な方法は、よろいの各部分を砂の入った樽に入れて転がすことだった。しかし場合によっては、樽や砂が手に入らないこともある。

そのときは、砂と酢と少量の尿を混ぜたものでよろいをこすった。

仕事は甲冑の手入れだけではなかった。武具甲冑従者はいつなんどき主人から命令が出ても、ただちに従わなければならなかった。主人を着替えさせ、戦場まで馬を引き、作法に従って料理の給仕をした（この任務で大切なのは、適切な方法で主人のために肉を切り分けることだった）。寝るときも主人から離れず、床もしくは戸口に横になって指示に備えた。戦いに参加することはまれだった。主人が戻ってくるのを、おそらくは固唾《かたず》を呑《の》んで待ったことだろう。よろいの手入れの善し悪しによって、生死が決まることがあったからだ。

【右】私たちがアジャンクールの戦いに対して抱いているイメージは、ニムやバードルフを含めて、シェークスピアの『ヘンリー五世』による。実際はもっと残酷かつ煩雑であり、最悪の仕事をする非戦闘員がいた

よろいの着つけ

騎士のよろいは二四の部品からなり、堂々二八キロあった。下に着るのは、詰めものをしてサテンの裏地のついたダブレット（甲冑用の下着）と、ホースと呼ばれるズボン下だ。金属で皮膚がすれないよう、膝には細長く裂いたブランケットを巻いた。最初につけるよろいは、サボトンと呼ばれる鎖帷子《くさりかたびら》でできた靴だ。次にグリーヴと呼ばれる脛あてを向こう脛に巻きつけた。クイスという腿をおおうよろいは、革紐を使って脚に留めつけた。ダブレットから経帷子《きょうかたびら》の腰巻きをレースのように下げ、急所を保護した。さらに詰めものをした背当てと胸板を加え、腕を守るヴァンブレースと手を守るこて《ゴーントレット》をつける。身を守るために最も大切なかぶとは、最後にかぶせた。

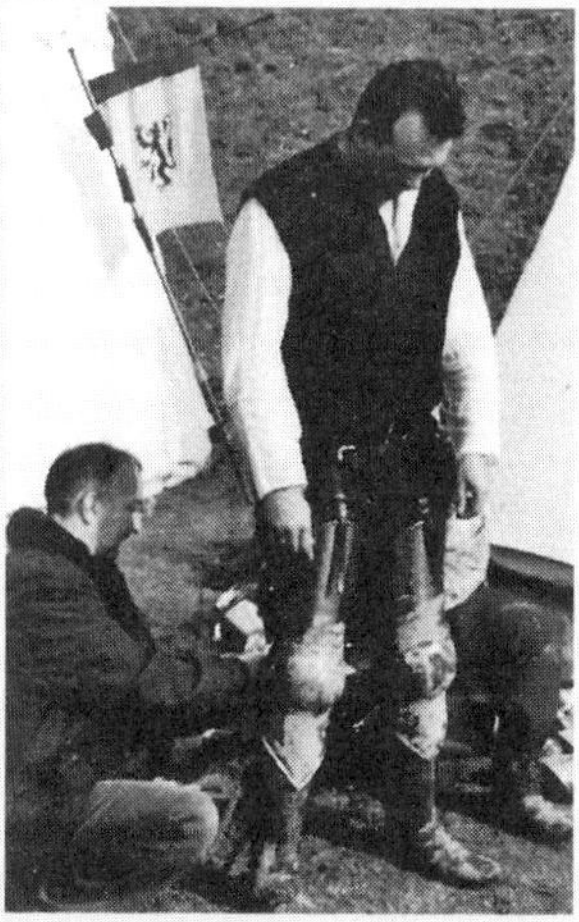

しかし従者には、戦場にたどり着くまでにも、かたづけなければならない面倒な仕事がたくさんあった。時間の九割は行軍と、実際に敵を見つけて、生き残ることに費やされた。海外遠征となれば二、三カ月は旅暮らしとなり、その間に何度かの対戦と、運がよければ小競りあいを体験できた。

移動と待機のあいだ、騎士のほうは友人たちをもてなし、入手したばかりの、騎士ランスロットとグィネヴィアの話でも読んでいたのだろう。しかし武具甲冑従者は、そうしたお粗末な作品にうつつを抜かす間もなく、仕事に精を出した。野営地の設置や解体を監督しなければならなかったのだ。しかも粗雑な仕事では、自宅同然の暮らしを望む騎士の期待に応えられなかった。たとえばヘンリー五世は、自前の楽隊を帯同した。従者は主人のために四つ星ホテル並みの快適さを約束しなければならない。つまり彼らは、下士官であると同時に地方公演マネージャーであり、給仕長であり、下《しも》の世話係であったのだ。

実際の仕事内容を見るために、中世史上名高いアジャンクールの戦いを例に挙げてみよう。武具甲冑従者は「おお、火の詩神よ」と、「もう一度、あの突破口へ突撃だ」の繰り返しの中で、何をしていたのだろう？

まず戦場まで、武具甲冑従者は歩兵たちとともに十七日間、つねに甲冑と備品と武器と刃物類に目を配りながら四〇〇キロあまりを行軍した。

ヘンリー五世にとって、アジャンクールの戦いは予定外だった。彼はフランス北部の町々で略奪をはたらいてきたが、戦闘シーズンは終わろうとしていた。十月八日、騎士と従者たちは八日分の食料とともにアルフールの町を出よとの命令が出た。町で赤痢《せきり》が発生したのだ。この段階では病気から逃れて、カレー経由でイングランドに帰る予定だった。

しかし、黙って行かせるフランス軍ではなかった。ソンヌ川の渡河地点で待ち伏せされたヘンリー五世軍は、別の渡河場所を求めて上流へ向かった。降りしきる雨に打たれながらの行軍だった。武具甲冑従者は毎夜、びしょ濡れになったテントの設営を監督し、すぐに錆《さ》びてしまう甲冑の手入れをしなければならなかった。一行とともに

騎士の〝持参品〟

騎士の旅行は身軽ではなかった。十五世紀半ばに書かれた〝ヘイスティングズ〟関連の文書に、〝決闘者が野営地に持参すべきもの〟のリストが掲載されていた。

野営地にはテントがなければならない
そして椅子に
タライに
パン五塊に
ワインを一ガロンに
肉か魚をひと皿分に
料理と飲み物を置くための板と架台ひと組に
ブロードクロスに
肉切りナイフに
飲み物を飲むカップに
飲み物をつくるグラスに
よろいを固定する紐一二本に
ハンマーと釘と金床に
よろいをつなぎあわせるリベットを一二個に
槍、長剣、短剣、短刀に
バシネット†につける眉庇をおおう布に
祈るとき手に握る小旗

【バシネット】大かぶとの下に着用する補助帽。

アルフールから赤痢がついてきたため、症状が治まるまで主人たちの看病に追われる従者も少なくなかった。さらに食料と飲料水の不足が加わり、ヘンリー五世軍はかつてないほど弱体化した。アジャンクールの戦いそのものによるよりも、そこへ着くまでに死んだ者のほうが多かったほどだ。

ヘンリー五世軍がようやく渡河できる場所を見つけたとき、フランス軍によってトレマンクールとアジャンクールという二つの町のあいだにある、カレーに向かう道が封鎖されているのに気づいた。つまりアジャンクールという、イングランド史上最も輝ける勝利をおさめた戦場のひとつは、ヘンリー五世が追いつめられて決めた戦場だったのだ。

イングランド軍を苦しめていた雨がここで味方にまわった。彼らの陣地の前の地面が泥沼になっていたため、イングランド軍はそれに足を取られたフランスの騎兵隊を大弓で迎え撃った。フランス軍の騎士は板金よろいに守られていたが、馬のほうは違った。傷ついた軍馬は主人をぬかるみに振り落とし、続々と飛来するイングランド軍の矢を振り払おうと、フランス歩兵の密集隊に突っこんだ。

戦闘員でないからといって、武具甲冑従者が安全なわけではなかった。彼らは〝軍需品輸送隊《バゲジトレイン》〟と呼ばれる大規模な随行団の一員だった。軍需品輸送隊には兵器係とその見習い、弓職人、矢羽根職人、煮炊き係などなど、移動しながら戦い続けるのに必要な人員がすべてそろっていた。この軍隊の中の軍隊は、きわめて無防備だった。シェークスピアの『ヘンリー五世』によると、フランス軍はアジャンクールで軍需品輸送隊を惨殺した。この戦争法に反する行為にヘンリー五世は怒り、捕虜の殺戮命令を出した。しかし、ひょっとするとこの部分は、シェークスピアの味つけかもしれない。騎士の規則によると、捕虜にした騎士は生かしておき、身代金と引き替えに家族に返すことになっていた。だがヘンリー五世はアジャンクールで、兵站《へいたん》上の問題を抱えていた。フランス人捕虜のほうが見張りのイングランド兵より多かったのだ。ヘンリー五世は彼らの処刑という残酷な命令を出す。軍需品輸送隊に対する攻撃という逸話は、この大量殺戮を正当化するための根も葉もないフィクションである可能性がある。

ときには、武具甲冑従者も主人に付き添って戦場に出るよう命じられた。だが、主人ほど武具に守られていないので、大怪我を負う危険があった。そして、それはほぼ死に直結した。戦場には従軍医もいなければ、ストレッチャーを持って走りまわるセントジョン救急隊†もいない。アジャンクールで勝利をおさめた大弓隊には、戦闘終了後にもうひとつやるべき仕事が残っていた。血潮を吸った戦場を歩きまわって重傷者を探し、見つかった重傷者を短刀で刺して惨めさから解放してやることだ。短刀は眉《まび》庇《さし》の隙間か、詰めものをした布だけで経帷子や板金よろいに守られていない股間から腹に向かって刺された。

武具甲冑従者というのはつらくて疲れる、煩雑な職業だった。悪くすると戦場で殺され内臓をぶちまける可能性もあった。だが、人生に求めているのが、血とはらわたと人間の排泄物の強い臭気だとしたら、なにもヨーロッパの半ばまで遠征する必要はなかった。秘密めいた中世の医術の世界に足を踏み入れさえすれば、かなえられたのだ。

†【セントジョン救急隊】病院や各家庭での応急手当や看護活動などに従事する英国のボランティア組織。

手がめった切りにされたとき、あなたなら誰のもとに駆けこむだろう？　Ａ：星占い師、Ｂ：救急医、Ｃ：理容師。中世なら、こんなばかげた三択は成立しなかった。治療床屋の仕事は、この三つの技術を合体したものだったからだ。

治療床屋

主たる専門職や商売はギルドによって監督され、適格者たる基準が設けられていた。治療床屋のギルドのメンバーには、刃物を持つことが許可されていた。つまり彼らには、あごひげを剃ったり、髪を切ったり、脚を切断する資格があったわけだ。つい最近まで、理髪店の外でよく見かけた赤と白の縞模様のポールは、もともとは治療床屋の職業を示す標識だった。白は包帯を示し、赤は瀉血《しゃけつ》治療の血を示している。

診察や外科治療の料金は高かったので、治療目的のお客はまれにしかなかった。患者が乏しいあいだの安定収入を得るに役立ったのが理容技術であり、それに歯の治療による収入がときおり加わった。悲観すべき面としては、訴えられるリスクと、診療費を回収するのが難しいという問題があった。施術者の多くは、手術が失敗して患者が支払いを拒否した場合に備えて、保証金や担保を取っていた。それでも、この仕事にはリスクがつきものだった。一例を挙げると、一三二〇年、アリス・ストッキンジという患者は三〇ポンドの賠償金を受け取ったが、一方、支払いを拒否されていた施術者の懐に入ったのは、二〇シリング相当の彼女の家財だった。

この職業の最も華々しい局面といえば、緊急手術である。砕けてしまった四肢や、

【左】オラウス・マグヌスによって表現された高潔な医師の姿は、外科医の持つ汚れ仕事の側面をたくみに無視している

壊疽《えそ》した傷口は、取り除かなければならなかった。麻酔薬などないので、治療床屋は皮膚と筋肉を切り開き、肉をセーターの袖のように巻きあげて、腕や脚の骨を刃物で切り落としてから、皮膚を縫いあげなければならず、その間ずっと、患者があげる恐怖の悲鳴や、激痛にのたうつ肉体につきあわされた。スピードが命なのだ。刃物の位置を動かさずに四肢を切り取れる湾曲したナイフなどの道具は、計り知れないほど貴重だった。

しかし、治療床屋には占星術の知識も求められた。中世の医術は一五〇〇年の歴史を持つ偽科学の延長線上にあった解剖学よりも、自然界の要素に関する神秘主義的な理解を基礎としており、ギリシャ時代の医者ヒポクラテスの影響を色濃く受け継いでいた。彼は世界は土と空気と火と水という四つの要素で構成されていると唱え、同様に、こうした性質、つまり〝体液《ヒューモア》〟の量の違いによって、すべての人の気質を表すことができるとした。健康な人とは、この四つの体液のバランスが保たれた人のことだった。

ヒポクラテスの時代から一五〇〇年が経過していたにもかかわらず、診断方法に本質的な違いはなかった。患者の体つきや、顔の色つやを観察することによって、その人の

気質の中で粘液、血液、黄胆汁、黒胆汁の四つの体液のどれが優勢かを判断した。そのあと患者の尿サンプルを分析し、それをカルテと見比べると、それで初めて、どの体液の調整によってバランスが取り戻せるかを考えることができるのだ。

治療床屋の仕事が本格的に不快になるのはここからである。中世には、リトマス試験紙も試験所での検査もなかった。患者を診断するときは、その名もジョーダン†と呼ばれる湾曲したフラスコに尿サンプルを取った。カルテの助けを借りて尿の見た目や臭い、それに実際味わってみることで診断を下した。

患者の症状が特定できたら、治療に向かう。ある体液が少なすぎるまたは多すぎる場合は、食事や運動、下剤や利尿剤や吐剤、瀉血といった治療法が、単独であるいは複数組み合わされて指示される。

浣腸器《クリスター》は、四体液のうち胆汁の排出を目的とする浣腸《かんちょう》を施すときに使用された。長い金属製のパイプの一方に穴がいくつか空いている。ラードを塗りつけ、括約筋の先、少なくとも一五センチは直腸に差し入れなければならない。浣腸剤には調合したハーブ、水、アオイ科の植物、グリーンカモミール、小麦のふすま、塩、ハチミツ、石鹸《せっけん》などが処方された。混合液は豚の膀胱《ぼうこう》に入れられ、浣腸器の一端に取りつけられる。膀胱を強く押すと、穴から出た液体が患者の体内に入る。残酷かつ異様な治療法だと感じられるかもしれないが、原始的な直腸洗浄にはなっているので、一定の効果はあったかもしれない。

浣腸器は弱った患者に「栄養を与える」ためにも用いられた。当時は、胃はときに熱くなりすぎる炉のようなものなので、衰弱した患者は食物の消化に難をきたすと考

【左】浣腸器（クリスター）を手に考えこむ筆者。長いし、冷たいし、治療効果も疑わしいが、正しき人の手になれば、きわめて興味深いかもしれない

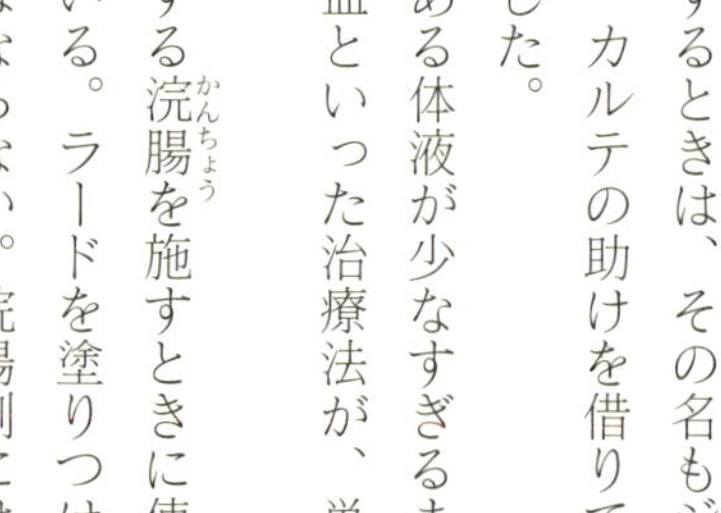

【左】チョーサーの『カンタベリー物語』に登場する医師は、本書で描いた医師像にぴたりと重なり、星や体液についてすべて把握している。意地悪なチョーサーは、彼の上等な赤い（緋色の）服は疫病を治療して手に入れたものだが、報酬として受け取ったお金こそが実は最大の治療薬だと、ちゃかしている

『カンタベリー物語』より

わたしたちの一行の中に一人の医学博士がおりました。

世界中で医学と外科のことでは彼の右に出る人はいませんでした。

それというのも彼は占星術によく通じていたからでした。

彼は星占いによい時をみはからって、いわゆる自然魔術の占星術によって患者を注意深く観察し、処方しました。

彼は患者の人形《ひとがた》をつくるのに、星が昇るとき、そのよい位置を選んで決める術《すべ》をよく心得ておりました。

病気という病気の原因でも、温、寒、湿、乾の体液のいずれであれ、よく知っており、どんなところに病気が生れ、どんな体液からそれが生じたかを知っていたのです。

彼は正真正銘の完全な開業医でした。いったん原因がわかり、病気の根本が知れると、すぐにも病人にその薬剤を与えました。

彼はちゃんと薬剤師にいろんな薬や練り薬を送ってくれるように手配しておりました。

（中略）

食事はほどほどにしていました。

というのは、決してたくさん食べるのではなく、非常に栄養があって消化しやすいものだけを食べたからでした。

この医者の聖書の研究ときたら、ほんとにお粗末至極なものでした。

彼は裏地に琥珀《こはく》織りと薄絹織りとをしつらえた緋色《ひいろ》と、青味がかった灰色の服に身をくるんでいました。

だがしかし、金づかいにはとても注意深い方でした。

彼は疫病の間に儲《もう》けたものは貯えておきました。

医学では金は強壮飲料となるからというわけか、ことのほか金を愛しておりました。（桝井迪夫訳）

えられた。そういうときは、後方から食物を押し入れてやらなければならない。患者はたいへんな苦痛を強いられたに違いないが、悲しいことに治療効果は皆無だった。

広く一般に行なわれながら、まともでない治療として、瀉血が挙げられる。今の考え方からすると、すでに弱っている人から一パイントもの血液を奪うのはばかげているように見えるが、十九世紀の初頭までは標準的な治療法とされた。

この治療法が対象とするのは、頭痛や湿疹《しっしん》、〝気の病《イーヴル・ヒューモア》〟、あるいは肝臓の解毒だ。瀉血には〝フィリーム〟と呼ばれるU字形で半インチほどのトゲのような刃のついた器具が使われた。その刃を体に刺して抜いたら、傷口を開いたまま血を流させるために、もう片方の先端を挿入した。おもしろいことに、フィリームが挿入されたポイントは、現代の針治療に用いられるポイントと重なっている。

一四五四年、ヘンリー六世は精神疾患の治療を受けることになった。担当した三人の内科医と二人の外科医は、気の病に苦しむ患者たちに対してさまざまな治療を指示していた。

> 髪と鼻を引っぱり、踵《かかと》と指を強く押して、耳もとで豚に鳴かせる。まずは「彼らに」きつめの浣腸を施し……頭か鼻か額の血管を開き、雄豚の粗毛を使って鼻から血を抜き取る。

結局、ヘンリー六世に対する治療は次のようなものになった。

【ジョーダン】巡礼者がヨルダン川から聖水を持ち帰った容器に由来するという説がある。

羽根か藁を鼻に入れてくしゃみをさせ、彼の眠りを妨げ続けなければならない。人の毛髪など悪臭を放つものを鼻の下で燃やしたうえで、肩のあいだに吸角法を用い、羽根を喉に突っこんで吐かせ、後頭部を剃って、そこにローズと酢と野生のセロリ《スモーリッジ》の混合液をすりこむ。

とはいえ、瀉血といえば蛭《ひる》が使われることが多かった。中世の内科、外科ではこの食欲旺盛な小さな虫を広く用い、そのために古くは蛭《リーチ》が医者の別名として使われた。有名なフランス人外科医、ギ・ド・ショーリアックは、その著者『大外科学《キルギア・マニア》』の中で、「体の奥と皮膚のあいだにある」血を浄化するには、蛭が最適だと述べている。

残酷で原始的な治療法に見えるかもしれないが、おもしろいことに、中世の医療の中で、この部分だけが今に引き継がれている。蛭と、その唾液に含まれる抗凝血の物質を利用すると、切断された手脚がその持ち主に縫い戻されるまでのあいだ血餅《けっぺい》ができるのを防ぐことができるのだ。また、熱心な吸血虫は継ぎなおされた部分にも置かれる。たとえば、縫い戻された指の先端に蛭を置くと、血流の回復が促される。また、赤血球が増えて血のめぐりが悪くなる赤血球増加症の治療にも用いられた。

治療床屋に蛭を提供したのは薬屋だが、では薬屋は、どこから蛭を手に入れたのだろう？

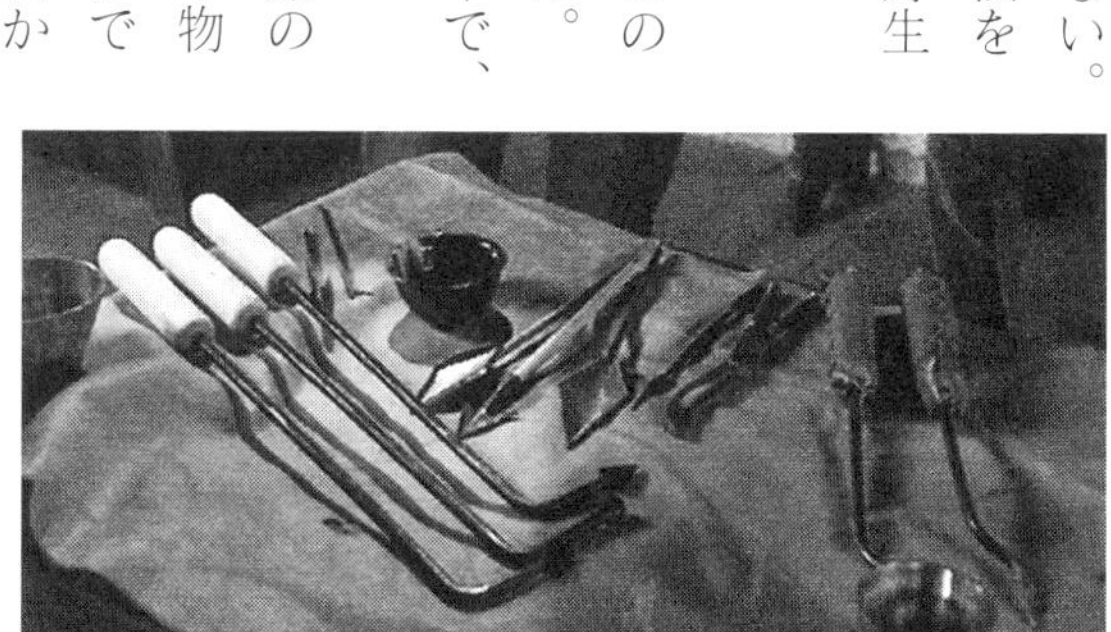

【右】治療床屋が使っていた器具の一部。見るからに野蛮そう

蛭採取人

夏期休暇中の最大の災難は、室内を飛びまわって睡眠を妨害する昆虫の存在だろう。噛まれたり刺されたりしたがる人などいるだろうか。ところが、中世にはそれを職業にしている人たちがいた。彼らは来る日も来る日も、日がな一日、腹を減らした蛭を探し求め、自分たちの脚の血でその小さな体をふくらませようとした。テレビ番組の『バッフィー・ザ・バンパイアキラー』†ほどかっこよくはないが、不快という点では同じだった。

蛭採取人は全国にいた。蛭のことをジャングルに住む珍しい虫だと思っている人は多いが、医療用蛭《ヒルド・メディチナリス》はブリテン島全域に広がる湿地帯に住んでいた。中でも湖水地方の沼沢の多い地域とサマセット低地は、有数の採取地だった。だが採取されすぎたた

【右】ヘンリー六世は一四五四年、精神疾患を治すため、内科医と外科医からさまざまな治療を受けた

【バンパイアキラー】一九九二年にアメリカで公開された吸血鬼もののコメディ。

めに、ほとんど絶滅してしまった。本物の中世の蛭を採取できる場所で現在残っているのはわずかで、そのひとつが、ケント州のロムニーマーシュである。

採取方法は単純だった。蛭採取人は脚をむきだしにし、葦《あし》の生い茂る浅瀬に入ると、軽く動きまわる。動きを感知した蛭は、味のよい羊か牛だと思って血を飲みに近づいてくる。幸運な蛭採取人なら、蛭に取りついてもらえるのだ。

蛭はメルセデスベンツのシンボルマークのような形をした小さな噛み跡を残し、二〇分以上血を吸い続けたあげく、転がり落ちるころには、本来の体重の五倍の血を吸いこんでいる。噛まれるにしても、一度ならば、たいしたことはない。一瞬、ちくりとするだけだ。しかし、商売にするとなると量が必要なので、採取する男女は無数の噛み跡に苦しめられた。それでも、蛭採取人にとってこの職業の最悪の部分は別にあった。噛まれてから一〇時間、ひとつの噛み跡から一五〇ミリリットルの出血があるのだ。これは蛭の唾液に抗凝血性のヒルジンが含まれているからだ。蛭は血を吸うと同時に、蛭腸内の常在菌であるエロモナス・ハイドロフィアを相手に注入し、それが原因で下痢を起こしたり、傷口から感染したりする。

蛭採取人の生活については、情報にもとづく推測しかできない。蛭は冬季になると半休眠状態に

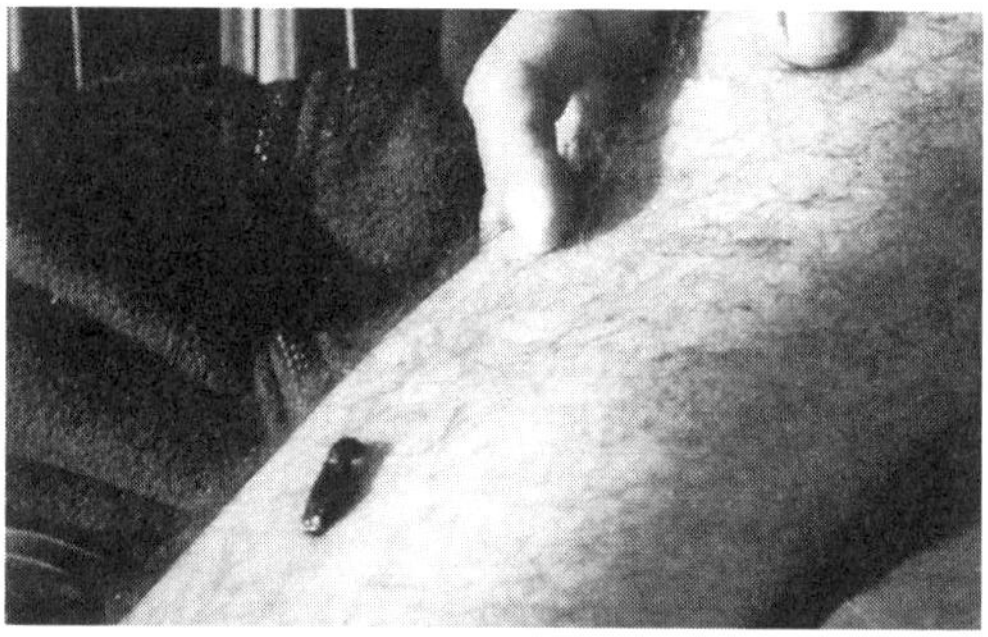

【左】ケント州のロムニーマーシュは、土着の蛭の最後の生息地のひとつ。上の写真は小さな魔術師あるいは魔女(蛭は雌雄同体)。筆者は防水ズボンをはいて蛭を探したが(写真下)、中世の蛭採取人はみなはだしで水に入り、脚じゅうに採取した蛭をくっつけて水から出た。蛭はすぐに水を張った桶に移された

『決意と自立』より

XⅠ

手足も、体も、青い顔も、全身を
木を削って作った長い灰色の杖《つえ》にもたせかけ、
わたしがゆっくりとした足どりで近付くのにつれ、
荒野の池の端に身じろぎもせず、
佇《たたず》む老人はまるで雲のごとくに、
風が声高に呼びかけても応ぜず、
動くとなればどっと動く雲のごとくに。

XⅤ

この池に老人が来たのは
蛭《ひる》を集めるため――老いて貧しく。
危険に満ち骨の折れる仕事。
これまでに耐えた数知れぬ苦難。

池から池へ、荒野から荒野へとさすらい、
神の御恵みによりここかしこと一夜の宿を得て、
かくして暮らし向きは正直一途。

XⅧ

老人は笑みを浮かべてくりかえし語った、
蛭集めのために遠く広く旅して歩いたと。
かく語る間もその足元で
蛭の棲《す》む池の水をかき混ぜながら。
「その昔、いたるところにいた蛭も
じわじわと減り、今は見る影もない、
だが蛭のいるかぎり、弛《たゆ》まず探します。」

――ウィリアム・ワーズワース、一八〇二年
（ワーズワス『対訳ワーズワス詩集』山内久明編・訳）

なるため、特定の季節だけの労働であったことはわかっている。しかし後世の詳細な記録はわずかしか残されていない。ジョージ・ウォーカーが一八一四年に上梓《じょうし》した『ヨークシャーの衣装』には、湖水地帯の蛭採取人に関する記述がある。その多くはスコットランド女性で、スカートをからげて水の中を歩いた。そして、やはり湖水地帯の

年老いた男性の蛭採取人を主題にして、ワーズワースは一八〇七年に、右に掲げるような荘厳な詩、『決意と自立』を発表した。しかし、すべての蛭採取人がそれを生業にしているわけではなかった。屋根職人も、中世の一般家屋の屋根を葺《ふ》く材料になる葦を刈るために同じ沼地にやってきて、本業のついでに採取した蛭で副収入を得ていた。

ワーズワースの蛭を集める者（採取人）は、老いたスコットランド人男性だった。詩では彼の生来の気高さが称えられるとともに、そのはかなさや貧しさによって仕事の困難さが表されている。この詩は一八〇二年に書かれたが、すでにその当時には、蛭は見つけにくくなっていた――人気があるがゆえに、滅ぼされてしまうとは！

もし採取人が毎日仕事に励んでいたとしたら、つねに開いた噛み跡から血を滴らせていたことになるから、結果として出血によるめまいがあっただろう。さらに皮膚を感染症に冒され、ひどい吐き気に悩まされていたに違いない。

皮肉なことに、蛭採取人は、中世の医術界の基礎治療に貢献しながら、本人が病気になったときは、治療床屋にかかれなかった。診察費を払う余裕がなかったからだ。貧乏な村人のひとりとして、より評判の落ちる医療提供者に頼るしかなかった。

賢女

だいたいどこの村にも賢女《ワイズ・ウーマン》がいた。賢女はヒポクラテス流の〝科学的〟訓練とは無縁だったが、民間療法には通じていた。たくさんの人が彼女たちの世話になった。

農民の生活は過酷なのだ。腕のこわばり、背中の痛み、ヘルニア、痔《じ》、原因不明の急激な腹痛や瘧《おこり》の数々などが、労働生活の現実だった。

　しかしそれだけでなく、当時は健康に対する人々の不安が心気症になるほど高まっていた。わかりやすい原因は黒死病だ。一三四八年にブリテン島で大流行し、人口の三分の一から二分の一を奪ったとされる。天罰だとしか思えないこの恐ろしい流行病を忘れられる人はいなかった。しかも、続く数世紀のあいだ、波のように流行が繰り返された。そのために、すべての人が用心深くなり、新しい病気の徴候がないかどうかに注意するようになった。

　賢女にはあまり現金収入がなかった。賢女自身が患者と同じように貧乏だったので、現金以外の何かのために働くことが多かった。ある家ではチーズをもらい、ある人には屋根を修理してもらうといった具合で、そのお返しとして、喉の痛みから乳癌《にゅうがん》まで、ありとあらゆる程度の病気に対して、不気味な〝治療〟を行なったのだ。後世にはこうした老女たちが、〝死体取り調べ人《サーチャー・オブ・デッド》〟（一八六ページ参照）の職務をになう主たる候補者になった。

　賢女が最悪の職業たるゆえんは、貧困だけではなかった。治療の材料とリスクの問題があったのである。

　貧しい賢女は、薬屋から薬を買うことができなかった。治療に用いたのは、近くで手に入る無料の自然な材料だった。現代人の感覚からすると、今でも使われるハーブやそれに類する材料に限られていれば、よほど受け入れやすかっただろう。たとえば咳《せき》が出るときに使うバルサムとか、セントジョンズワート†とか。しかし、最も活躍し

【セントジョンズワート】オトギリソウ属の各種草本

たのは、ウナギや昆虫や動物の死骸の一部、そして通常医療には結びつかない魔術的な材料、糞だった。大量の糞。賢女が治療をするには、カゴとシャベルを持ち、仕事時間の半分を費やして、さまざまな家畜のあとをついてまわらねばならなかったはずだ。

血の止まらない傷口には、ほかほかの豚の糞を用いる。
黄疸《おうだん》には、羊の糞とビールを混ぜ、ひと晩置いて飲む。
疱瘡《ほうそう》の予防には、羊の糞とワインを混ぜ、ひと晩置いて飲む。
痛風にはハトの糞からつくった膏薬《こうやく》を。
夫人の胸にできる潰瘍《かいよう》と禿頭《とくとう》には、ガチョウの糞を。
聴覚を戻すには、馬糞のなかで灰色ウナギを腐食させ、それを耳に詰める。
さしこみには、痛みのある箇所にウナギを縛りつける。
歯痛には、その歯に叩きつぶした猫の耳を三日貼る。

だが、こうした疑わしい治療法のすべてが、非科学的なわけではない。鼻血が出たときには、イラクサを鼻に詰めるという処置がとられた。一見、乱暴だが、イラクサの刺毛《しもう》に収斂《しゅうれん》作用のある成分が含まれているとわかれば、納得がいく。同様に、中世の虫を煮こんだ強壮剤にも、高い効果があったのかもしれない。農民たちの食卓は肉に縁遠かった。教会の祝祭日や休日でもなければ、貧乏人はリーク（ポロネギ）で風味づけをしたカラスムギの粥《かゆ》や、タマネギに豆類を食べ、まれにパンがあったり、

虫シチューのつくり方

生きのいい虫をプディング型一杯
硬くなったパンの厚切り三枚をサイコロ状に
森林地のハーブを各種
バター少々
水
調味料としてハチミツと塩

親指の爪を虫に突きたてて縦に裂き、内臓と土を取り除く。虫はみじん切りにする。大釜に虫を入れ、ひたひたの水を加えて、沸騰させる。そこにパンとハーブと少々のバターを加え、煮汁が茶色がかった灰色に変わるまでことこと煮る。塩で味つけし、好みで甘みを加える。

注意：土壌が汚染されていることが多いので、虫の採集地には注意を払い、土をきれいに洗い流すこと（本気で試してみるほど、あなたがどうかしていると仮定しての話）。

チーズを少々口にしたりといった程度だった。虫なら金をかけずに、日々の食事に動物性タンパクを加えることができる。

では、リスクはどこにあるのだろう？　そう、教会から見ると、賢女が手がけるおかしな治療の多くが迷信的だった。イボを治すときは、ウナギの頭を切り落とし、その血をイボに塗りこんでから、頭を地面に埋める。頭が腐るにつれて、イボは消えるとされた。同じように、喉の腫れが引くとの触れこみで、糸に通したたくさんの虫が首に巻きつけられた。虫が死んだとき、喉はよくなっているというのだ。

中世初期の聖職者たちは、この手の運命と好意にもとづく魔術の組み合わせに目をつむった。しかし時代が下るにつれ、教会の権威が教育システムを完全に管理し、それまで慣習とされてきたことが魔術とみなされるようになった。まさに中世が終わろうとしていた一四八四年、教皇は魔術を異端とした。魔術と賢女の仕事に、どんな違いがあるのか？　訴えられた女たちの多くは、その難問に答えられるほど長くは生きていられなかった。

石工親方《マスター・メイスン》

中世の宗教は、一方で非人間的な一面を見せつつ、ブリテン島において最も偉大で耐久力のある遺産を生み出した。ゴシック様式の大聖堂である。その建築とともに、われらがおぞましの万神殿にも新たな職業が追加された。

中世に建造された大聖堂は、信頼性と安定感を表現していた。大量の労働者が動員され、その規模は、古代ローマ時代にハドリアヌスの長城が築かれたとき以来だった。町に大聖堂を建てるのは、地元の誉れの象徴であったが、同時に景気のカンフル剤になった。現代社会において、新しい自動車工場や携帯電話工場ができるのと同じで、複合教会建築を建てることによって地域全体の経済が活性化したのである。

大聖堂建築のごく初期には、宗教的情熱にあふれた素人が教会堂を設計した。古典的な建築様式や工学技術の研究を通じて十分な知識を得た大修道院長や司教などである。彼らは自らの事業として大聖堂を建造し、その資金を調達した。しかし時とともに建築が複雑になったため、フリーランスの建築家としてヨーロッパじゅうをめぐる名のある専門家に、プロジェクトマネージャー兼設計者の役割が託されるようになった。

石工親方《マスター・メイスン》といわれる人たちである。中世キリスト教社会の中で、最高の職業か？確かに一理ある。彼らはたんなる現場責任者ではなく、プロジェクト全体の最高責任者として、兵站業務をも監督する立場にあったからだ。建築現場はもちろんのこと、石材が切りだされる採石場や、屋根の梁《はり》に使う木が切り倒される森、それに、時に数百キロ離れたところから運ばなければならない原材料の輸送システムの問題もある。フランスのオータン大聖堂の支出リスト（コラム参照）を見れば、この仕事がいかに包括的だったかがわかる（そして、町に大聖堂が建てられることで、どれほど多くの人がそのおこぼれにあずかれたかも）。

石工親方は、気が遠くなるほどたくさんの職人たちを束ねなければならなかった。石の成形と石像を担当する石切り工、成形された石のブロックを積みあげる石積み工と固定工、モルタル工、足場と屋根の骨組みをつくる大工、屋根に鉛を張り瓦を葺く屋根工、鍛冶と鉄工、石と木材の輸送を手配する輸送工、きこり、塗装工とその徒弟。それとは別に数百という労働者がおり、彼らは必要に応じて物を取ってきたり運んだり、力仕事に精を出した。一丸となって石工親方のビジョンを実現しようと、しゃにむに働いたのだ。

ただ石工親方も、それ以外の点では不安定だった。親方自身が、大聖堂建立の出資者である裕福な貴族や聖職者といった施主に雇われている立場であり、資金が準備されなくなれば、どんな親方の夢も文字どおり瓦礫《がれき》と化してしまう。施主が死ぬと、そうなりがちだった。新たな後援者が現れるまで何年かかるかわからない。中世史上、

【左】この絵は教会の東側から西側へと作業が進む建築現場の複雑さをはっきりと示している。建築物のいちばん高い場所には、不安定に設置された踏み車がある

オータン大聖堂建築の関連費用

採石場でサン・ラザール教会の営繕に用いる採石費用
——八リーブル、一〇スー、四デゥニエ
同上目的で、石灰一年分——九リーブル、八スー
サン・ラザール教会のアーチ用に、良質の木材。大工と労働者——一七リーブル、二スー、四デゥニエ
オータンの鍛造、一年分——四二リーブル、一〇スー、六デゥニエ
サン・ラザール教会の屋根の板葺《いたぶ》き費用として、大工に——一〇リーブル、八スー
いわゆる〝ガーゴイル〟関連の石材費——四リーブル、一〇スー、九デゥニエ
宿屋の主人のルノーに、上記に挙げた親方の住居の賃料、本年度二ターム分——三リーブル
同じく親方の被服費。来期にある洗礼者ヨハネの誕生は含まず——一〇リーブル
馬具商のブノワに。一年分の鞍、はみ、床用の留め具、その他荷車関連の革製品——二リーブル、一〇スー
干し草代、上記荷車の引き具代——一九リーブル、一七スー、四デゥニエ
カラスムギ代——二五リーブル、三スー、九デゥニエ
荷車の強度向上および古い荷車の修理に用いる鉄と釘
——六リーブル、九スー、一デゥニエ
車大工に。新しい荷車と、古い荷車の修理代——二リーブル、一四スー、九デゥニエ
溶かした脂肪、オイル、酢、三〇ポンドのろうそく、一年分——二リーブル、七スー

——作業場管財人の台帳
オータン大聖堂、一二九四~九五年（抜粋）

最も短期に建てられたソールズベリー大聖堂ですら、完成までに三〇年を要した。資金調達の遅れは、一〇年単位のプロジェクトの遅れにつながる。自分が構想した建物の完成を見られないかもしれないことに欲求不満を感じることも多かっただろう。

　それに事故がつきものだった。地上三、四〇メートルにある、材木を手で結びあわせた足場で働いていているのだから、絶対に安全ということはありえない。事故の多くは

【左】この細密画には、採石場の石切り工と建築現場の石工が描かれている。手前には石灰モルタルを混ぜる漆喰工がいる。石灰モルタルは石灰焼成者が作った消石灰を原料とする

記録されていないが、十二世紀にカンタベリー大聖堂の石工親方をしていたサンス出身のウィリアムが足場から落ち、引退に追い込まれる重傷を負ったことはわかっている。

だが、ストレスがあろうが、職人としての潜在的な欲求不満があろうが、墜落死する危険があろうが、中世の建築現場を仕切る親方業に魅力がないと言ったら嘘になる。建築にかかわる最悪の仕事の座を争うのは、石を積むのに欠かせない二つの補助的な職業、石灰焼成者と踏み車漕ぎだった。

石灰焼成者

石灰の名で知られる酸化カル

シウムは、用途が広範にわたる物質のひとつだ。かつては殺菌効果のある水漆喰《しっくい》の主原料とされ、中世後期以降は、農作物の収穫量を上げるため、酸度の高い土壌の改良材として使われてきた。だが、やはりいちばん多いのは、建築物用のモルタルの原料にされることだった。石灰モルタルは石灰と砂と水の混合物で、建物が呼吸ができること、そして石よりもやわらかいので、はがれ落ちないことなど、現在使われているセメントにも負けない優れた点を持っている。

しかしモルタル用の石灰も、石灰焼成者がいなければなかった。その作業の一部として白亜や石灰石（そしてときには牡蠣《かき》の殻）を焼き、二酸化炭素を排出させると、残存物として〝生石灰〟の塊ができる。これを水に入れると〝消石灰〟になり、肥料やモルタルに適した粉末状になる。単純に聞こえるだろうが、各工程ごとに危険がいっぱいだった。過程でできる物質の名前がそれをまざまざと表している。〝生石灰〟とは生きている石灰のこと、〝消石灰〟とは非常に乾燥していて、その渇きを消してやらなければならない石灰のことだ。

石灰焼成者はつねに建築現場の近くにある森の縁で作業した。石灰窯で石灰岩を焼くためには、薪を手軽に入手できる場所でなければならなかったからだ。窯が適切な温度——摂氏一一〇〇度くらい——まで上がったら、二人組になって一日二四時間態勢で作業にあたる。片方が〝採石工〟、もうひとりが〝焼成者〟だ。採石工は日中のシフトを受け持つ。窯係は寝ずの番で、窯からできた生石灰を取り除き、石炭と石灰岩を足した。

この工程で発生する二酸化炭素は、人を麻痺させて死に至らしめることがあった。

気を失った石灰焼成者が窯に落ちて、焼け死ぬことも珍しくなかった。たとえ無事だとしても、とてつもなく不快で、暑い仕事だった。建築作業が行なわれるのは夏場だけだった。冬場は厳しい寒さで石やモルタルに亀裂が入ってしまうからだ。石灰焼成者がしばしば報酬の一部をビールで受け取っていたのもうなずける。

窯から取りだされた生石灰は、非常に不安定かつ苛性《かせい》の物質で、発火しやすい。皮膚の汗を含め、あらゆる水分に激烈に反応するので、生石灰を窯から掻《か》きだした焼成者は、刺激性の粉末のせいで目や鼻がむずむずしただろう。目に入れれば失明の恐れもあり、ひどい火傷《やけど》になることもあった。

生石灰を安定させるには、〝消和〟させなければならない。この作業もやはり危険だった。消和も激しい反応で、その過程で水酸化カルシウムと熱と水蒸気を生じる。消石灰の塊を水に沈めるのは焼成者だった。消石灰は水に浸かると同時に爆発性の反応を起こし、石灰の微小な粒が、ブドウ弾†のように飛び散る。しかし、いったんはじけて崩れれば、それを潰して粉にすることができた。

石灰焼成者は息苦しいまでの熱に苦しめられた。熱はひと晩じゅう続き、一酸化炭素中毒や、眠気にもうろうとして窯に落ちる危険があった。怪我や失明の可能性もあり、当然ながら、彼らの手や唇はひび割れていただろう。苛性の生石灰が皮膚や粘液の水分と反応して燃えるせいだ。

【ブドウ弾】かつて大砲に用いられた数個の鉄球からなる弾丸。二五五ページ参照。

踏み車漕ぎ

踏み車漕ぎは、その職名どおりのことをした。踏み車をひたすら漕いだのだ。石灰焼成者ほど危険ではないが、異常に退屈な仕事ではある。

そうも退屈な仕事が必要とされるようになったのは、中世の大聖堂建築に大変革があったからであり、それをもたらしたのが起重機《クレーン》だった。この機械によって重い石材や木材を使用する場所まで持ちあげられるようになると、足場は簡易化され、現場はかつてなかったスピードと効率に耐えられるようになった。それまでは、これから積む重い石材を置くために丸太で頑丈な壁を建てていた。だが起重機の導入によって、設計者は石工のための螺旋《らせん》階段と歩行路を建造物そのものに組みこみ、軽量用の足場となる棒を石造物の穴に差しこめばすむようになった。用済みになった足場は建材として使ってもいいし、取り除いて次の現場に運んでもいい。

中世後期の建築現場の絵のほぼすべてに、起重機が描かれている。小型の起重機は外側から輪を回転させて動かした。荷物の上げ下ろしだけでなく、軸回転できるような大型の起重機を設置するときは、小型の起重機か巻きあげ機を使って部品を大聖堂の上に持ちあげておいて、組み立てた。

起重機を動かしたのは、踏み車を漕ぐ二人の人間だった。彼らは文字どおり建築界の大改革のど真ん中にいたと言える。一日中、ただ歩いているだけだとしてもだ。

この最悪の仕事に採用されたのは、地元に住んでいた目の不自由な人だったと言われている。起重機は建築中の建物の最上部に設置されたので、町やその周囲の田園地帯を一望できたはずだ。地元にはそれほど高いところにのぼったことがある者も、そこまで遠くまで見たことがある者もいなかっただろうから、ただ眺めるだけでスリル満点、不安になるに違いない。だが、木製ケージの中で働く踏み車漕ぎは、不安定な状態で宙に浮いていた。彼らが歩くのは細い木の板でしかなく、あいだには狭い隙間があったので、絶えず落ちこみそうな、何もない空間と向きあわされた。そこで理屈として出てきたのが、視力に問題のある人なら、よく目の見える人を苦しめるであろうめまいを避けられるのではないか、という考えだった。

仕事日の踏み車漕ぎは、一日中朝から晩まで、雨が降ろうと日が照ろうとせっせと足を動かし、それでもらえるのは、どうにか糊口《ここう》を凌《しの》げる程度の賃金だった。だが、この仕事の最悪の部分は、退屈さではなかった。

踏み車はいったん動きだすと、非常に制御しにくかった。マウンテンバイクのギアをいちばん軽くしたようなもので、踏み車が二、三回転すると、綱を支えている心棒が一回転した。動きださせるのはかんたんだったろう。困難なのは、むしろ止めるほうだった。そのとき体の一部分がケージの外に出ていようものなら、止まらない踏み車と固定された起重機の支柱とのあいだにはさまれ、突き出

【左】ノルマンディーにある踏み車。中世の資料をもとに再現されたもの。現存するものとしては、ソールズベリー大聖堂のものなどがある

ている手や腕や脚を削り取られてしまうからだ。

だから彼らは動き続けるケージの中に閉じこめられていた。だが、組み立て方が悪かったり、木材に問題があったり、あるいは雨や霜で傷んでいると、恐ろしく危険なケージになる。この原始的な機械が硬い地面から五〇メートルも上で壊れはじめたときの、目の見えない踏み車漕ぎたちの心許なさを想像してもらいたい。しかも、そういうことは、決して珍しくなかった。

では、踏み車漕ぎは中世一ひどい職業だったのだろうか？　そのいかがわしい栄誉に浴する可能性のある候補者は、ほかにもたくさんいる。たとえば、亜麻の浸水職人だ。

亜麻の浸水職人

中世の布地として、欠かせない素材が二つあった。ウールとリネンである。どちらも最悪の仕事を生み出した。リネンの上等のシャツや、十字軍の旗、大聖堂の祭壇にかける布の背後には、亜麻の浸水処理職人という、必要不可欠ながら極端に退屈でつまらない職業があった。作業は遅々として進まず、それに比べたら、デューラクス・ウェザーシールド†が固まるのをスローモーションで観るほうが、まだしも刺激的だろう。

今でも五月になると田園地帯を青い花でおおう亜麻は、まれにみる用途の多い植物だ。種子を圧搾すれば、亜麻仁油が取れる。繊維質の茎を処理すれば、リネンの繊維になる。亜麻の浸水処理はうんざりするほど時間のかかる工程で、時間をかけて腐敗の程度を制御することで、茎の繊維の束をばらし、芯から分離させる。

【デューラクス・ウェザーシールド】英国ICI社製の塗料。

ある仕事の説明として「ゆるやかな腐敗」と書いてあったら、それだけでもいやになるが、実態はもっとひどかった。

　亜麻を適度に熟し、オイル用に種子を取り分けたら、いよいよ茎に手をかける。浸水《レッティング》（腐敗《ロッティング》と同義）によって、繊維を結びつけているゴム質のペクチンが分解される。過度に腐敗させすぎたり、腐敗の程度にばらつきがあったりすると、内部の組織がダメージを受けるので、この処理にはある程度の技術がいる。だが、亜麻の浸水処理をかくも退屈な仕事にしているのは、並大抵でなく観察に時間がかかることだ。とにかく見ていなければならない……つねに……何週間も。

　中世のイングランドで採用されていた主な腐敗方法は二種類だった。露腐敗と、水腐敗である。前者は丈の低い草の生えた畑に、三、四週間、亜麻を放置する方法だ。繊維はゆっくりと分解するが、腐敗の進み具合を毎日、確認しなければならない。時間のかかるこの方法を使うと、より細く、しかし高価で取り引きされる糸が取れた。

　もうひとつの選択肢である水腐敗は、より高い技術がいるものの、七日から十日しかかからない。こちらを採用した場合は、亜麻を丁寧に束ねて（均一に腐敗させるため）、水に浸けた。貯まり水のほうが、太陽熱が保たれて腐敗が促進されるので、処理が早まる。

　しかし、どちらの方法にも欠点があった。露腐敗は苦痛だった。ひと月ものあいだ、定期的に観察しなければならない。堆肥《たいひ》さながらの亜麻の山をほぼひと夏じゅう見続ける退屈さに耐えられたとしても、天候の変化によっては腐敗にばらつきが出て、すべてを失うかもしれないのだ。

一方、水腐敗は、より手早い商売向きの方法ではあるものの、その不快さたるや、半端ではなかった。亜麻に水が反応すると、酪酸という酸が発生する。これが鼻の曲がりそうな悪臭を放ち、池や水槽などの貯まり水を使えば、なおさらひどくなる。悪臭を避けて流水を用いた浸水処理職人には、さらに望ましくない結果が待っていた。処理速度が速くて、悪臭がない代わりに、送水設備を汚染するのだ。そのために、浸水処理職人は近隣住民からしばしば仲間はずれにされた。

哀れ浸水処理職人には、どう転んでも勝ち目がない。枯れた植物が腐るのを見守るか、堆肥のような悪臭を放たせるか、村の嫌われ者になるか、そのどれかを選ぶしかなかったのだ。

浸水処理職人が完全に消滅したことはないが（亜麻は今も処理されているが、かかるのは三六時間程度で、数カ月ではない）、新しい植物の流入によって重要度が下がった。十四世紀に入ると、アラビア世界からより軽い繊維が入ってきたのだ。それはクトゥ――すなわちコットンだった。

しかし、退屈さという点では右に出るもののない職業、倦怠《けんたい》が必須条件になっている職業は、浸水による田舎の臭気からは遠く離れたところにあった。しかも、国家の中枢に位置する官職だった。

財務府大記録の転記者

もしあなたが、給料は高いけれど、国税帳簿をまちがえずに書き写すのが職務の一部となっている仕事をやらないかと言われたら、受けるだろうか？　それが財務府大記録《グレート・ロール・オブ・ザ・パイプ》の転記者の、うらやましくない仕事だった。

十二世紀に入ると、中世社会はしだいに洗練されていった。毛織物産業が個人や会社の懐を潤し、それに付随して国の租税業務も複雑になった。一一二九年、ヘンリー一世は、財務府大記録システムを導入し、年に一度、各州長官への負債を記録することにした。未払いの負債は翌年に持ち越される。各州の長官が税金を持って財務府を訪れた。継続勘定は苦労して書き留められ、それを司法長官付きの記録係、つまり財務府大記録の転記者が書き写した。

財務府長官《エクスチェッカー》という役職名は、財務府で仮勘定盤に置かれる、チェス盤に似た格子柄のテーブルクロスに由来する。仮勘定盤は計算器のように使われた。縦列に置かれたチップで、支払うべき額とすでに支払われた額のポンド、シリング、ペンスを表した。仮勘定盤の担当者と徴税システムに関して今わかっていることの多くは、財務府大記録が開始されてまもない一一七六年から七八年に書かれた本によってもたらされたものだ。それは王の財務長官だったバースのリチャード・フィッツニジェールが著した『財務府に関する対話《スカカリオ》』という本で、教える人と教えを請う人の対話を通じて、教える側が国家の仕事について詳述するという形式を取っている。勘定盤《エクスチェッカー》について、フィッツニジェールは次のように記した。

勘定盤は高さ三メートル、幅一・五メートルの面を持ち、規則に従ってテーブルの周囲に座る人たちの前に置かれる。その周囲には指四本分ほどの高さの縁があり、上に置かれたものが転がらないようになっている。さらに勘定盤の上には、復活祭開廷期に仕入れた布を敷くが、これは白い縞模様の入った黒い布で、白い線と線のあいだには足や手の幅程度の間隔がある。そしてそのあいだに金額に応じたチップを置く。これについては後述する。さて、これが勘定盤《エクスチェッカー》と呼ばれ、その名が転化してこれを行なう裁判所自体が財務裁判所《エクスチェッカー》と呼ばれるようになり、そのとき何かが決まると、あの年の財務裁判《エクスチェッカー》ではこうした、この年はどうしたと言われるようになった……。

一三〇〇年には、こうした文書は財務府大記録《パイプロール》と呼ばれるようになった。特殊な方法で羊皮紙を縫いあわせ、それを巻きあげると筒のように見えたからだ。ひょっとすると、それがパイプとなって国庫に金が流れこんでくるのを助けるといった意味もあったのかもしれない。用紙の幅は広く、時代が下るにつれて長さも増し、はては一・八メートルにも達した。しかもそれが、毎年何本もつくられた。決して完済されることのない王家に対する多額の負債が、次の年の財務府大記録に再記入されたからだ。

財務府大記録の情報は重要なので、司法長官付きの記録官がベラムに書き写した。ベラムが使われたのは、ごまかしを防ぐためだった。ベラムに書かれた文字は消しにくかった。だが、そのせいで、まちがいも消しにくくなった。書きまちがえたときは、その部分に下線を引くか、誤った文字の横に小さな点を打った。

財務府大記録の転記という仕事には、最大限のストレスと、最小限の興味が巧妙に混ぜあわさっていた。司法長官付きの記録官は、もうひとりの哀れな魂、財務府長官付きの記録官とコンビを組んでいた。ベラムを用意した財務府長官付きの記録官は、財務府長官が口述した内容をすぐに書き留めなければならなかった。彼が金額を書きこむや、今度は司法長官付きの記録官がそれを大急ぎで一言一句正確に書き写した。

たとえば、サセックスの州長官が代表団を連れてやってきたとして、仮勘定盤上の王への負債は六四二ポンド一四シリング九ペンスだったとする。州長官が出納係に六一九ポンド七シリング三ペンスを支払うと、その分が引かれ、二三ポンド七シリング六ペンスになる。これがまず財務府大記録に記入され、続いて司法長官付きの記録官がそれを書き写す。なんとも心躍る作業ではないか。

しかし、本人にしてみたらプレッシャーは甚大だった。すばやく、正確に作業しなければならず、まちがえている余裕はない。隙間風の入る石づくりの仕事部屋で手をかじかませ、いつものように退屈な一日に向きあわされる。作業を進めるあいだ、司法長官付きの書記官がつねに背後で目を光らせている。ひとつの誤りもなく記入するには、並大抵でない集中力が要求されるだろう。なにしろ素材が退屈すぎる。のちの時代、裁判所で速記を行なう人や、録音テープをタイプ原稿に起こす人は、まだしも意味のある内容を扱った。財務府

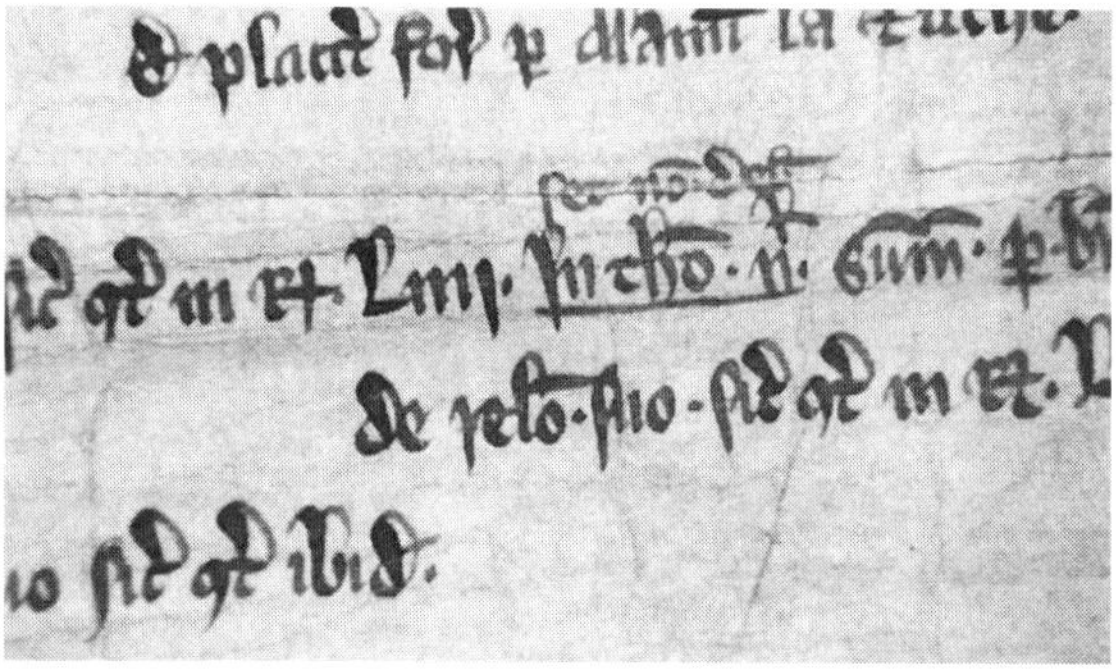

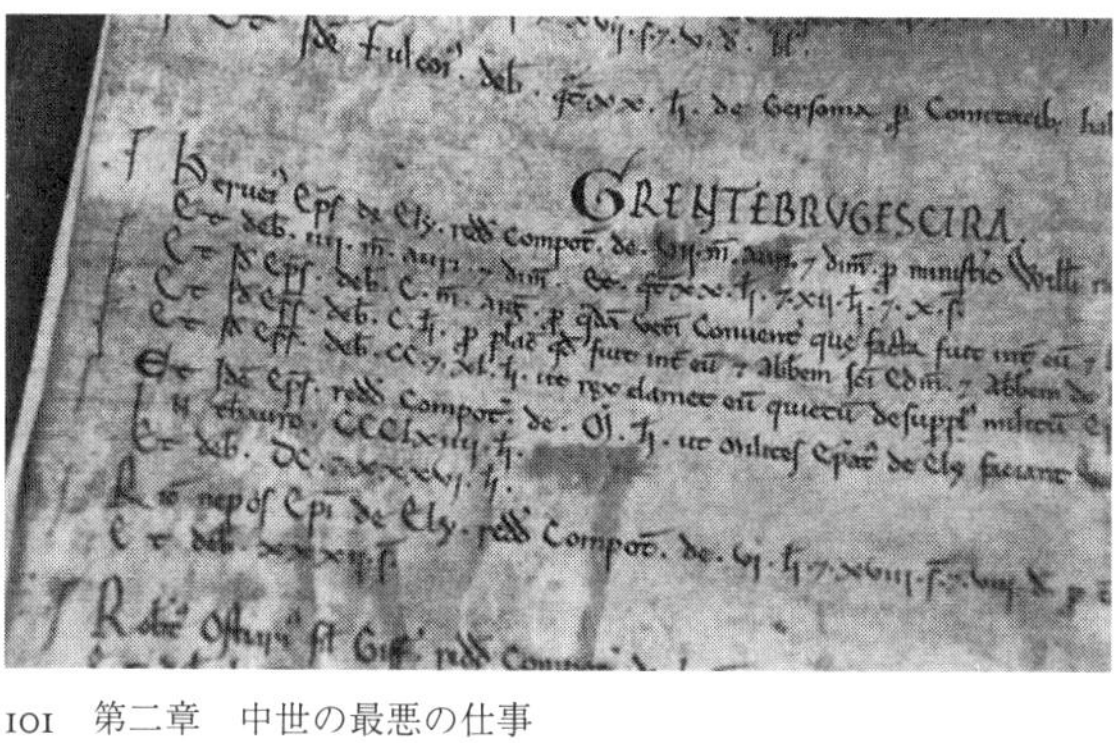

【左】サリー州キューにある国立公文書館に所蔵されている財務府大記録より。数字の欄はひとつもなく、当時、定められていた書体で文字が書き連ねられている。まちがえた箇所には下線を引き、上に正しい文字を書き加えている

大記録の転記者がやっていたのは、電話帳を引き写すに等しい作業だ。フィッツニジェールの次の言葉が、この職業の性質を端的に言い表している。「絶え間ない努力と同時に、限りない慎重さをもたねばならない」

彼の隣りに座るもうひとりの記録官の気づかいや苦労や熱意は、言ってみれば、もうひとつの大記録から一言一句を書き写さなければならないことにある。すでに述べたとおり、同じことがふたたび繰り返される。また、記録官にとっては国庫の支出に関する国王の命令を記す行為であるのに、財務裁判が進む中、納付額は財務裁判所の裁判官の判断によって決まり、支払うべきとされた額だけは、財務官と出納係が徴税しなければならない。また、記録官は、裁判官の出した算定するか免除するかの判定に従って、算定または免除に関する国王の命令を記す。また、次のことも記録官の仕事である。州長官に対する勘定が出て、召還命令の期日が決まると、見積もりにもとづき、絶え間ない努力と限りない慎重さをもって召喚状を記し、王国じゅうに送付しなければならない。その召喚状の内容にもとづき、次期の財務裁判が開かれる。

財務府大記録の転記者は、個性をすっかり削り取られた。中世の公文書にさえ、筆記者の痕跡が残っているものはある。いたずら書きや、走り書き、仕事の退屈さを愚痴る戯《ざ》れ言《ごと》など。だが、転記者は「記録簿に勝手な書きこみをしてはならない」と定められていた。自分の筆跡で書くことすら許されなかった。お仕着せの書体を学び、誰の手になるかわからないようにすることを求められた。プレッシャーの中で転記しなければならないので、アングロ・サクソン時代の公文書に用いられた中世初期の角張った書体ではなく、早く書けるように筆記体の最新の書体が採用された。

ただ、悪いことばかりではなく、給料はよかった。一一三六年、王室付きの騎士が日に八ペンスの給料のときに、転記者は日に五ペンスもらっていた。それに、開廷期間以外のときには長期休暇が取れた。

一八三二年の改革で財務府大記録の廃止が決まったとき、大記録には十三世紀にさかのぼる負債が記載されていた。六二四巻の大記録を財務府以外に保管する必要もあって、公文書館（現在の国立公文書館）が設立された。歴史家にとっては好奇心を刺激される資料であり、さまざまな支払いと負債を通じて宮廷生活の縮図を見ることができる。

イングランド経済の発展に伴って大記録は長くなり、それを牽引《けんいん》したのは毛織物産業だった。その勢いと影響力は、大法官が羊毛を詰めたシートに座る図にみごとに表れていた。一三〇〇年、イングランドには一五〇〇万匹の羊がいた。人口の三倍である。

もしあなたの名字がフラーか、タッカーか、あるいはウォーカーなら、遠い祖先のひとりが毛織物産業にたずさわり、日々よどんだ人間の尿に膝まで浸かって足踏みしていたはずだ（そこから、ウォーカーという名前が生まれた）。

それこそ、中世における最低最悪の仕事と呼ぶにふさわしいのではないだろうか？

【左】大記録の羊皮紙を巻きあげると、重ねた用紙が〝筒〟の形になるのがわかる

この時代最悪の仕事――縮《しゅく》絨《じゅう》職人

羊の毛を刈り取り、カードで梳《す》いて、糸に紡ぎ、織りあげる。織りやすさを考えて、羊毛が本来持っている脂肪分は残したままだ。だが、できあがるのは織り目の粗い、ざっくりとした生地だった。そこで縮絨職人《フラー》が登場し、〝縮絨《フル》〟、つまり生地に圧力を加えて脂肪分などの不純物を取り除く作業をした。洗うことで生地はやわらかくなって縮み、織り目が詰まって厚みが出た。足で踏むことで毛織物の繊維の毛羽だちが絡みあい、表面が固まってほつれにくくなった。

粗い織り目の毛織物を浸ける溶液は、脂肪分を分解できるアルカリ性でなければならず、最も安価なアルカリ溶液は尿だった。縮絨にはそれが大量に必要だった。ふつうは農場や民家から集めたが、ウィンチェスターで大がかりに縮絨を手がける業者は、公衆トイレをつくり、そこから定期的に集めていた。

縮絨職人にも、いいことはある。生地は所有できたし、飢える心配もないのだ。当時の主要産業の中心的な存在であり、屋根葺きといった労働と同等のお金が手に入った。

とはいえ、現代人の繊細な感覚からすると、この仕事は不快なだけでなく、どうしようもなく退屈だった。厚い生地を完成させるには、七、八時間足踏みしなくてはならず、しかも亜麻の浸水処理と同じで、物思いに浸っていることなどできない。つねに生地全体に同程度の圧力がかかるように気を配り、作業の頃合いを判断するには習熟が必要だった。うっかりしていると生地に穴が開き、ひと巻きすべてをだめにして

【左】十五世紀、羊の毛を刈る場面。赤い服を着た人物は、ただぶらついているのか、それとも、悪臭を放つ縮絨用のたらいに入るのを待っているのだろうか

しまうのだ。

　浸水処理がすむと、きれいな水ですすぎ、張り枠《テンターフレーム》に張った。張り枠は、太陽と風で生地が乾きやすい丘の中腹に設置されることが多かった。濡れて重くなった大きな生地を山まで運んで干すのは、骨の折れる作業だった。持ちあげて張り枠にかけ、生地の端を二本の横木にフックで留めた。そして最後に、低いほうの横棒を動かして生地を張った。このとき生地にかけられる緊張から、〝やきもきする《オン・テンターフックス》〟という表現が生まれた。

　縮絨は最初に機械化された産業のひとつだったと聞いても、あまり驚きはない。十三世紀になって水を動力源に使えるようになり、それが〝縮絨台〟の発明につながった。水車に生地を叩く大きなオークのハンマーを取りつけ、足踏みによく似た動きを再現した。ハンマーが打ちおろされるたびに桶を回転させたのだ。こ

の小さな動きによって叩きむらがなくなり、生地が台なしになる危険が最小限になった。
だが大量生産体制に入っても、尿の臭いはついてまわった。ときには掘り出した粘土とシリカと酸化アルミニウムの混合物（フラー土。吸着活性の強い粘土で、織布の漂白や羊毛脱脂処理などに用いる）を使うこともあったが、十七世紀の後半に入っても尿は使い続けられた。シーリア・ファインズは一六九八年、ワイト島の縮絨職人場について次のように書いている。

> ……織機から外したばかりの生地がすべて持ちこまれ、縮絨機にかけられると思っていたら、その前に、彼らは生地で部屋をこすってきれいにするという。そんなことをしても、油分と脂肪分が含まれているから、部屋はいい匂いにならないし、油分のせいでかえって部屋が汚れると、私は思った。しかし、彼らはそう思っていないようだった。その日縮絨職人の知り合いの家に送られ、彼らの家にはサージ†の巻物が掃除するために運びこまれるのを、私はこの目で見た。そのあと、サージを小水に浸け、石鹸で洗ってから、縮絨機に入れて、機械にかける。十分な厚みが出ると、水を入れてすすぐ。縮絨機がサージを引きこんだり揉《も》んだりするさまには、思わず見とれてしまう。巨大な歯を思わせる切れこみの入った大きな材木がついており、サージが傷みそうだけれど、そんなことはない。機械はたいへんな力で生地を引きこむので、うっかり近くに立っていて服のはじをはさまれでもしたら、またたく間にその人まで引きこまれてしまいそうだ。

【サージ】あや織りの毛織物。

【左】饐えた尿の生肉のような臭いは、想像を絶する。放たれるアンモニア臭があまりに強いので、臭いが鼻を直撃するたびに吐きたくなる。しかし筆者は、この作業に意味があることを身をもって確認した。わずか数分踏んだだけで、明らかに布地の脂肪分が尿に溶けだしたのだ縮絨機ができても、昔ながらの手法は廃れなかった。ロンドンでは古い手法を守るため、一二九八年から一四一七年まで機械の使用が禁じられた。そして足による縮絨はフィレンツェといった街に何世紀も残った。フィレンツェの人々がこの手法を残したのは、重みのある満足いく品質の毛織物をつくるには、この方法しかなかったからだ。

鼻を押さえていれば、それほどきつい仕事ではないと思うかもしれない。しかし、私に言わせれば、伝統的な縮絨を三〇分もやったら、二度と自分のセーターを同じ目で見られなくなる。

ウィリアム・ラングランドが十四世紀に書いた詩、『農夫ピアースの夢』には、洗礼の暗喩《あんゆ》として、縮絨の工程が登場する。縮絨機の発明から一〇〇年後にも、機械と足が動力源として共存していたことがわかる。

織りたての布は、すぐに使えるわけではない、
踏み洗いや、さらし道具で
よく水洗いされ、けば立て道具で毛を立てられ、
縮絨され、幅だしされて、
仕立て屋の手に渡される。（柴田忠作訳）

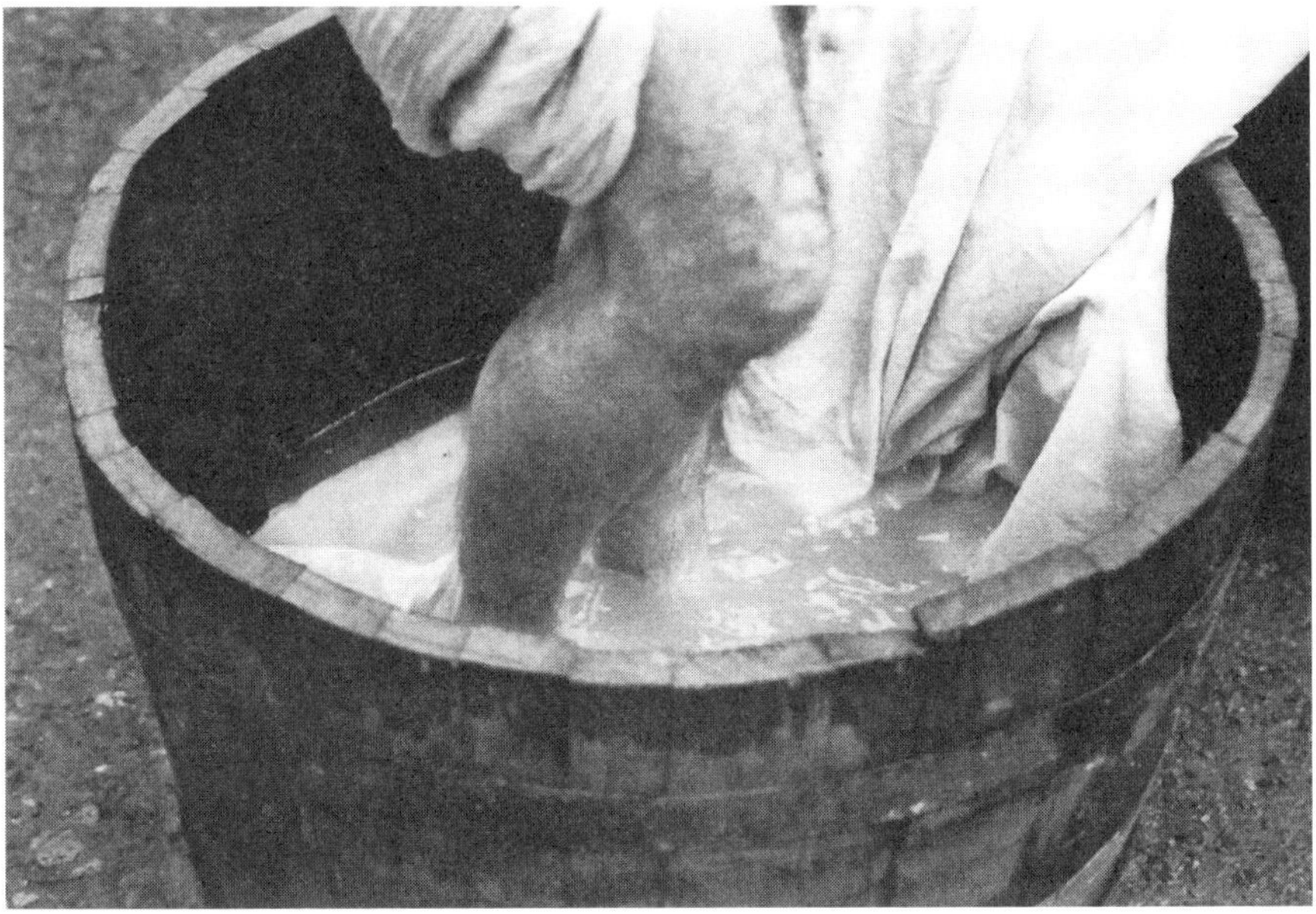

「中世」のできごとと仕事

一〇六六	ハロルド王、スタンフォード・ブリッジの戦いに圧勝し、ヴァイキングから二度とブリテン島を襲わないという約束を取りつける。それから三週間後、ヘイスティングズの戦いでヴァイキングの子孫であるノルマン人に敗れるとは！
一〇六七	ウィリアム一世征服王の命で、『ドゥームズデー・ブック』が作成され、ノルマン人の支配下に入った資産と人々が正確に把握された。
一〇九三	ダラム大聖堂の建造に着工。
一一二九	ヘンリー一世は財務府大記録を残すこととし、歴代の筆写係に退屈な仕事を約束した（九九ページ参照）。
一一五〇～八〇	モンマスのジェフリー他がアーサー王に関する恋物語を創作。中世の理想については大いに語るが、中世の現実についてはほぼ黙している。

一一五〇～八〇	風車や馬用のハーネスの発明など、農業の分野で大きな前進があった。
一一七〇	トマス・ベケット大司教の殺害により、カンタベリー大聖堂には国外からも巡礼者が集まるようになる。
一一八九	リチャード一世獅子心王、フランスとイングランドという二つの王国を投げだし、第三次十字軍を率いる。
一二一五	ジョン王、マグナカルタに署名。これをもって〝人権〟の主張が始まる（ただし、それから数百年は貴族階級にのみ適用）。
一二二五	ソールズベリー大聖堂の基礎が整えられる。これが最後のゴシック様式の大聖堂となった。
一二八〇年代～九〇年代	イングランド王エドワード一世がスコットランドとウェールズの併合をもくろんだ。
一二八〇年代～九〇年代	最先端をいく騎士に必須の高価な新しいアクセサリーは、板金よろいだった。それを

	脱ぎ着するためにも、〝武具甲冑従者〟は欠かせない。
一二九二	大聖堂建造の原動力となった信仰心の高まりの負の面として、すべてのユダヤ人がイングランドから追放された。
一二九六	スターリング・ブリッジの戦い。ウィリアム・ウォーレスはスコットランドを併合しようとするイングランドと戦った。
一二九七	縮絨機が初めて記録に登場する（一〇四ページ参照）。
一三一四	バノックバーンの戦い。ロバート・ド・ブルネンがいま一度、スコットランド王国の独立性を確保。
一三三七	フランスとのあいだで百年戦争が始まる。
一三四六	ロビン・フッドの話が流布。弓術が大衆的人気を集める。
一三四六	クレシーの戦い。イングランドの大弓隊はフランス軍に完勝するが、そのあと自軍の負傷者を苦しみから救わなければならなかった。

一三四八	黒死病がブリテン島を襲い、医療従事者を悩ませ、多くの命を奪う。
一三八一	ロンドン、エセックス、ケント、イングランド南東部で、自作農（ヨーマン）が小作農の反乱を率いる。反乱は失敗に終わったが、黒死病の流行で働き手が圧倒的に不足したため、生存者たちは好きな場所で働くことができた。かくして、農奴制廃止の要求が、経済の圧力によって実現する。
一三八一	ウィリアム・ラングランドの『農夫ピアースの夢』と、ジェフリー・チョーサーの『カンタベリー物語』が、イングランドの土地の言葉で書かれた。そこには日々の暮らしが生き生きと描かれている。
一四一五	シェークスピアの『ヘンリー五世』によると、アジャンクールの主たる被害者は、〝武具甲冑従者〟を含む軍需品輸送隊だった。
一四一五	ヘンリー五世、アジャンクールの戦いに勝利。戦闘による犠牲者は最小限ですんだ。
一四三一	フランスが反撃。ジャンヌ・ダルクが磔のうえ、火刑に処せられた。

一四五五　バラ戦争勃発。ランカスター家とヨーク家が、イングランドの王座をめぐって戦いを繰り広げる。
一四七五　イタリアにて、ミケランジェロ誕生。
一四七六　ウィリアム・カクストン、グーテンベルクの印刷機をブリテン島に導入。印刷技術によって書き物の世界は一変した。ただし、財務府大記録のような公文書は例外。
一四八四　教皇により、魔術は異端と宣言される。〝賢女〟には悪いニュースだ。
一四八五　ボズワースの戦い。ヘンリー・チューダーがリチャード三世を打ち破る。

第三章 チューダー王朝時代の最悪の仕事

なぜか私たちは、チューダー王朝時代†にはやけに詳しいような気がしている。中世史の断末魔から突如現れたところなど、ハリウッド映画の登場人物のようだ。ヘンリー八世と六人の妻、トマス・モア、流血《ブラディ》のメアリ、スコットランド女王メアリ、エリザベス女王、フランシス・ドレーク、ウォルター・ローリー。いずれも伝統にとらわれず、聡明で情熱的、そして国への愛に燃えた人たちだった。

もしこれが実像だと思っているのなら、あなたはチューダー王朝の情報操作にしてやられている。ヘンリー・チューダーがボズワースの戦いでリチャード三世を打ち破ったときから、ヘンリーと彼の子孫は「ひどい過去」と、新しく訪れた明るいチューダー王朝のあいだに明確な線を引こうとしてきた。彼らは運がよかった。彼らが国を統治していた一世紀と少しのあいだに、経済の発展と文化が合流するという希《け》有《う》な状況が生まれ、それがこのプロパガンダを後押ししたのだ。しかし、実情は「昔ながらの古いイングランド」の、バラ色に彩られたチューダー・ルネサンス版にすぎなかった。

イングランドでは宗教改革によって、それまで教会に流れていた金が、王家の金庫に流れこむようになった。陸軍の勝利と、イングランド海軍の勇猛果敢な戦いぶりが、交易の促進と国力の向上につながった。集まった富は、芸術家の保護にまわされた。人文主義的な思想が大陸から流れこんできた。画家のハンス・ホルバインが来英し、チューダー王朝時代の有名政治家をモデルとして、印象的な肖像画を描いた。タリスやバード、ジョン・ダウランドといった作曲家が、音楽の世界でまぎれもなく「イングランド的」な音を創りだした。スペンサーや、そしてなによりシェークスピアとい

【前頁】チューダー王朝時代の台所。このときは女たちが焼き串係を担当し、串に鶏を刺したり、鶏にタレを塗ったりしている

†【チューダー王朝】一四八五年のヘンリー七世（ヘンリー・チューダー）即位から一六〇三年まで。

った作家は、さりげなくパトロンを称えたり過去の修道会をけなしたりしつつ、英語を新たな境地に導いた。

しかし、チューダー王朝時代の派手な改革の多くは目くらましにすぎず、十六世紀の生活の現実は少しも伝わってこない。多くの人の生活は、チューダー王家が認めたであろうよりもずっと強く、過去である中世とつながっていた。イングランドのルネサンスの中心は宮廷と都市だった。しかし、都市部に住んでいるのは人口の六パーセントにすぎず、その半数がロンドン在住だった。それ以外の人たちは、かつてと同じように田舎にいた。花開いたイングランド文学の影響より、頻繁に大流行する伝染病と、一五五〇年代と一五九〇年代に起きた二度の大飢饉の影響のほうが強かった。

仮に彼らに選択権があったら、大多数がヘンリー七世よりも前の「ひどい過去」に戻るほうを選んだだろう。確かにヘンリー七世のおかげで、バラ戦争による政情不安はおさまった。しかし、地方は彼の息子によってそれ以上の脅威にさらされた。信仰宣言として反プロテスタントの小論文を書き、教皇から〝信仰の擁護者〟の称号を与えられたヘンリー八世は、一五三四年、アン・ブーリンと合法的に結婚するため、カトリック教会を離れた。以降のチューダー王朝を特徴づけているのは、不安定さや弾圧、迫害であり、あとに続く政体が自らの宗教理念を乱暴に押しつけたのと同じだったが、それだけではなく、修道会の撲滅がすなわち中世社会の安全保障システムの崩壊につながった。大多数にとって宗教改革による最大の衝撃は、失業して物乞いになったり、家を失った人たちの増大だった。

では、チューダー王朝時代の求人市場には、どんな仕事があったのだろう?

死刑執行人

チューダー王朝の権力掌握を象徴するのは、ロンドン塔と、フードをかぶり斧を持った気味の悪い男という、対をなすシンボルだった。死刑執行は中世を通じて行なわれてきたが、斧が国家による支配を表すようになったのは、チューダー王朝になってからだ。血の塔†のレディから、ホグワーツ†の〝ほとんど首なしニック〟まで、首のない幽霊のうち賃金に見あった働きをする者は、チューダー朝にはやった襞襟《ラフ》をつけるといいかもしれない。当時、広く世に知られた人の何人かが、斬首されている。たとえばトマス・モア、アン・ブーリン、スコットランド女王メアリなどだ。

死刑執行人であることの純粋な恐怖、その職業ゆえに社会からのけ者にされること、おぞましく血みどろの処刑場、同じ人類の命を奪うことによる精神的なダメージといったことなど、そのすべてが重なってこの職業を最悪の仕事にしている。しかし、執行人全体の数からすると、斧を振るうのはほんのひと握りだった。チューダー期には七万人の執行人がいたが、斬首刑を執行していたのはそのごく一部だったのだ。刃物によるすみやかな死は、高貴な者のみに許された特権だった。メアリ女王の時代には二八九人のプロテスタントが火炙《ひあぶ》りにされ、何人かの反逆者が絞首刑のうえ、内臓を引きだされて、四つ裂きにされた。あとはただの絞首刑だった。神話をぶち壊すようだが、通常、ロンドン塔内では処刑は行なわれなかった。これまでに塔内で処刑されたのは七人にすぎず、一四八三年のヘイスティング卿ウィリアムに始まり、一六〇一

【血の塔】十四世紀にロンドン塔のなかにつくられた塔。エドワード五世とその弟が幽閉され、殺されたとされる場所。

【ホグワーツ】『ハリー・ポッター』に登場する魔法学校。

年二月二五日のエセックス伯ロバート・デヴェルーに終わる。それ以外の処刑は塔外のタワーヒルか、タイバーンで執行された。

タイバーンが公開処刑人〝ジャック・ケッチ〟のニックネームで呼ばれるようになったのは、十六世紀以降だった。三〇〇年近くタイバーン周辺の土地を持っていた一族をジャケットといい、それが崩れてジャック・ケッチとなった。絞首台のあった場所――エッジウェア・ロードがマーブルアーチと接するあたりの安全地帯――には、現在、その印として真鍮《しんちゅう》の円が埋め込まれている。

絞首刑というのはおぞましい刑罰だった。チューダー初期には、犠牲者たちは馬に引かせたそり状の運送具で絞首台まで運ばれた。絞首台の上には執行人の補佐がおり、犠牲者は服を脱がされて、はしごをのぼらされる。そこで補佐役が首に縄をかけ、執行人がはしごを引く。

この方法は、やがて一度に数人を処理できる方法に取って代わった。犠牲者たちは首に輪縄をかけられて荷車に乗せられ、縄はすべて絞首台の横棒に縛られていた。馬をぴしゃりとやれば、荷車が引かれるわけだ。

【左】絞首刑に処せられた五人の犯罪者

いずれの方法でも、苦しみは長く続いた。現代の司法の決定による絞首刑と違って、すぐに首が折れるような結び目にはなっておらず、ときには三〇分ほどかけて窒息死させられた。犠牲者は眼球を飛びださせ、脚をばたつかせて、膀胱や腸の制御を失うという屈辱にみまわれる。処刑がすむと、執行人は役得として犠牲者の衣類を売りはらい、輪縄の切れ端までが、幸運のお守りとして売却された。実際、古い縄には高値がつき、いくつかの語句がジャック・ケッチの仕事と結びつけられ、私たちの語彙《ごい》の一部となった。

どの犠牲者にも取り巻き《ハンガーズオン》がいた。縛り首《ハング》される者の苦しみをやわらげるため、首の骨を折ろう、死を早めようと、友人たちがその脚にしがみつ《ハングオン》いた。人気のある人物が処刑されるときは、刑場が険悪な雰囲気に包まれたし、報復の恐れもあった。少々のちの時代だが、絶好の例がある。チャールズ一世を処刑したジョージ〝コルネット〟ジョイスは、チャールズ二世が王位に返り咲くと、アッシュビー・ドゥラ・ズーシュで新生活を始めた。なんと、ジェーン・ジョイスという名の女として！　だが敵の目は欺けず、やがて見つかって殺された。

処刑者が刑の執行時にまとうフードは、身元を隠すのにはほとんど役に立たなかったはずだ。誰が執行人なのかみんなが知っており、中にはある種の名声を得た者までいた。彼ら自身が有罪を宣告された犯罪者であることも多く、自分の首を守るためにその仕事についた。ジョン・クロスランドは、やはり死刑判決を受けていた自分の父親と兄弟を処刑することを条件に恩赦された。今も、苦悶する彼の霊がダービー大聖堂をさまよっていると言われている。トマス・デリックはエリザベス時代の絞首刑執行人だった。強姦で有罪判決を受けたが、エセックス伯のおかげで恩赦された（皮肉なことに、伯爵自身が一六〇一年に反逆罪で処刑され、執行したのはデリックだった）。デリックは在職中に三〇〇〇人の犯罪者を縛り首にした。あまりにも数が多いため、彼の名がその職業を示すもうひとつの別称になったほか、船荷の積み降ろしに用いられる絞首台に似たクレーンの名前として、現代にまで伝えられている。

　実践研究の結果、顔をすっぽり包み、目の部分に小さな切れこみがあるだけの処刑用フードは、手と目を等しく用いつつ敏捷《びんしょう》性の必要とされる仕事には、きわめて不向きなことがわかっている。たぶん仕事着にしていたのは、ふだんどおりの革のジャーキン†と、縄のベルトを巻いた半ズボンだったのだろう。そして大げさなフードの代わりに、自分のしていることがよく見えるように、目の部分に大きな穴の開いたもっと自由度の高いフードか、ただのマスクをかぶっていた。このフードは身元を隠すためでなく、王位の正義の顔のない代行者という意味あいを伝える象徴だった。当時〝執行人《エクシキューショナー》〟という単語には、人を殺すという意味はなかった。ジャック・ケッチが〝執行〟していたのは、裁判所の判決だったのだ。

　絞首刑は騒々しくて危険をはらんでいたが、斬首はほかの人間を自らの手で殺すことを意味した。貴族にはこの処刑方法が許された。戦場で冷たい刃に命を落とすという、高潔な理想を反映してのことだ。斬首はめったに行なわれないため、人気のある見世物だった。死刑執行人に舞台稽古の機会はまずなかっただろうし、衆人環視の中、いいショーを見せなければというプレッシャーもあっただろう。

　手際のいい仕事を期待しているのは、処刑される側も同じだった。一刀のもとに切

【ジャーキン】十六、七世紀の男性が着用した袖なしの短い上着。

名にし負うトマス・デリック

「デリック、汝《なんじ》は知っておろう。コールでの強姦によって失われんとしし汝の命を余が救ったことを」

——エセックス伯の死に関して民間に流布したバラッド、一六〇〇年ごろ

「私は絞首台《デリック》に行くだろう。やつを吊《つる》してやるために」

——トマス・デッカー、『ロンドンの七大罪』、一六〇七年

「デリックは七年前に運に恵まれ……」

——トマス・ミドルトン、『ピューリタンの妻』あるいは『ウォルティング街の未亡人』、一六〇七年

「あいつは魔王と巡回に行く。主人はデリック、タイバーンの宿屋で身を休める」

——デッカー、『ロンドンの夜警』、一六〇八年

「デリック……私たちはこれを絞首執行人を示す語として使っている。その名の男がタイバーンの有名な執行人だったときから、あまりたっていないからだ」

——トマス・ブラント、『グロッソグラフィア』、一六五六年

り殺してくれる執行人を求める彼らにしてみたら、とどめの一撃《クー・ド・グラス》がくりだせずに、何分も首以外の場所を切り続けるような執行人は願いさげだった。スコットランド女王メアリの執行人は、処刑を完了するまでに五、六度斧をふるったうえ、最後には、ベルトにつけていた切断用のナイフまで使って残った腱《けん》を切らなければならなかった。すっぱり切り落とせるよう、犠牲者から景気づけのチップをもらいたいと思うのも人情だろう。チップは七シリングから一〇シリングだった。労働者の年収が七ポンドだ

【左】ロンドン塔に国家による弾圧の道具という不変のイメージを与えたのは、チューダー王家の人びとだった。ただ、壁の内側で処刑された人はわずかだった

った時代のことだから、それでもかなりの金額だが、破格のチップが支払われた例もある。公文書館の記録によると、ロンドン塔の司令官だったサー・ウィリアムは、アン・ブーリンの刑の執行人であったカレー出身の男にフランスの通貨で一〇〇クラウンを支払い、しくじったときの返金保証もつけなかった。

斧は実質的な切れ味より、見る者に厳粛さを感じさせることに重点が置かれた。刃先の鋭さが足りないこともあったろう。そんなときは、斬首ではなく、脊椎《せきつい》を叩きつぶされることによって死亡した。想像するだに恐ろしい。切断されかけの首から噴きだした動脈血が、執行人と周囲の台に飛び散る。首が切り落とされてからも、死亡してから数分は脈の止まらない心臓が、血を流し続ける。通常は最初の一撃で意識を失うだろうが、死んでから唇が動いたとか、ほかの神経反応があったという話は、事実だったのだろう。

死体のかたづけが終わっても、執行人の猟

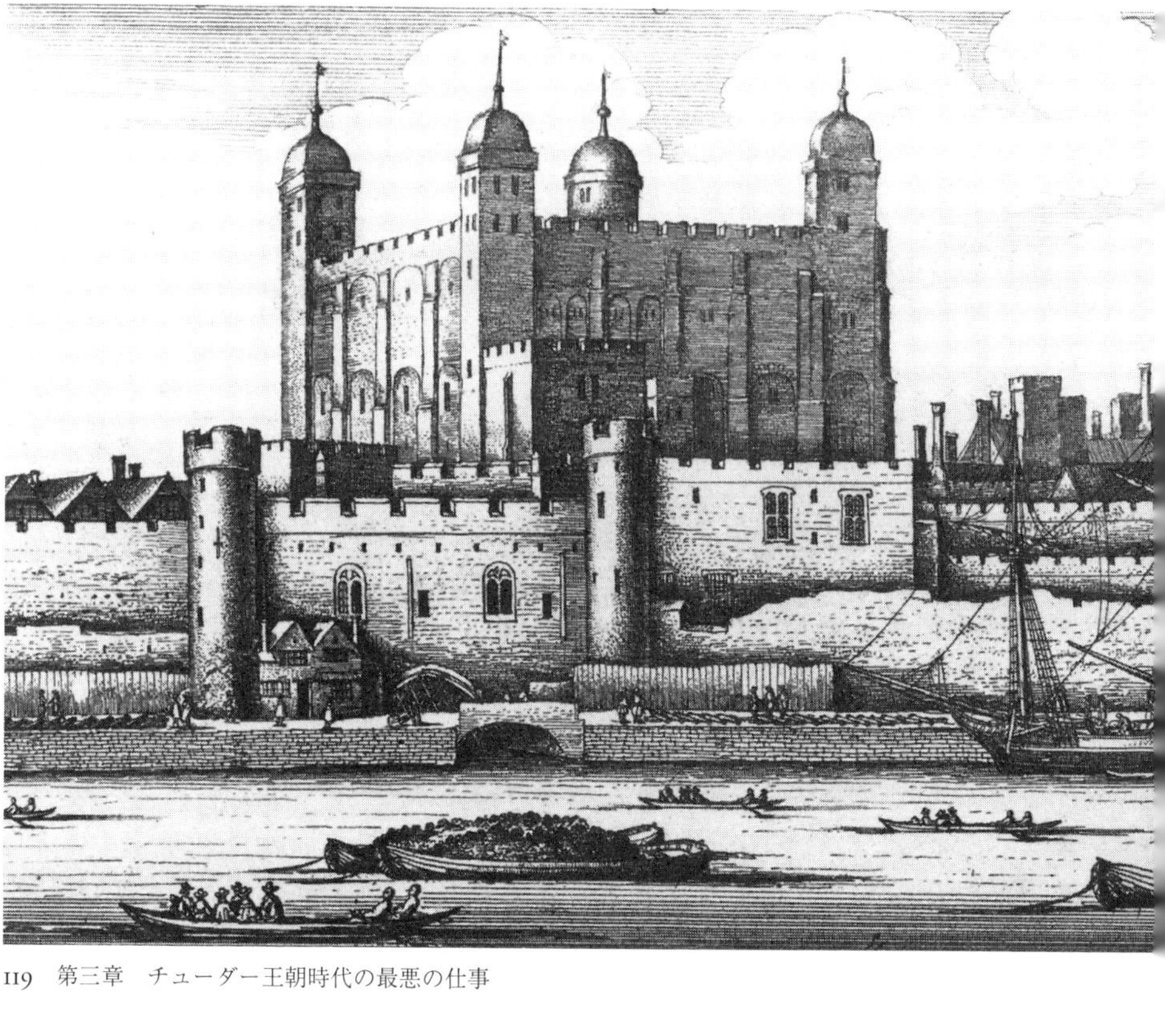

メアリの最期

これはスコットランド女王メアリの処刑に立ち会ったロバート・ウィンクフィールドの証言からの抜粋である。細部まであますところなく書かれている。メアリが殉教者にされるのを恐れて、彼女の衣類は破棄され、執行人には与えられなかった。

彼女の祈りが終わると、執行人はひざまずき、彼女を殺すものたちを許してくれるよう慈悲を請うた。彼女は〝あなた方のことを心から許します。今はただ、あなたが私の困難に決着をつけてくれることを願っています〟と言った。

そして、断頭台を手探りし、腰をかがめると、顎《あご》とともに両手を台につけ、手を見えないように置いてじっと動かさなかった。台のうえにこのうえなく静かに身を伏せ、腕を差し伸べ、「主よ、汝が御手に《イン・マヌス・トゥアス》」などと三、四回叫んだ。その後ふたたび断頭台の上で静かになると、執行人のひとりにそっと片手を握られながら、べつの執行人がふるう二度の斧に耐えた。ごく小さな声を漏らしたかもしれないし、何も言わなかったかもしれない。台に伏せたその姿勢のまま、微動だにしなかった。そして、執行人は首を切り落とした。残った一本の細い筋が切り離されると、執行人は頭を掲げて集まっていた人たち全員に見せ、「女王陛下万歳」と唱えた。そのあと、彼女の頭部からローンのドレス［＝カツラ］が落ち、七〇歳のように白く、短く刈った髪が現れ、その顔は一瞬のうちに面変わりしていたので、死者の顔から生前の彼女を思いだすことができる人はほとんどいなかった。首が切り落とされてから一五分ほどは、唇がひくついていた。

そのあと彼女の靴下留めをはずした執行人のひとりは、彼女の服にもぐりこんでいた子犬を見つけ、出てこようとしないのを無理やり引っぱりだした。だが小犬は死体から離れようとせず、彼女の頭と肩のあいだに横たわり、彼女の血に染まったために運び出されて洗われた。少しでも血のついたものは、すべて燃やされるか、きれいに洗われるかし、執行人は報酬を渡されて追い払われ、彼女の持ち物はなにひとつ分け与えられなかった。

【上】フォザリンゲイ城で処刑されるスコットランド女王メアリ・スチュワート。エリザベス女王は死刑執行命令に署名したことを、亡くなるその日まで深く後悔していたと言われる

奇趣味的な仕事は終わらなかった。反逆者の首はシティとサザックをつなぐ唯一の道であるロンドン・ブリッジにさらすことになっていた。しかし、そのままでは待ち受けるハシボソガラスに肉をついばまれてしまうので、鳥が嫌うように、クミンシードと塩を入れた大釜で頭を茹《ゆ》でなければならない。ジョン・フィッシャー司教は、一五三五年にサー・トマス・モアとともにタワーヒルで処刑された。その処刑からおよそ三〇年後、ドクター・トマス・ベイリーは、茹《ゆ》でられて十四日さらされた死者の顔は、生前よりも健康そうだったと書いている。悪夢にうなされそうな代物ではないか。自ら命を絶つ執行人が多かったのもわかる。

焼き串少年《スピット・ボーイ》

一五二六年、ウルジー枢機卿《すうききょう》はヘンリー八世にチューダー朝様式の豪奢な建築物であったハンプトン・コートを献上した。思いあがったふるまいで王を怒らせてしまったので、ご機嫌を取ろうとしたのだ。ハンプトン・コート宮殿は、チューダー王朝の複雑な政治模様を今に伝えている。地位と階層は絶対だった。

ハンプトン・コート宮殿には、冬季には一二〇〇人、夏季には八〇〇人の廷臣がおり、使用人の数は一〇〇〇人を超えた。そのすべてを養わなければならない。ハンプトン・コートを譲られたヘンリー八世は、厨房《ちゅうぼう》を拡張した。食事を準備するための部屋が一五あり、広さにして三三〇〇平方メートルがヘンリー王の胃に捧げられたのだ。午前中は、早くも十一時に始まる正餐《せいさん》の準備のために、厨房のすみずみにまで活気が満ちあふれた。ここでも階層がすべてだった。厨房スタッフの地位は、お仕着せの色の違いで示した。二〇〇人以上の使用人が材料を刻み、鍋を火にかけ、大声をあげ、悪態をつきあった。現在の超一流ホテルのキッチンとどこが違うのだろう。

食物連鎖のいちばん下にいたのは、焼き串少年《スピット・ボーイ》だった。穴ぐり器係とか〝ギャリパイン〟とも呼ばれた。下々が野菜の濃いスープや乳製品に頼って生きていたのとは反対に、チューダー王朝の貴族階級が常食していたのは肉だった。そのほとんどをローストして食べるので、焼き串少年は巨大な六つの炉の前で、太い鉄製の串を何時間もまわし続けた。

恐ろしく単調なうえに、背中や腕の筋肉を酷使するつらい作業だった。子どもには過酷すぎる。ハンプトン・コートの厨房を調べていた実証的な考古学者は、〝少年《ボーイ》〟とは事実に即した呼称ではなく、見くだす意味でそう呼んだらしいことを証明してみせた。焼き串は厚さが二センチ、長さが三メートル近くあった。ヘンリー八世とその廷臣たちの食欲を満たすため、その串にひとつあたり六キロある大きな牛肉の塊を一〇〇個刺さなければならなかった。五〇〇〇キロを超える重量である。これは大人の男の仕事だ。

暑さも格別だった。焼き串少年は燃えさかる炉から、炙《あぶ》り焼きにされる肉と同じだけしか離れていなかった。作業中は小さなレンガづくりのアルコーヴで直射熱を避けながら、串をまわした。それでも、周囲には息苦しいほどの熱気が立ちこめていた。

エルタム法令（一二六ページのコラム参照）を読んでいただければ、焼き串少年の苦労がわかるだろう。この文書は宮廷における礼儀作法をまとめたもので、料理長が備蓄しておくべき食料から、焼き串少年の服装までを定め、焼き串少年にはそれまでのような裸もしくはボロ着での作業を禁じた。炉への放尿も禁止された。炉の火を熾《おこ》すため朝の四時に起きてから、みっちり六時間働くのだから、この規則を守るのは難しかっただろう（ただし、炉から熱気が放たれているので、体内の水分はすべて汗になったかもしれないが）。こうした規則の目的は、彼らの労働条件を向上させることではなく、規律に対する意識の向上と、宮廷の壮麗さを高めることにあったのではないかとする意見もある。

だが、そんな焼き串少年でも、給料は悪くなかった。ハンプトン・コートの厨房スタッフには働いた日で六ペンス、病気の日で四ペンスが支払われた。病気で寝こんでいても、農場で働く者たちの四倍の額がもらえたのだ。

一五九一年に書かれたと思われる法令の改訂文書を見ると、焼き串少年が一年間に〝回転〟させたであろう肉が多岐にわたっていたのがわかる。一年間に一二四〇頭の牡牛、八二〇〇匹の羊、二三三〇頭のシカ、七六〇匹の子牛、一八七〇匹の豚、五三匹のイノシシの代金が国庫から支払われた。しかも食事は毎日のことだ。チューダー期には、ハクチョウやガン、コウノトリ、キジ、サギ、サンカノゴイ、ハシビロガモ、ヨーロッパヤマウズラ、ウズラ、雄鳥、チドリ、カモメ、ハト、ヒバリなど、さまざまな鳥が食用にされていた。

四旬節と金曜日は宗教上の伝統的な〝断食〟日だった。断食といっても、絶食ではなく、肉を食べないだけだ。チューダー王朝の国王にふさわしいのは、二コースの料理だった。ひとコース食べて、皿を下げてから、もうひとコースが運ばれた。コース

【左】一五二〇年に実現した〝金襴の陣〟でのフランソワ一世とヘンリー八世の会見は、歴史上、もっとも手のこんだ先手争いのひとつだった。背景の白いテントでは、焼き串少年がわがままな二人の王のためにに、彼らにふさわしいとてつもなく派手な食事を準備していた

H
R

エルタム法令

チューダー王朝時代は、何をするにも規則がついてまわった。規則と規制がはびこっていた。一五二六年、ウルジー枢機卿は王家の家政について定めた文書を改訂した。これをエルタム法令と呼び、チューダー朝を通じて何度となく改訂が重ねられた。王室の運営に関するあらゆることが網羅され、中でも歳出額が最大であった食に関する記述は細かい。

一五〇〇年の王室の第一のつとめは、押しかけ客の根絶だった。「……週に一、二度、王室内の執務室や居室をすべて点検し、食事どきやそれ以外のときに執務室や居室で飲み食いをしているよそ者がいないかどうか確認のこと。これは王の命令に反する行為である」

そして、食費を抑えるには、廷臣に夜中の宴会をやめさせなければならなかった。「……種々雑多な貴族やジェントルマンやその他は、享楽に溺れている。人目につかない場所で飲み食いすることに慣れ、王の居室や大広間をもとに戻すこともしない」

地位にこだわるチューダー王朝では、廷臣の階級に応じて適切な食事が与えられなければならなかった。全メニューが饗《きょう》されたのは王と近しい枢密顧問官のみだった。「衣装係や運搬係、従者や、家内を取りしきる者たち」は、牛、子牛、あるいは「ほかの肉のロースト」と、「豚かガンかウサギ」で我慢せねばならず、それをエールで流しこむこととされた。

エルタム法令が発布されたのと同じ年に、ウルジーがヘンリー八世にハンプトン・コートを献上したのは、偶然ではない。宮廷礼法の改訂作業は、枢機卿を政治的に窮地に陥れた。王に影響を与えている人物たちを排除しようと必死になるあまり、ついやりすぎてしまったのだ。法令の中で、「王の私室担当のジェントルマン」を半減させ、自分の政敵であった王の御便器番（次項参照）ウィリアム・コンプトンなどを追い出した。しかしこうした干渉が王の怒りをかい、ウルジーはむなしくも、テムズ河畔の豪邸を贈ることで和解をはかろうとしたのだった。

ごとに皿数が決まっていた。魚と野菜しか食べないある金曜日、ヘンリー八世には最初のコースとして、スープを含むこんな一五皿が出されたのかもしれない。ウナギ、ヤツメウナギ、カワカマス、テムズ川サーモン、ホワイティング†、コダラ、ボラかバス、タイかシタビラメ、アナゴ、コイ、マス、カニ、ロブスター、ネズミイルカかアザラシ（当時は魚に分類されていた）。続いて、九皿からなる二コース目がある。たぶんもう一度スープが出て、そのあとチョウザメ、ブリーム†、テンチ、パーチ†、ウナギ、ヤツメウナギ、イクラ、ザリガニ、小エビ、タルト、フリッター、果物、焼き青リンゴ、オレンジ、バター、卵などなど。私たちにはほとんど区別がつかない。

【ホワイティング】ヨーロッパ沿岸産のタラ科の魚。
【ブリーム】ヨーロッパ産のコイ科の魚。テンチも同様。
【パーチ】ヨーロッパ産の淡水魚。

御便器番

入れたものは出さねばならぬ。ヘンリー八世は日に二度、二十数皿に及ぶ料理を進んで食した。高獣肉・高脂肪・低野菜という食生活のおかげで、かつてはキリスト教世界一の好ましいお婿さん候補——一八八センチの長身に、広い肩幅、颯爽《さっそう》としていて、女好き——だった彼は、ホルバインによって描かれたとおりの、豚のように小さな目をした巨漢に変わった。後半生にはウエストが一四〇センチあり、おそらく痛風と梅毒に冒されていた。体重約一五〇キロともなると、重すぎて、ウインチを使わなければ鞍にまたがれなかった。体重が増加したきっかけは、一五三六年の馬上槍試合中の事故だった。太腿を負傷したため、運動ができなくなったうえに、患部に潰瘍が広がり、両腿の上のほうに化膿した腫れものもあった。この脂肪の塊のような肉体にかかわり、悲惨な食生活の副産物を観察したのは、ヘンリー王の肛門を拭かなければならなかった哀れな人間、御便器番だった。

そう、御便器番は実際に王の肛門を拭いていた。チューダー期の人々は、国王は天来の存在、神が定め、指名した存在だと信じていた。王のためなら、何でもしなければならない。そして現代人ならトイレでひとりになりたいものだが、王は人目にさらされるバスルーム生活を送っていたのである。

御便器番は、宮廷の中で特権的な地位だった。王の臀部《でんぶ》に触れられるのは、最高位の貴族だけと考えられていた。御便器番には最も私的な瞬間に、王と二人きりになるという役得があった。王の私室の鍵を持っており、王が着替えるのを手伝った。給料も破格だったし、出世の足がかりにもなった。

しかし王のそばに仕えるというのは、危険でもあった。アン・ブーリンを始末する方法を探していたとき、周囲を見まわしたヘンリー八世は、自分の御便器番に目をつけた。サー・ヘンリー・ノリスは、彼女と不倫行為を働いたと言われて、一五三六年に処刑されたのだ。

政治的な危うさをべつにしても、何はともあれ不快な仕事だった。仕事の方法と道具は単純だ。まず、王が腰をかける家具がいる。これは詰めものをした箱、つまり室内用便器《クローズスツール》で、上には穴が開き、内部にバケツやタライを忍ばせられるようになっていた。王がバケツに落とすものが大便《スツール》と呼ばれるようになったのは、この便器の名前からだ。室内用便器には凝った装飾が施されていたものの、重さはなかった。もよおした陛下に走っていただくわけにはいかないので、御便器番がすぐに取ってこられる

【左】チューダー時代の最新式のトイレ。頑丈な造りで、見るからに、いい体つき(ブリック・シットハウス)をしている(〝シットハウス〟はトイレの意味)

だけの携帯性が求められた。

便器以外の用具については、十五世紀に書かれた『子どものお行儀《バビーズブック》』を見てみよう。「ブランケットと、下を拭くためのコットン、あるいはリネンを準備のこと。［呼ばれたら］すぐに［世話が］できるように、タライと、洗面用の水差し、そして肩にはタオルをかけておく」。一般の人たちは尻を拭くのにコケを使っていたのだろうが、王には最高のもののみが許される。王はダイヤパーを使っていた。ダイヤパーとはダイヤモンドの模様のある二重織りの生地のことで、厚みがあり、吸水性がよかった——そうした性質から、米語ではダイヤパーがおむつを表す単語となった。

バケツに落ちた国王の大便は、すぐには廃棄されなかった。まだ話には続きがあるのだ。王の健康状態を探るため、大便《スツール》を観察しなければならない。ぞっとするような食事のせいで消化管が詰まっているときは、浣腸を施すのが御便器番のつとめだ。サー・トマス・ヘネジは、ヘンリー・ノリス亡きあと、御便器番になった。一五三九年九月、

MARCI 16
ITE IN MVDVM VNIVIRSV ET PREDICATE
EVANGELIVM OMNI CREATVRE

へネジは王の側近であったトマス・クロムウェルに、自分たちの主人に下剤を飲ませて浣腸をしたら、「非常によい排泄物」が出たと報告している。

吟味のすんだ王の排泄物は、最新の下水システムを通じてテムズ川へと自由な旅に出た。

一四八〇年代、古典世界への関心が高まったとき、その一環として、ローマ人のセクストゥス・ユリウス・フロンティヌスが給排水設備について書いた『水道書《デ・アクエ・ウルビス・ロメ》』が再発見された。この古典の知識にもとづき、ハンプトン・コートには建造時から最先端の排水システムが採用されていた。かつて宮殿の排水を川に運んでいた三・二キロの下水溝と下水管は今も残っている。こうした下水管はともすると詰まりがちだった。そうなったときはある男が呼ばれた。その男にしてみたら、御便器番など、自分たちには手の届かない贅沢な暮らしをしているように見えただろう。

糞清掃人《ゴング・スカワラー》

ゴングとはダング、すなわち糞、人間の糞便のことだ。そして、糞清掃人はその職名どおりのことをした。彼らは当時の水まわりの修理人であり、汚水溜めの汲み取り人だった。糞汲み取り人《ゴング・ファーマー》とも呼ばれたが、ここでいうファーマーは、フランス語の〝運び出すこと〟を意味する単語から派生した。

糞清掃人の職業生活は、膝から腰、ときには首まで排泄物に浸かることに費やされた。通常はチームを組み、バケツを持った少年を何人か従えていることも多かった。


【右】ヘンリー八世。御便器番の視点から描かれた肖像画は現存しない閉鎖された場所の障害物を取り除くのには、少年のほうが都合がよかったのだ。

ハンプトン・コートの糞清掃人には、胸が悪くなるだけの見返りはあった。ふだんは日当六ペンスだった。エリザベス女王の糞清掃人はサンプソンという男で、報酬の一部をブランデーで支払ってもらいたいと願いでた。しかしハンプトン・コートの汚水処理は、ロンドン市のそれに比べると、楽なものだった。

ロンドンの人口は、十六世紀中に四倍にふくれあがった。当局が直面していた最大の頭痛の種が、汚水処理だった。私たちはそう聞くと、つい、人間の排泄物やゴミが上の階の窓から捨てられ、それとは知らず下の不潔な通りを歩く通行人に降りかかる場面を想像してしまう。そうしたことがしばしば起きていたのも事実だが、それは問題の一部にすぎなかった。

ロンドンの指導者層は、民家二〇軒につきひとつの屋外便所を使えるようにしようとした。公衆便所の多くは木製のシートを置いた差し掛け小屋で、ロンドン市街を通ってテムズ川に流れこむフリート川のような水流の上に建てられた。それとは別に、多くの屋敷に汚水溜めのついた個人宅用のトイレがあった。やはり、タンクの上にシートを並べただけのものだったが、そこには、所有者が自分の排出物に責任を負うという明確な意識があった。ある家の汚水溜めが隣家のすぐ近くにつくられて、汚水が地下に漏れたりした場合は、裁判沙汰になることもあった。

糞清掃人を縛っていた厳格な規則を見れば、市当局が病気の根源とみなしていたゴミや糞尿《ふんにょう》の処理の管理に本腰を入れていたのがわかる。清掃人は市内の特定地域にのみ居住を許され、働いていいのは夜の九時から朝の五時と、夜間に限定された。当時は街灯がなかったので、煙の多い獣脂のろうそくだけが頼りだった。

清掃人は〝パイプ〟、つまり大樽を乗せた荷車を馬に引かせて、通りを歩いた。仲間とともに汚水溜めまで来ると、便座になっている板をこじ開ける。汚水溜めが特別に大きかったり、便座の板がはずれにくいときは、横から汲みだすべく壁板をはがした。

続いて排泄物を汲みだす。排泄物は二つの層でできている。上の層は液体なので、これはバケツで汲みだせる。汚水溜めがいっぱいになった状態で呼ばれるので、汲みだすのはそれほどたいへんではない。だがその下には厚く堅い泥の層があり、これは掘り出さなければならない。寒いときでも楽しいとは言いがたい作業だが、ただでさえ汗をかくほど暑い夏の夜にトイレの下で働く場面を想像するに、第何番目かの地獄にいるようなものだったろう。嫌悪をもよおす、ありとあらゆるものが見つかったはずだ。ときには小さな腐乱死体もあった。望まれずに生まれた赤子をトイレに捨てるのは、それほど珍しいことではなかった。

この仕事には身震いするほどの悪臭と危険がつきものだった。実際、煙草が手に入るようになると、多くの糞清掃人が有毒ガスを中和しようと煙草に手を出した。窒息死した糞清掃人について、死因を硫化水素中毒とほぼ断定している検死報告書も複数残っている。

王宮の清掃人と同じように、街で働く清掃人の報酬もよかった。市内の大きな屋敷で共同トイレの汲み取りをすると一〇シリングになった。ただし、この額を数人で分け、また馬と荷車の費用は清掃人持ちだった。

【左】ハンプトン・コート宮殿の地下水路。今はきれいに清掃されているが、四〇〇年前の若き糞清掃人の補佐役は、あたりを照らしてくれる一本の灯心だけだった

Iohn Hunt, (Succeſsor
to the Late Mr. Inº Brook)
Nightman & Rubbiſh Carter,
near the Waggon and Horses in
Goſwell-Street, near Mount-Mill,
LONDON.

しかし、市の厳格な規則を破ったときは、厳しく罰せられた。ある清掃人は、市街に運びだすべき汚水を排水溝に流したため、〝パイプ〟の中で首まで汚物に浸けられたうえに、罪状が記された大きな板を首にかけられ、ロンドンのゴールデン・レーンへと追いやられた。

だがそれも、わきまえのない職業婦人に対する処罰と比べると、軽いものだった。

【右】仕事に出る糞清掃人。ナイトマンとも言われた。背景に描かれた穴の開いた樽が〝パイプ〟で、罪を犯した清掃人は、罰としてその中にすわらされることがあった

魚売り女

フィッシュワイフ——魚を売り歩く女、がさつで大口叩きの女（『チェンバーズ・ディクショナリー』）

チューダー期、女性労働者の大群に対する男性たちの態度は、魚売り女への処罰のしかたに集約されている。

おおかたの女性には、選べる職業がひとつしかなかった。結婚である。いわゆる独立した仕事は考えられず、例外は、パン屋の妻のように、夫の仕事に適応することだった。

魚売り女も、その仕事の性質から例外となった。夫といっしょになって魚をさばき、スモークし、売り歩いた。だが、夫たちが漁に出ているあいだは自営業者なので、たっぷりと自由があった。商品を売るためには、大きな声と個性が必要だった。チューダー期の市場にいたら、縮こまったスミレではいられない。だから魚売り女たちはか

しましかった。だが、商品の魚をたくさん食べていたからではない。高価な白身魚は、お上品な人たちのものだった。魚売り女たちが食べていたのは、働く男たちと同じ魚介類、そう牡蠣《かき》だ！

彼女たちは男まさりだった。酒を飲み、煙草を吸い、悪態をついた。こうしたふるまいは、チューダー期の世間に広まっていた道徳観と、真っ向から対立した。彼女たちは男たちが脅威を感じる女の典型となり、職名が社会の反発の対象となった。この言葉は今でも、侮蔑的に使われている。

宗教改革が進むにつれ、社会構造は崩壊し、政治的な圧力が高まった。指導的な立場にある者たちは、生活のあらゆる分野を規則で縛ろうと必死だった。行儀に関する書籍があふれたのは、個人の生活に対する取り締まりを強化し、厳しく規制したいという願望の表れだった。そうした書籍の一冊として、一三八ページのコラムにあげるような、女性としてどうあるべきかを示した手引き書が生まれた。

社会規範を破る女たちのことを、〝がみがみ女《スコールド》〟と言った。チューダー期には〝がみがみ女〟が無礼なふるまいを差す言葉として使われ、〝売女《ホア》〟に次ぐ不名誉とされた。裁判所からがみがみ女の判決を受けることすらあった。現在の法律に照らしあわせてみると、ハラスメントの訴えの中に、言葉による永続的な暴力や脅し、肉体的な暴力が含まれるようなものだ。

がみがみ女として治安判事の前に引きだされた女たちは、数的にいちばん多い中の下の階級に属し、その多くが肉屋、パン屋、織物屋、そして魚屋などと結婚した既

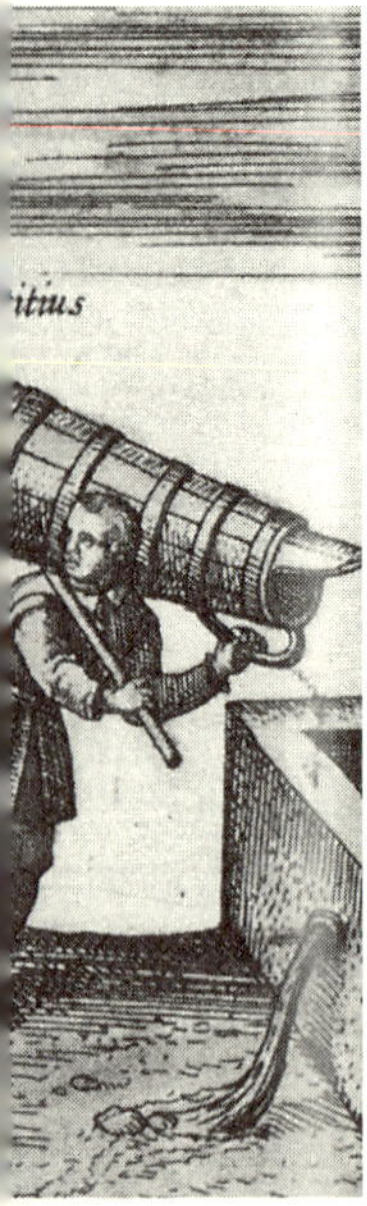

【左】一五八二年の地図の細部から、チューダー時代の魚売り女たち。騒々しく、威勢がよく、独立心旺盛な彼女たちは、理想的な『ビッグブラザー』（注・チャンネル4で放映している男性コンテスト）候補だが、十六世紀には、社会規範の脅威だった

婚者だった。しかし中には裕福ながみがみ女もおり、卸売商の妻や、ときには上流夫人もいた。

エリザベス女王はひときわ独立心の旺盛な女性で、結婚をペストのように忌み嫌った。しかし皮肉なことに、その御代《みよ》に御しがたい女たちに対する訴えが急増し、有罪とされたがみがみ女への処罰が厳しくなった。以前なら罰金だけですみそうな女たちまで、二つの刑罰のうちのどちらか、がみがみ女の轡《くつわ》か、水責め椅子に処せられたのだ。

北部と東部の町では、がみがみ女の轡のほうが一般的だった。ブリッジノース、チェスター、プレストン、マンチェスター、ニューカッスルなどの町にその記録がある。面繋《おもがい》（一三九頁の写真を参照）や轡は、顔面用貞操帯といった趣の金属製のマスクで、それが違反者の顔にかぶせられる。金属製のタブが口に入って、舌（違反の原因）を押しさげる。面繋の鼻の部分には、通りを引きまわすための縄がくくられた。この刑罰には、乱暴で御しがたいけだものを従わせるという、象徴的な意味があった。

それ以外の地域では水責め椅子が使われた。これは十

良き妻

ジョン・フィッツハーバートの『家政の進め方《ブック・オブ・ハズバンダリー》』は、『子どものお行儀』（一二九ページ参照）同様、読者を高めるための手引き書である。どんな人でも、ここに書いてある指示に従って向上心あふれる完璧な妻になろうとすれば、人を罵《ののし》っている暇などなくなるだろう。

朝起きて身支度がすんだら
まず家の掃除をすること
部屋の飾りつけをして、すべてのものを具合よく整えること
牛の乳を搾ること
子牛に餌《えさ》をやること
ミルクを［漉《こ》す］こと
子どもたちを呼び集め、整列させること
亭主の朝食、昼食《ディナー》、夕食《サパー》の準備をする。そして子どもと使用人の分も、自分の分とともに
トウモロコシと麦芽を工場に運ぶように命じること
必要に応じてパン類を焼き、お茶を淹《い》れること
時間があるときにはバターとチーズをつくる
豚には朝と夜、餌をやること
そして朝は〝ニワトリ〟の肉をやること
その時期がめぐってきたら、雌鳥とカモとガチョウが卵を産んでいるかどうかに留意し、卵を集め、多産な時期は豚やほかの小動物に傷つけられないように気をつけること

一世紀から続く男女両方に対する地域共同体の罰だったが、チューダー期に入ると、もっぱら女性にのみ用いられた。象徴という面で言うと、水責め椅子は、女性の舌にこもった過度の熱を冷ますのに最適と考えられていた。

ジョン・キッチンの『ラ・クー・リテ』などの法律に関する手引き書によると、すべての荘園やそれに類する管轄区には水責め椅子の提供と保存の義務があった。椅子は木製で、過度に飾りたてられていることも多かった。シーソー形のものもあれば、

縄で吊す形のもあった。がみがみ女を乗せて町内を引きまわせるように、車輪のついた椅子もあった。

場所によっては、がみがみ女にこれから受けさせられるかもしれない刑罰を見せるだけで効果があると考えられた。たとえばドーセットのドーチェスターでは、多少の温情があった証に、水責めは暖かいときにしか命じられなかった。しかしほかの地域では慈悲は期待できなかった。地域共同体にとって水責めは外での楽しい一日だった。高揚感と熱気のせいで、女たちが溺死に追いやられることもあった。

アンリ・ミッソンというフランス人は、その工程を「かなりおもしろい」と記したが、もちろん、これは見物人の視点での話である。轡にしろ水責めにしろ、ひどく屈辱的だった。これは地域共同体による裁きであり、なによりおぞましいのは、野次を飛ばす見物人が隣人であり、これからもいっしょに生きていかなければならない相手だということだ。

しかし、釘のように芯の通った女には、こうした抑止策も形なしだった。中には水に浸けられながらも、なお、自分を裁いた者たちを罵倒し続ける女もいた。古美術研

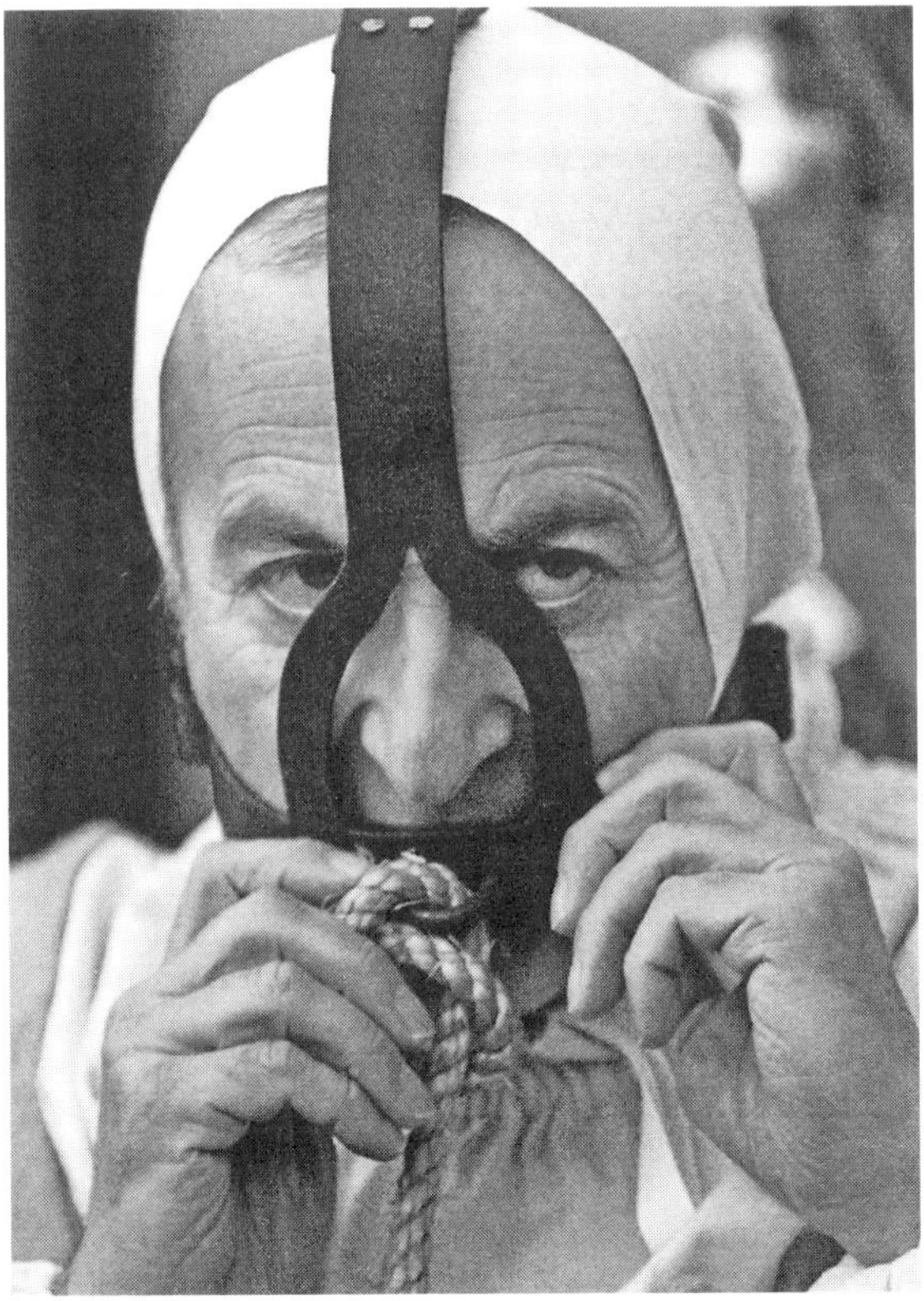

【左】面繋を引っぱられながら歩かされると、口が痛いし、よだれが出てかなわない

三人のがみがみ女

当時最も名を馳せた人物の中には、メアリ・チューダーやエリザベス一世、スコットランド女王メアリなどの女性もいたが、ごくふつうの女性が歴史に名を残すのはきわめてまれだった。皮肉にも、最もよく知られているのは、厄介者として名を馳せた女たちだ。

たとえばロンドンのキャサリン・バーナビーは自分の子を殺したと隣人を責め、〝泥棒とペテン師といかがわしい商売人でしかない〟連中とつるんでいると罵《ば》倒《とう》し、がみがみ女の有罪判決を受けた。彼女は口を慎まなかった。「あんたは……［やかまし屋］で、大酒飲みで、毎日飲み歩いてる」

アグネス・デイヴィスとマーガレット・デイヴィス（親戚ではない）は長年反目を続けたあげく、たがいに相手をがみがみ女として訴えた。アグネスは刑を免除されたが、マーガレットは水責めに遭った。仕返しを決めた彼女の取り巻きは、クリスマスの夜にアグネスの家を襲った。ミンスパイを二つ食べ、スープの鍋に放尿してから、アグネスを水責め用の椅子に座らせ、七回水に沈めた。

究家のジョン・ストーは、ロンドン主教に嘲《あざけ》りを浴びせた女がいたと書いている。彼女は水責め椅子に固定されていた。それでも悔い改めるどころか、「椅子に一時間座らされながら、おのれの不埒《ふらち》な行為をおおいにおもしろがっていた」のだった。

　こうした社会情勢の中で、どうして文化が栄えるのかといぶかられるむきもあるだろうが、エリザベス一世の時代はイングランド文学の黄金時代だった。エドマンド・スペンサーやサー・フィリップ・シドニーなどの詩人が活躍し、劇作家としてはシェークスピアやマーロー、キッド、ウェブスターがいた。こうした華やかな文芸復興運動の中心にあったのが、ローズ座やグローブ座といった劇場であり、それを支えたの

【左】ネーサン・フィールド、エリザベス一世時代の俳優。チューダー時代の俳優にとって、後援者はなくてはならない存在だった。一五七二年の条例で、〝並みの役者で……わが国の王の直臣もしくはより高位の人物の庇護にない者はすべて……ペテン師、放浪

は、もうひとつの最悪の職業、少年役者だった。

少年役者

俳優というのは『ハムレット』のような作品を演じる人だと思われるかもしれないが、クマいじめ†や、道化師、街頭楽士たちの仲間として考えると、まるで違う面が見えてくる。こうした娯楽産業は胡散臭《うさんくさ》いものとしていっしょくたにされ、ご立派なロンドンと切り離すため、テムズ川をはさんだサザックの貧民窟に追いやられた。ペストが大流行したころ、セント・ポール大聖堂の説教者は、会衆に向かってこう述べた。「よくよく観察してみると、ペストの原因は罪であり、罪の原因は娯楽であり、したがって、ペストの原因は娯楽である」

　サザックは、徒弟の少年が出勤途上に襲われるような、情け容赦のない地区だったが、ロンドンの外には、芸人にとってさらに過酷な現実が待っていた。一五三〇年の条例は、

者、働く意志のない物乞いとみなして裁定を下す〟と定められた。女王の枢密院は、ペストの蔓延を理由に繰り返しロンドン近郊での上演を禁じ、そのせいで俳優業はなおさら不安定になった

無許可の放浪や演奏を禁ずるもので、違反者は市場町で二度の鞭打ち刑、再犯者は耳の一部を切り取られるか、さらし台にかけられた。

少年役者が必要になったのは、劇場があまりにいかがわしかったせいだ。女性は演じることを許されていなかったので、女役は少年が受け持つしかなく、年配の〝既婚女性〟の役は、成人男性が女装して演じた。

シェークスピアは中心的な女役をあいまいな性が演じることをおもしろがっていたふうがある。『十二夜』のヴィオラは、少年のふりをする少女の役で、それを青年が演じたのだ。

少年役者には生活費を稼ぐのが精いっぱいだった。心身の消耗はいつものことだったろうし、舞台上でへたな演技をすれば罵《ののし》られただろうし、ときには平土間客から物が飛んでくることもあっただろう。

少年に限らず、役者はみな、いつ火事に巻きこまれてもおかしくない環境で働いていた。初期の劇場では、死につながる可能性のある照明

が使われていたからだ。だが女性を演じるという仕事には、不快さと危険がつきものだった。舞台用の白粉《おしろい》の主成分は危険な鉛なので、長く使うとごっそり肉が落ちたし、ドレスや襞襟《ラフ》は、身につけること自体が苦痛だった。

コルセットはつけて楽しいものではない。腹にくいこみ、横隔膜を締めつける。だが、最大の苦痛は何百本も使われるピンによってもたらされた。下着は縫ってあったが、だいたいのドレスはピンで留めるだけだったのだ。これだと、今のように人によって衣装を変えなくていいし、同じ服地を使い続けられる。チューダー王朝といえば襞襟だが、この襟までが、糊《のり》の利いた一枚の細長い布に熱いアイロンをかけてつくり、最大二〇〇本にのぼるピンで襟もとに留めただけだった。トムキスという劇作家は、ピンを使って少年役者にドレスを着せるには五時間かかるとしたうえで、「貴婦人の身支度より、船の艤装《ぎそう》のほうがよほど時間がかからない」と感想を記した。あなたには、少年がそんなに長いあいだ、たくさんのピンに刺されまいとじっとしているところが想像できるだろうか？　巨大なハリネズミの皮を裏表にまとっているようなものだったろう（これは当時の女性全員が、日々の経験として知っていることだった。肖像画の中のエリザベス女王がどれもこわばっているわけだ！）。

衣装を粗末に扱ったり、汚したり、破いたりすることは、許されなかった。少年たちのドレスはたんなる舞台衣装ではなく、高価な布地に貴金属までついた本物だったからだ。ローマ・カトリック教会の華やかな祝祭と典礼を失った社会にあって、劇場は、一般の人たちが華麗さを味わえる数少ない場所のひとつだった。舞台衣装は厳重に管理され、役者の意志によって弟子に受け継がれたのだろう。これは少年役者にと

【右】こんにち、再建されたシェークスピアのグローブ座を訪れたら、文化を味わう最高の機会となる。チューダー時代の人々にとって、もとのグローブ座を訪れるのは、近所のクマいじめの見世物小屋を訪れるのと、何ら変わらなかった

【クマいじめ】つないだ熊を犬にいじめさせる見世物をやる人。

って最大の特典だった。役者の持ち物の中で、いちばん高価なのが衣装ということが多かったからだ。

だが、少年役者の生活がどれほどきつかろうが、ピンの製造業者とは比べものにならなかった。

ピン工

ピンの製造はチューダー期の主要産業のひとつだった。男女とも高価な服がばらけてしまわないようにピンを使い、贈り物としても重宝された。現在、〝ピン・マネー〟と言ったら、少額の余剰金を意味するが、その表現ができた当初は、服を身につけておくのに必要不可欠なお金のことだった。一五六三年十月、エリザベス女王は一二万一〇〇〇本のピンをなじみのピン職人ロバート・ケアレスから買い、一五八七年には、三〇〇〇万本近いピンがロンドンに流入した。

しかし、ピンをつくっている者は首都にも大勢いた。おそらく三〇〇〇人ほどがピンの製造に従事していた。比率にすると、今ロンドンで輸送業に従事する人と同程度である。だが、ピン工とその職業については、ほとんど知られていない。あまりに平凡であたりまえの産業だったので、書こうと思う人がいなかったのだろう。

したがって、今ピン製造についてわかっていることの大半は考古学者からもたらされ、特にピンの製造過程については、彼らの研究によるところが多い。牛の脚の骨には水平に溝が刻まれている。銅線をその溝に通してから、決まった長さに切り、先端にやすりをかけて尖らせる。別の短いワイヤーをピンの頭に巻きつけ、押し型を使って軸に〝襞づけ《クリンプ》〟する。上等なピンの場合は、化学的に堆積《たいせき》された錫の薄板で〝錫めっき〟されることが多かった。

牛の脚の溝の細さからして、ピン製造には子どもも使われていた。いちばん手間のかかる作業が、小さな手でないとできない。ピン製造は作業工程ごとに異なる労働者が担当する体制を最も早くに敷いた産業のひとつだ。十八世紀に入るころには、経済学者のアダム・スミスが著書『国富論』で〝分業〟の例としてとりあげるほど、作業が効率よく細分化されていた。

ピン市場には高価格帯と低価格帯があった。ざっと数えただけでも二七種類のピンがあり、中にはすばらしく美しいピンもあった。高品質のピンはピン職人ギルドに所属する職人の手になるが、たいがいのピンは家庭で内職されていた。材料になる骨が入手しやすい場所、たとえばスミスフィールドの食肉市場の近くなどに住んでいることが多かった。ひとりの親方ピン職人が家族や見習いを監督する形で、従業員が形成された。屋根裏部屋が作業にあてられることが多く、細かい作業を行なうには光がたっぷり入ったほうがいいので、なるべく南向きの部屋が使われた。たぶん恐ろし

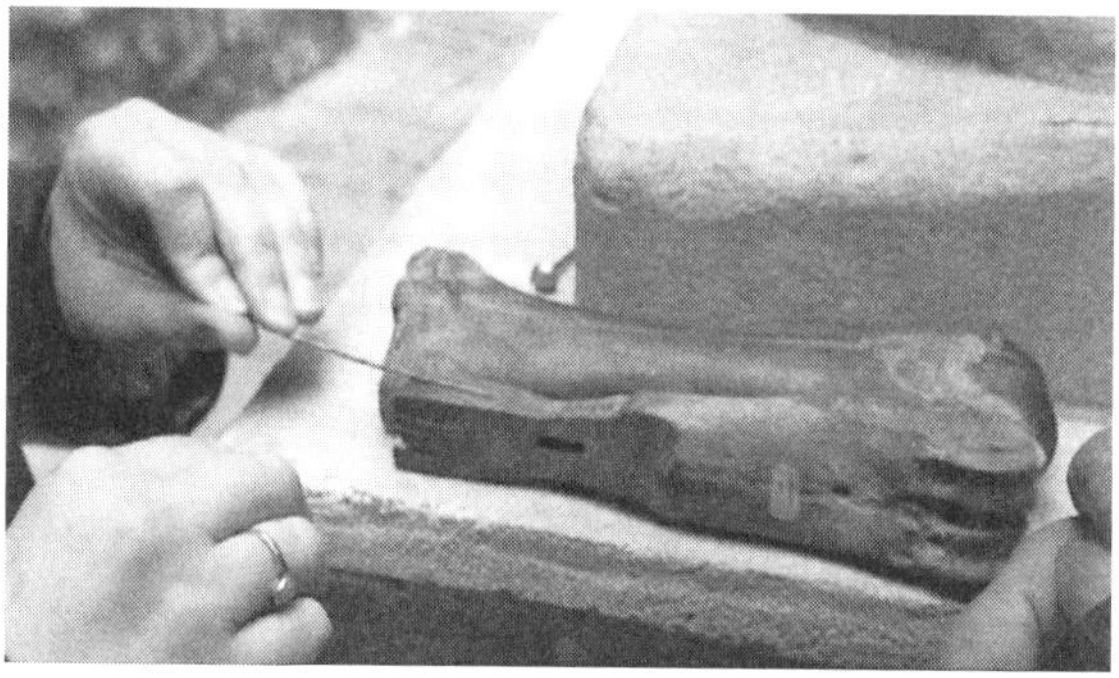

【左】バジャー・ホジソンは、シェークスピアのグローブ座に本格的なチューダー朝様式の小道具を納めており、ピン職人の仕事部屋を再現した

く単調なうえに、仕事の性質上、材料の欠片や粉塵《ふんじん》を吸いこむことによって健康を害する可能性があった。

さらに悪いことに、ヘンリー八世は安価な輸入品を閉めだすために、ピンの頭をはんだづけすることと定めた。そのせいで作業工程がひとつ増え、新たな危険が生まれた。はんだには、錫を多量に含む融剤（ホウ砂）か、銀と錫を四パーセントと九六パーセントの割合で混ぜた合金が使われた。この銀のはんだはカドミウムの入った有毒ガスを放ち、肺癌の原因になった。

ピンの製造者の多くはぎりぎりの生活を送っていた。エリザベス女王の時代、パンがひと塊、劇場の入場料、それにテムズ川の渡り賃が一ペニーだった。一シリング（＝一二ペンス）を稼ぐには、真鍮のピンを一〇〇〇個つくらなければならなかった。チューダー朝時代のテクノロジーを再現してみたところ、それには一五時間ほどかかる。チューダー期の熟練ピン職人でも、つくれてせいぜいその倍だろうから、生きていくのがやっとだったはずだ。年端のいかない子どもか、老人か、最底辺の貧乏人が従事者の大半を占めていたわけだ。体に悪くて、退屈で、低賃金。三拍子そろっているピン工だが、それでも、この時代の最悪仕事賞はもらえない。その栄誉に輝くのは――製造過程で気を失いそうになるほどの悪臭が放たれるというただその一点を理由に――大青《たいせい》染め師だ。

この時代最悪の仕事――大青染め師

東方からインディゴが輸入されるようになる十六世紀末まで、チューダー期のタペストリーや織物に今も残る濃い青色を生み出せたのは、植物のホソバタイセイから抽出できる藍《あい》だけだった。

ホソバタイセイは、学名をイサティス・チンクトリアといい、キャベツと同じアブラナ科に属する。非常に丈夫で、一メートルほど伸びる茎の先に黄色い花をつける。ケルト人が南欧経由でブリテン島に持ちこみ、ケルト語ではグラストといった。古い居留地であるグラストンベリーの地名には、〝ホソバタイセイが育つ場所〟という意味がある。

しかし、青色の抽出過程でたいへんな悪臭が出るので、大青染め師は糞清掃人と同じように、社会に受け入れられない集団として、周縁部に生きるしかなかった。

問題は臭いだった。文字でそれを表すのは難しいが、こんなふうに言えばわかってもらえるだろうか。あなたはどれくらい悪臭から離れたら、安全だと思いますか？エリザベス女王はある町を通過するとき、大青染め師に仕事を完全休業せよと伝えただけでは足りず、自分の滞在先から八キロ以内には近づくなと命じた。それほどホソバタイセイによる染めは臭ったのだ。

だが、大青染め師が労働者として最底辺にいたと思ったら大きな誤解だ。彼らは高い技術を要する職人であり、化学産業の先駆者だった。精緻な化学反応をつかさどる仕事をしていたのである。

ホソバタイセイは発酵させ、球状にして乾燥させた。この工程を〝寝かし《カーチング》〟といい、強烈な有害ガスが発生した。五〇キロのホソバタイセイの葉を使っても、できる染料は五キロに満たなかった。チューダー朝時代のイングランドで使われたホソバタイセイの多くはこの形で輸入され、輸入元のフランス南東部では、ホソバタイセイは勝手に育つので、ただ座って見ているだけで金持ちになれる、と言われた。

しかし、悪臭はさらに激化する。染料を抽出するため、ホソバタイセイの玉を潰して、アルカリ性の溶液の中で発酵を深めるからだ。

そう、アルカリ。縮絨と同じだ。そして実際、大青染め師も尿を使うことはあったが、石灰か木炭と湯があればこと足りた。乾燥して寝かしたホソバタイセイは溶液の入った建て染め用の桶に浸け、三日のあいだ五〇度に保った。この工程で職人に求められる技術は、溶液のpH値を調べる特殊な設備のないまま、アルカリ度を維持することだった。彼らは複数の感覚を組み合わせて使った。

まず手で感触を確かめた。染料液はバスオイルを入れたように、ぬるぬるとしてい

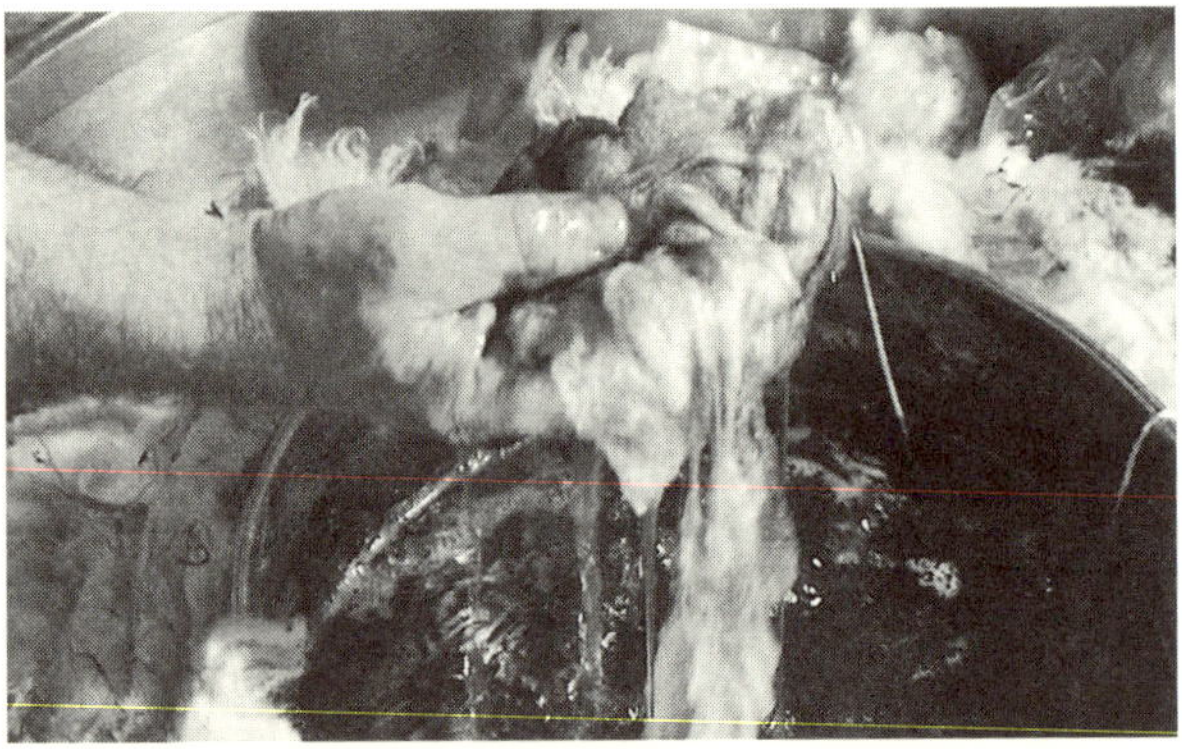

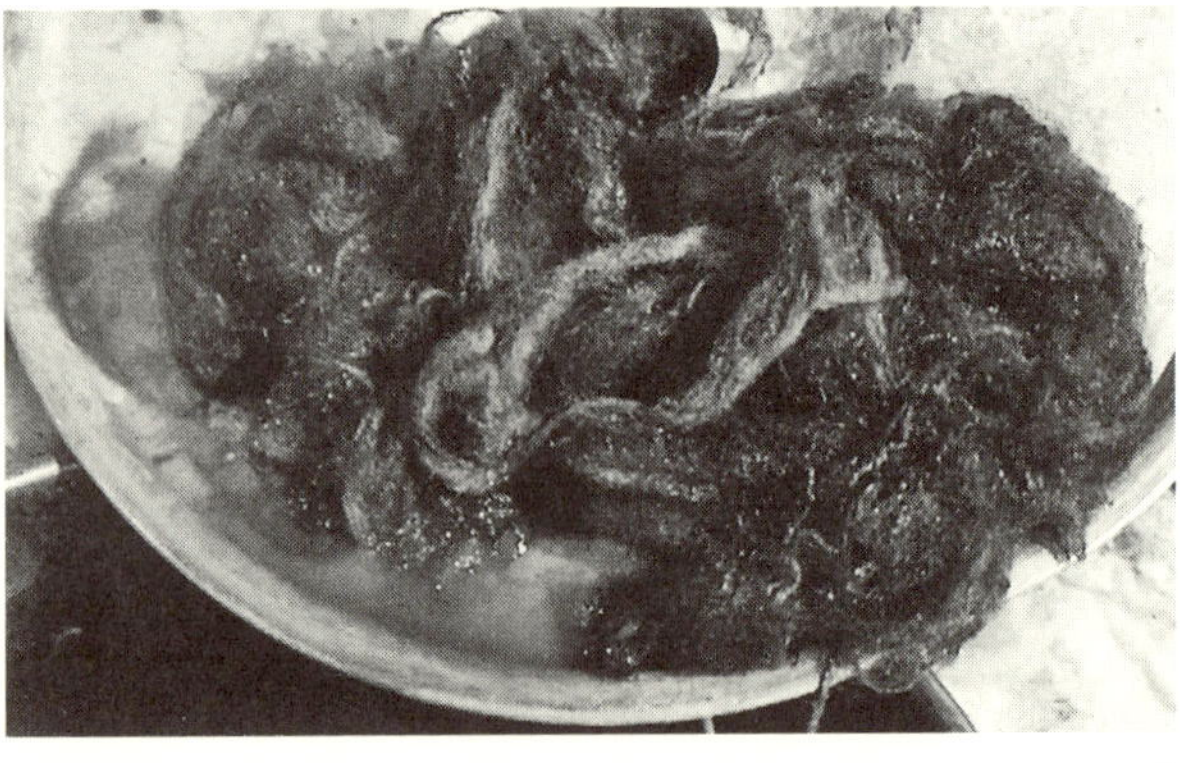

【右】ホソバタイセイの魔術。この二枚の写真のあいだには、一〇秒の差もない。空気に触れることによって、青い色が活性化する

る。だが、彼らはさらに味覚や臭覚を使った。思うに彼らにとっては、この胸の悪くなる作業も日々の仕事の一部だったのだろうが、私たちの感覚からすると、加熱したホソバタイセイは腐った茹でキャベツを下水と混ぜたような臭いと味がする。これが現代人の大げさな想像でないことは、化学成分の分析結果によって裏づけられている。染色液には処理されていない人間の糞尿から放たれるガスと同じ成分が含まれていた。

染料液の準備ができたら、色素が均等に行きわたるように織る前のウールを浸ける。言い方を換えると、文字どおり「ウールの中に染めこむ」。ウールはひと晩建て染め用の桶に浸けるが、底に溜《た》まっているホソバタイセイの澱《おり》に触れないよう、楕円形の、底に穴の空いた金属製の水切りに入れた。

翌日、蓋を取ったとき、ウールはまだ青くない。白っぽい緑色をしている。化学反応が起こるのは、桶から取りだすときだ。藍は酸素に触れて、初めて活性化する。ほとんど瞬時に変化する。頼りない薄い緑色のウールを取りだして、空気に触れさせたとたん、魔法でも使ったように深みのある青色に変わる。

中世の錬金術師よりはましかもしれないが、大青染め師もやはり嫌われていた。染め師の反社会的な行為を記した記録がたくさんある。危険で環境にやさしくない化学物質を処理しようと、通りや手近な水路に流して、逮捕されることもあった。当然ながら、抗議の声があがった。

染め師は世間とうち解けず、同族婚が多かった。彼らはたとえ身なりを変え、全身をきれいに洗っていても、すぐに見分けがついた。手の指に青い染料がしみつき、人によっては汗まで青かったという記録がある。染め師は通常、仲間うちで結婚相手を

【前頁】ホソバタイセイの不快な悪臭なくしては、十六世紀フランスのこうしたタペストリーのあふれんばかりの美しさは実現できなかったろう。退色しやすい赤や緑に対して、背景に使われているホソバタイセイの濃い青い色は、数世紀たった今でもまだ残っている。

見つけた。仲間どうしなら、人間青カビチーズのように見えても気にしなかったからだろう。

熱帯からインディゴが紹介されると、大青染め師はいなくなったが、現代の染色技術を下支えしているのは彼らの技術だ。最近では天然染料の再評価の流れに乗って、ホソバタイセイも復活し、イングランド南部とイースト・アングリアではふたたび栽培されている。だが、あなたの家の隣りに大青染めの店ができたら、地元当局にねじこむなり、鼻を削り取るなりしたほうがいいだろう。

「チューダー王朝」のできごとと仕事

一四八五	ボズワースの戦い。リチャード三世は戦死した最後のイングランド王となった。ランカスターの血を引くヘンリー・チューダーが、ヘンリー七世として即位。ヨーク家のエリザベスと結婚することで、争ってきた両家を結びつけた。これにてバラ戦争終結。
一五〇九	ヘンリーが死に、息子が跡を継いでヘンリー八世となる。〝焼き串少年〟たちと、その貪欲な王には、たくさんの仕事があった。
一五一二	チューダー王朝が人々の私生活に関心を強める。ありとあらゆる種類の労働者のゲームが――テニスも、サイコロも、カードも、ローンボウリングも、スキトルズ（注・木製の球や円盤を転がして九本のピンを倒す遊戯）も――禁じられた。
一五一七	ドイツでマルティン・ルターがヴィッテンベルク大聖堂の扉に『九十五カ条の論題』を掲げ、中世カトリック教会の根幹部分に疑問を投げかけた。この行為が宗教改革を勢いづかせ、二〇〇年のあいだヨーロッパ大陸とブリテン島は混乱に陥った。
一五二〇	フランスでヘンリー八世とフランス王フランソワ一世が、通称〝金襴の陣〟で首脳会議を行なう。会見そのものは大成功したが、その後、平和は長く続かなかった。
一五二一	教皇は宗教改革の思想に激しい反撃を加えたヘンリー八世に〝信仰の擁護者〟の称号を与えた。
一五二六	野心満々のウルジー枢機卿が、エルタム法令を書きあげる。これは正しい宮廷礼式のあり方を記したものであると同時に、ヘンリー八世を自分の政敵から切り離すことを意図していた。ウルジーは王にハンプトン・コートを献上して失態を埋め合わせようとするものの、失敗。
一五二六	画家のハンス・ホルバインがスイスにおけ

	る宗教上の混沌を避けて、イングランドに逃げてくる。彼のへつらいつつも写実的なルネサンス絵画は、私たちにヘンリー八世と重臣たちのイメージを決定づけた。
一五三三	ヘンリー八世がアン・ブーリンと結婚。自ら最初の妻であるキャサリン・オブ・アラゴンとの婚姻無効宣言を出したのは、それから四カ月後のこと。
一五三四	教皇と離婚の件に関して対立したヘンリー八世は、カトリシズムへの情熱を忘れる。国王至上法が通過し、教皇ではなくヘンリーがイングランド教会の主権者となった。
一五三五	ヘンリー八世の元大法官であったトマス・モアが斬首に処せられる。ヘンリーがローマと決別したことに反対したのが原因。
一五三六	アン・ブーリンが姦通罪を口実に斬首される。不倫相手とされたのは、王の〝御便器番〟ヘンリー・ノリスで、やはり処刑された。
一五三六	修道院の崩壊が始まる。収用した土地や資産からの歳入で、王家の金庫はいっきに潤

	った。しかし、修道士が貧者の面倒を見るという伝統的な慈善システムは破綻した。その結果、無宿人や物乞い（旅芸人も含まれる）が深刻な問題になった。新しい法律ができ、仕事もなく自分の小教区の外でつかまった者は、罰として鞭打たれながら通りを引きまわされることになった。再度、放浪罪を犯すと、耳の一部を切り取られる。
一五四〇	庶民の娯楽に対する締めつけが続く。今やイングランド人は、フットボール（当時はゴールポストが一五〇〇メートル離れていた！）をすることまで禁じられた。
一五四五	ヘンリー八世の旗艦、メアリローズ号がポーツマスの沖合で沈没。
一五四八	エドワード六世が九歳で即位。厳格なプロテスタントから教えを受けたため、父親は実際的な問題でローマと決別したにすぎなかったが、それを観念的な現実に変えた。
一五四八	祈禱書の採用。この祈禱書は、いまも英国国教会の典礼の基礎となっている。二七の聖日を定め、その日は〝正規の体を使った

	〝労働〟を慎むことができるとした。聖日と日曜日以外は、毎日延々と働かなければならない。
一五五〇年代	チューダー王朝に入って、初めての大飢饉。
一五五三	エドワード六世が一六歳にて他界。彼の死によって生じた不安定な時期を経て、メアリ一世は女王に即位する。彼女は弾圧の波とともに、ローマ教会に復帰する。
一五五五	プロテスタントの指導的聖職者であったラティマーとリドリーがオックスフォードで火刑に処せられる。
一五五八	イングランド、カレーを失う。カレーはヘンリー五世が獲得した、フランス最後の領地だった。メアリが死に、エリザベス一世が女王となる。
一五六三	この年の一〇月、女王はピン職人から一二万本のピンを購入。
一五七〇	フランシス・ドレーク、インド諸島へ向けて初めての航海に出る。スペイン船を襲撃し、エリザベス一世の櫃をカトリック教徒

	の金でいっぱいにした。
一五八四	ウォルター・ローリー、新世界へ船出。
一五八七	エリザベスに仕えるプロテスタントの大臣たちの根回しで、スコットランド女王メアリがフォザリンゲイ城で処刑される。
一五八八	スペインの無敵艦隊、ブリテンの軍艦と天候に屈する。チューダー王朝のプロテスタントの女王から、最後の大きな脅威が取り除かれた。
一五九〇年代	チューダー朝で二番めに大規模な飢饉にみまわれる。
一五九二	シェークスピアによる初めての芝居、『ヘンリー六世』の第一幕がローズ座で上演。だが、一九回の上演ののち、ペストの流行で打ち切られる。主役である幼き王、ヘンリー六世を担当していた〝少年役者〟には、さぞかし打撃だったろう。
一五九三	クリストファー・マーロー、パブで喧嘩に巻きこまれて死亡。彼は劇作家であり、エリザベス女王の諜報機関のためにスパイ活

動を働いていたとの噂もある。

一五九六　エドマンド・スペンサー、エリザベス一世に捧げる詩集、『妖精の女王』を上梓。

一五九七　トマトがイングランドに入ってくる。やはり新しく入ってきたジャガイモとともに、ポテトフライ、トマトケチャップ、肥満という基礎ができあがる。

一六〇一　エリザベス救貧法の制定。崩壊した修道院システムの代わりとして、行政区ごとに貧者の救済にあたることを定めた。この法律により、老いや病気のせいで働けない人たちは、救貧院に収容されることになり、貧者に援助費を出さないものは、刑務所に送られることになった。このシステムは一八三四年（より強化された！）まで続いた。

一六〇三　エリザベス一世、死去。チューダー期が終わる。スコットランド王メアリの息子のジェームズが、スコットランドとイングランドの王となる。両国のあいだにあった亀裂が埋まり始める。

第四章 スチュアート王朝時代の最悪の仕事

一六〇三年、女王エリザベス一世は子どものないまま逝去し、大敵だったスコットランド女王メアリ・スチュアートの息子ジェームズが王位を継承した。† スコットランド王ジェームズ六世がイングランド王ジェームズ一世となり、二つの王国はひとりの王のもとに統合される。連合法によって英国《ブリテン》という新しい国が正式に承認された。ジェームズ・スチュアートの治世は、宗教、政治、社会が激変する不穏な世紀の幕開けだった。この君主国はカトリック的であるべきかプロテスタント的であるべきか、王の統治は絶対なのか議会の同意を得るべきかといった大きな問題が、火薬陰謀事件、大内乱（ピューリタン革命）、チャールズ一世処刑、そして一六八八年の名誉革命へと発展していく。しかし、いつの時代もそうだったように、国家という船は船だけで進んでいくものではない。こうした政治上の容易ならざる事件はどれも、丸太の上にオヒョウの脂を塗る下働きの者たち抜きには語れないのだ（このたとえの解説は、第一章にあるヴァイキングの〝陸路輸送人《ポーテージャー》〟を参照）。

一七〇〇年の時点で、英国の人口は約七五〇〇万人になっていた。その三分の一以上が、平均日給一シリングで暮らしをやりくりする労働者だ。国民の二〇パーセントは、エリザベス一世時代の救貧法によって制定された救貧区の施しに、しょっちゅうではないにしても頼っていた。国会議員選出権を得るには、年収四〇シリング以上をあげる土地の自由所有権をもつ自由農民《ヨーマン》でなくてはならない。国に分裂を招く混迷政治を演出したのは、一般市民が会ったこともなければ伝え聞いたことさえないようなエリート集団だった。

それでも、この時代の大事件に深くかかわりあった貧しい人々も多い。それなくし

【前頁】セダン・チェア（一人乗り箱形椅子かご）は当時流行の最先端だったが、担ぎ手にとっては厳しい側面もあった。このルイ・ボアタールによる版画『コヴェント・ガーデンの浮かれ騒ぎ』は、いかがわしい評判の女性ベティ・ケアレスが、疲れ切ったようすでセダン・チェアに乗って家に帰るシーンを描いているが、その愛人は屋根の上でまだ騒いでいる。金を払わない乗客をひとりよけいに乗せているのだから、担ぎ手のほうは楽しいわけがない。彼らのうんざりした顔も理解できよう

【スチュアート朝】一六〇三年のイングランドとスコットランドの連合によるジェームズ一世の即位から一七一四年のアン女王の死去までの時代。

てはガイ・フォークス†火薬陰謀事件も、王党派や議会派といったものもまるで機能しなかったろうと思われる、特別な仕事があったのだ。硝石集め人《ソルトピーター・マン》というのがその職業で、彼らがいなかったら、マスケット銃を発砲する火薬――つまりスチュアート朝で言うところの黒色火薬《ブラック・パウダー》も、国王とその議会を爆破しようという陰謀事件も、存在しなかったことだろう。

硝石集め人《ソルトピーター・マン》

火薬は三種類の化学物質を混ぜあわせたもので、単純ながら破壊力がある。比率は炭素一〇パーセント、硫黄一五パーセント、それに硝酸カリウムつまり硝石が七五パーセント。硝石中の硝酸塩が酸素を生成し、それが燃焼して膨張、炭素と反応して爆発力を生む。マスケット銃

【左】ガイ・フォークスの標的となったジェームズ一世

の弾丸を一発発射するには二五グラム、大砲の球形砲弾を打ち上げるには四〇〇グラムの火薬を要する。その結果、戦時には膨大な量の硝石が必要になった。それをすべて調達したのが、硝石集め人《ソルトピーター・マン》たちだ。

硝石集めとは、牛乳配達人と執行吏と農場労働者、糞清掃人《ゴング・スカウラー》（一三一ページ参照）を合わせたような、奇妙なとりあわせの仕事だった。だが、することは単純だ。スチュアート朝時代、硝酸塩の主な出どころは、われわれにとって古いつきあいの尿や便であった。それが土中に長く残るうちに、カルシウムと硝酸ナトリウムに分解する。硝石集め人はまず、尿のしみ込んだ汚い土壌を見つけなくてはならず、さらには、えりすぐった土くれを旧来の重労働によって掘り上げなくてはならない。目をつける場所といえば、掘り込み便所、豚舎、堆肥の山、ハト小屋――いかにも窒素肥料が土壌にしみ込んでいそうなところならどこでもいい。糞清掃人は、たんにいらない廃土を取り除くだけだが、硝石集め人はその土を有用品に変えるのだ。

化学物質をたっぷり含有した土を何トンも運んでいては、ヘルニアになってしまいかねない。その重労働をなんとか回避しようというもくろみから出てきたのが、この仕事の牛乳配達人めいた側面だ。一六二五年、サー・ジョン・ブルックとトマス・ラッセルが、尿から直接硝酸塩を抽出する方法を編みだした。そこでロンドンとウェストミンスターの家庭では、戸口に尿をためた尿瓶を出しておくように奨励された。夏には一日一回、冬には二日に一回、硝石集め人は家々を回って、この貴重な液体を樽に移して回収するのである。臭いのひどい不快な作業ではあったが、シャベルをふるう重労働からは解放されたわけだ。ところが、肝心の抽出法が役に立たないものだと

【ガイ・フォークス】一六〇五年に発覚した「火薬陰謀事件」の首謀者。

いうことがわかり、この革命的な尿採取システムは二年後に中止となり、硝石集め人たちはまた、昔ながらの方法に戻らざるを得なかった。

硝石集め人が、汚れ仕事をする人の良い連中だという印象を受けたとしたら、それは捨てたほうがいい。火薬は国家にとってきわめて重要な物資であり、素人にまかせられるようなものではなかった。王国の防衛は最優先事項だから、その要求には応じなければならない。火薬を必要とする政府は、その原料がどこからきたかなどということは気にかけなかった。硝石集め人は王から特権を与えられていて、どんな家にも入りこんで勝手に地面を掘ることができたのである。その地位を濫用することにより、彼らは忌み嫌われた。『タイムズ』紙など新聞の先祖と言える当時の情報紙は、彼らのことを〝下層民〟と呼んでいるし、個々の硝石集め人も悪名高く、〝荒くれラルフ〟だの〝踏み倒しのウィル〟だの、ごろつきのような呼び名をつけられていた。

したがって、彼らは尿のしみ込んだ土と丸一日つきあわなければならない一方で、家々に押し込んで鶏小屋や便所を掘りまくるのだから、倫理観も欠如していれば、税務署員のような厚い面の皮ももちあわせていたことだろう。一六三八年、硝石集め人たちは教会への立ち入り許可まで求めるようになった。理由は「教会のベンチは女性の尿のせいで硝酸塩に富んでいるから」というものだったが、こうした、女性が教会で失禁するという真偽の明らかでない話が出てきたのは、十七世紀の礼拝がおそろしく長かったからと思われる。

人々は、硝石集め人をなんとかして家に入れないようにした。たとえば、便所の周辺に砂利や瓦を敷いて、持ち去る土がないようにする方法。だが、敷石を取り除いて地面を回復し、硝石が溜まるようにしろと命じられることもあった。一六三四年には、硝石集め人がハト小屋に入るのを拒んだことで、サー・ヘンリー・サンボーンが逮捕され、罰金を払うまで釈放されなかった。

さらに悪質なことに、欲しいだけの土を掘ってしまうと、彼らは家の者に対し、格安料金の運搬手段を手配するように要求した。おまけに、道路の通行料についても、優遇措置がされていたのである。だが、結局は彼らも世間の憤激に押され、他人の土地に入るときは同意を得なくてはならなくなったし、必要な土を運び出したあとを修復するようになった。さらには、社会的地位の高い人の土地は免除するという法律もできたのだった。

硝石集め人の行使した権力の強さを考えると、さぞかし実入りもいいのだろうと思われるだろう。実際、この仕事でかなりの金が動いたことは確かである。

だが、よくあるように、工程の途中の人間には全体が見えない仕組みになっている。金の大半は、初めの経費を出せる親方のポケットに入ってしまうのだ。生産者側は約束した量の硝石を一定のレートで納入することになっているから、儲けを多くしようと思ったら、雇い人たちに払う金を少なくするしかない。人々の家に押し入って罵声を浴びせられながら便所の下の土を掘る当事者たちは、農家の労働者よりもはるかに稼ぎが少なかったのだった。彼らはまた、わざと家を見逃してやって副収入を得ることもできなかった。硝石集め人に金をつかませるのは犯罪と考えられたからだ。

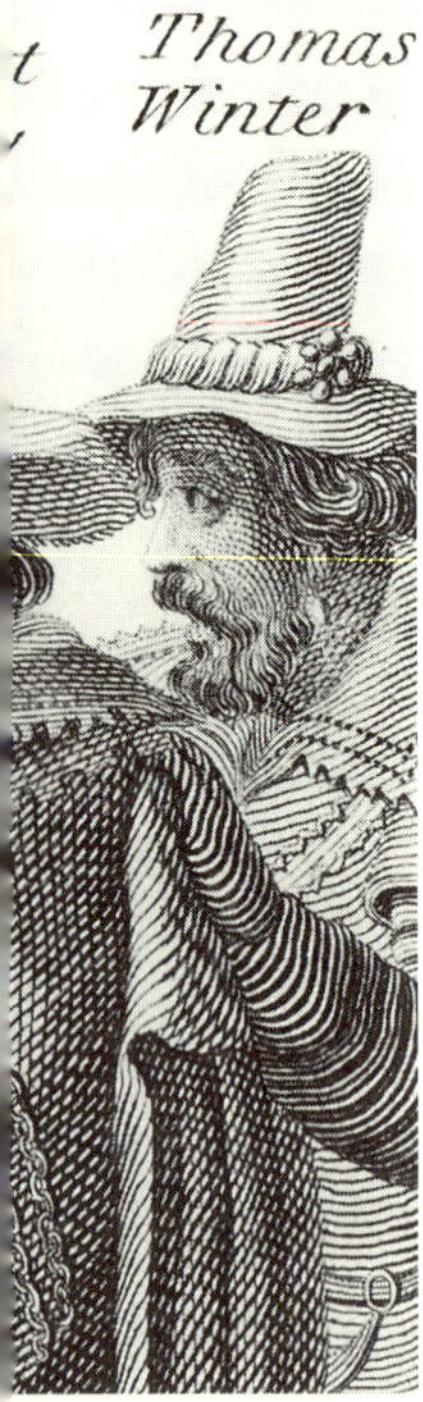

【左】火薬陰謀事件の首謀者たち。外国人であった火薬のエキスパート、ガイ・フォークスがいなかったら、十一月五日の祭りは『ロバート・ケイツビー祭り』になっていただろう（注・ガイ・フォークス祭りのこの日、英国では彼の人形を作って焼いたり花火を打ち上げたりする）

ところで、彼らは硝石に富んだ土をどうやって見分けたのだろうか？　答はかんたん。味見をしたのである。尿がたっぷりしみ込んだ土は、白い沈殿物が混ざっていて、この結晶がナトリウムを含んでいるから、塩辛い味がする。しかもこれは水に対して吸熱反応を起こすので、硝石集め人が舌にのせると、泡が出るとともに冷たさを感じるというわけだ。

だが、この仕事は味見と土掘りだけですむわけではない。火薬製造はアラビアで発明され、十三世紀にハッサン・アル＝ラマーの著書に記述が見られる。採集された尿たっぷりの土は、精製所で灰と混合する必要がある。この混合物を次に水に溶かし、鼻が曲がりそうな臭いのするスープを煮立てて、晶析させる。その結晶を今度はにかわ、または血と混ぜあわせる。混合液の上部に浮いてくるかすが、余分の残留有機物を含む。これを取り除いてから、混合液を再度晶析して洗浄するのだ。

最終的に、精製された硝石は国に認可された

火薬製造業者のもとに運ばれる。この時代の業者は、サリー州のジョン・イーヴリン。馬に引かせたローラーを使って（火花が散ったり事故が起こったりするのを避けるために湿らせておきながら）ほかの成分と混ぜたのは、イーヴリンだった。混ぜ合わさった粉末を続いてすりつぶし、乾かしてやっと、殺傷や敵の防御突破という目的に使えるようになる。

　硝石は空気中の水分を吸収するため、水分が残っていると火薬が湿って、つまり〝腐って〟しまうことになる。火薬陰謀事件に使われたのが、こういった状態の粉末だった。ガイ・フォークスが陰謀に巻きこまれたのは爆薬の専門家だったからだが、さぞかし計画を厳重なうえにも厳重に秘す必要があったのだろう、ひょいとカウンター越しに生きのいい火薬を買うというわけにはいかなかった。面倒な取り引きに及んでフランス製の火薬を買ったところ、腐っていたというわけだ。彼は三六樽分の火薬を所持していた。ひと樽の中身は四五キロ。もしも一六二〇キロの火薬が新しいものだったら、ウェストミンスター区一帯の半径五〇〇メートル以上の範囲を破壊するに十分だったことだろう。しかし、史上最も有名な火薬は、まるっきりの役立たずだった。

　この大失敗にもかかわらず、その後もスチュアート朝時代の歴史は、大小さまざまな火薬の爆発音で句読点がうがたれた。そのうち最も有益だったのは、ロンドン大火の火の手を阻むのに用いられた火薬爆破だ。一六六六年九月五日、海軍長官サミュエル・ピープスが国王の許可を得て、水兵たちに火薬を運びこませ、家並みをいく筋か爆破した。こうして防火帯をつくって、燃え広がろうとする火を止めたのだ。名高い火薬製造者の孫であるジョン・イーヴリン†は、この方策は最初に火の手があがった時

†【ジョン・イーヴリン】一六二〇～一七〇六、イングランドの日記作家。

点で提案されていたのであり、当初は自分の財産が爆破の巻き添えになるのを嫌って防火帯をつくることを差し止めた金持ち連中がいなければ、シティの大部分は無事だっただろうに、と日記に書いている。

ほとんどの場合、黒色火薬はあまり有益な使われ方をしていない。市民革命のさなか、オリヴァー・クロムウェルは、自分の目ざわりになる貴族の城を〝侮辱する〟習性を発揮した。今日では侮辱するといえば、相手を無視していささかむっとさせるといった意味だが、十七世紀にあっては建物を爆心地にするのも侮辱のうちだった。城の一方の面を完全に爆破し（ダービシャーのタツベリーやレスターシャーのアシュビー・デ・ラ・ズーチで起こったように）、風雨にさらされるがままに捨て置いて、クロムウェルは対抗勢力の拠点を瓦礫に帰していった。

こういったたぐいの情け容赦のないやりかたは、イギリス革命の時期、どちらの陣営にも感じられる残酷さを端的に表わしている。一六四二年から四六年にかけて、血なまぐさい戦闘や死にもの狂いの包囲戦がイングランドじゅうで続発した。火薬は戦いの場できわめて重要な役割を演ずる。火薬が爆発させたのはマスケット銃や大砲だけではない。ありとあらゆる仕事のうちで最も危険な仕事を提供したとんでもない武器――爆破火具《ペタード》もだった。

爆破火具師助手

爆破火具というのは、包囲戦を戦うのに用いる指向性爆破装置だ。木製の後ろ板と先端に導火線用の穴が空いた小さな鐘形の金属製容器でできていて、その鐘に二・七キロの火薬を詰める。この爆弾の目的は、包囲された城や街の門を破壊して開けることだ。扉を爆破して蝶番《ちょうつがい》からはずしたり、穴を空けたり、扉を固定しているかんぬきや錠を壊したりする。十六世紀末にフランス新教徒《ユグノー》が発明した。

市民革命のころ、この爆破火具《ペタード》を使う役目は爆破火具師《ペターディア》と呼ばれた。ペターディアという名の響きは、縁の深い同類、砲兵《ボンバーディア》を思わせるが、いずれも火薬を扱う専門技師だ。爆破火具を製造するほかに、爆破火具師は城壁の下で爆発させるための坑道を掘る作業もする。彼らは熟練の将官であって、それなりに報いられた。一六二七年、主任爆破火具師は日給六シリング八ペンスで、手伝いの助手が二人ついた。火薬を扱うという職業上のリスクはさておき、その仕事にべつだん危険はない。必要欠くべからざる人物であって、爆破火具師を危ない目にあわせるわけにはいかないのだ。貧乏くじを引くのはその助手たちだった。

爆破火具はただの弾頭だ。爆破火具師助手は人間誘導ミサイルとなって搭載弾頭を運ばなくてはならない。うらやましくもないその仕事とは、ひっきりなしに飛びかう砲火をかいくぐって門に近づき、上から守備兵たちに飛び道具攻撃を浴びせられつつ爆破火具をたたき込み、導火線に点火して逃げるというものだった。

爆破火具師助手のとるべき道は二つ――しっかりと防具に身を固めてゆっくりやるか、九キロのラグビー・ボールを抱えた十七世紀のジョニー・ウィルキンソン[†]ばりに走るか、どちらかだ。誰も助手のことなどあまり気にかけなかったが、爆破火具を無駄にしないことは大事だった。それで、助手はたいてい夜明けか夕暮れ時に活動し、

†【ジョニー・ウィルキンソン】ラグビーのイングランド代表のスター選手。

側面を固める歩兵たちに援護射撃をしてもらった。

それでも、人員減卒は桁《けた》はずれに高かった。殺されるかもしれない相手は守備兵たちだけではない――自分が抱える爆弾でこっぱみじんに吹き飛ばされることもありうる。爆破火具にはあてにできないところがあり、次の引用にはそれが示されている。

……やらせておこう。おもしろいじゃないか
自分の仕掛けた爆薬で打ち上げられるとは。いかに困難だろうと
こちらはそれより一ヤード深く掘り下げ、
やつらを月まで吹き飛ばしてみせよう。
――『ハムレット』第三幕第四場

「自分の足を撃つ（むやみに攻撃して結局自分の首を絞める）」というのと似たたとえだが、「自分の仕掛けた爆薬で打ち上げられる」という一節を、ジェームズ一世即位のほんの一年前に、シェークスピアがつくり出している。もうひとつおもしろいのは、爆破火具（petar[d]）がラテン語の〝屁をひる〟という動詞pedereからとった名前だということだ。おそらく、戦線ではその装置の爆発音が鈍くくぐもって聞こえたからだろう。

城門に到着すると、爆破火具師助手は爆破火具を固定しなくてはならない。すべきことを教える当時の手引にいわく、「破壊しようとする物質に丈夫な鉤《かぎ》をねじこむべし。その鉤に爆破火具の環を吊し、そのうえで、丈夫な叉状台を支えに逆進装置を固定す

る……」それから、導火線に点火しなくてはならない。火をつけるには、硝石をしみ込ませた〝火縄〟という紐の切れ端を使った。今は花火に火をつけるのに小さなろうそくを使うが、ちょうどそんな道具だ。敵の戦線を無我夢中で突破するあいだにひとつが消えても大丈夫なように、火縄は両端に火がついている。ここまでくると、爆破火具師助手は恐怖に震えることになる。爆破火具が不意に破裂して、不本意ながら自爆することにならないだろうか、と。

じつのところ、これはたいへんな危険を伴う仕事なので、爆破火具師助手は覚悟を決めるのにちょっとした薬の助けを借りることが多かった。ジョージ・クレイニッジが爆破火具でオズウェストリー城の扉を吹き倒したとき、彼は決行を前に〝サックをたっぷりあおって〟臨まなくてはならなかったという（サックはシェリー酒の一種）。

前出の手引には、十七世紀に相応の指示が出されている。「青い導火紙に点火して、離れた安全なところまで引き下がること」、「爆破火具師は逆進装置の向きからそれた方向に下がって危険を回避するよう注意すること」。言い換えれば、まっすぐの方向に逃げるなということだ。力は正反対の方向に等しく働く。爆破火具が破裂すれば、その爆発力がふとしたことで珍妙な装置を逆向きに発射させてしまうかもしれない。もし爆破火具師助手がこの退却時の指示に従わなかったら、気づいてみると金属製の鐘を背中に受けて、思いのほかのスピードで戦列に戻っていたということになりかねない。

市民革命はオックスフォードが陥落して終結をみたが、それは爆破火具師の手柄ではなかった。国王チャールズ一世が降服したのだ。チャールズ一世の仕事もこの時代

【左】現代における爆破火具の実験。適当な重さの爆破火具をかかえ、両側はマスケット銃ならぬペイントボールの銃を持った援護の側兵がかためている。城壁を守る側は、爆破火具師らしき者が城門の五〇メートル以内に来たところで、上から攻撃をしかけた

最悪のものだと言えるかもしれない。なにしろ、この三年後に議会で裁判にかけられ、斬首されたのだから。読者にはもうおなじみの死刑執行人ジョージ〝ゴルネット〟ジョイス（チューダー朝、一一一ページ参照）の手で最期を遂げることになったとき、国王たる者の尊厳はすっかりはぎとられてしまっていた。処刑場となったホワイトホール宮殿へ向かうのに、馬車を使わせてもらえなかったのも屈辱だった。国王を刑場へ運んだのは馬車ではなく、次に紹介する最悪の仕事に従事する二人だった。

セダン・チェア担ぎ

セダン・チェアは、十七、十八世紀の黒塗りタクシーだ。タクシーの時代にタクシー運転手がいるのに対して、この時代にいたのはセダン・チェア担ぎだった。ただし、セダン・チェア担ぎの場合は、ただ乗りもののハンドルをあやつって客の政治談議にうんざりさせられるだけというわけにはいかなかった。担ぎ手はエンジンとタイヤの役もつとめなくてはならないのだ。

二人ひと組の担ぎ手が、二本の長い棒に支えられた木製の箱に客を乗せて運ぶ。その重さは、棒をフックで吊る革紐をかけた担ぎ手の肩にかかる。――単純ながら骨の折れる仕事だ。

おとなひとりを背負ってみても、ごく短い距離を行くだけで人間とはなんて重いものかすぐに思い知らされる。ほとんどの者はそのくらいの重さのものを運ぶとよろめきながらしか歩けないものだが、セダン・チェア担ぎにのろのろ歩きは許されない。速足《トロット》で進んでいたようだ。

ジョージ朝時代の風物のように思われているかもしれないセダン・チェアだが、大陸生まれのこの革新的な乗りものがイングランドに渡ったのは、スチュアート王朝チャールズ一世の治世だった。国王がサー・ソウンダース・ダンクームという紳士に王室御用達許可証を与え、セダン・チェアをつくってロンドン市とウェストミンスター自治区で賃貸するようにさせたのである。

セダン・チェアはたちまち流行した。ロンドンの混雑した通りでは、馬車よりよほど実用的だ。方向転換も客の乗降も、近道をしたりすぐ玄関先で客を降ろすことも楽にできる。交通渋滞につかまってしまうこともあまりなさそうだった。

紳士たちはセダン・チェアでコーヒーハウスやチョコレートハウスに出かけるようになった。恋愛がらみの密会を夫や妻に知られたくない場合は、カーテンをおろしておけばセダン・チェアがあいびきの場所までこっそり、着飾ったままでも正体を知られることなく連れていってくれる。どうみてもいいことだらけのセダン・チェアは、またたくまに国じゅうのあらゆる主要都市に普及した。街にセダン・チェアがあるの

【左】ウィリアム・ホガースによる『放蕩息子一代記』の一枚。セダン・チェアが平箱包装商品のように解体できることを示している。あまりに頑丈だと運ぶことができなかったのだろう

は自慢できることだった。夜の娯楽、仮面舞踏会、演奏会、知的で裕福なパトロンといった、〝文化〟のあるしるしなのだ。

大流行の広がりとともに、所有者グループもふくらんでいく。当初、セダン・チェアは雇われた男たちが担いでいた。そのうち、担ぎ手たちが自分のチェアを購入し、相方を雇うか相棒と共同所有するようになる。現代のタクシー運転手と同様、セダン・チェア担ぎは移民たちにも開かれた仕事だった。そのため、ウェールズ人やスコットランド人、そして特にアイルランド人の担ぎ手が大勢いた。また、女性のセダン・チェア担ぎもひとりいたという記録がある。

タクシーとの類似はそれだけにとどまらない。富豪が自家用チェ

アを所有することもあったが、そうでなければセダン・チェアを前もって予約したり、乗り場で拾うなり通りで呼び止めるなりすることができた。今のタクシーは黄色いライトを使っているが、空車のしるしに担ぎ手たちはチェアを逆方向に担いだものだった。

前方の担ぎ手が料金交渉をするものだったが、客を乗せると、担ぎ手たちはきっちり料金に見合うだけの働きをする。超人的な体力と超人的な適応力を要求される仕事だ。空っぽでもチェア自体の重さがほぼ三〇キロ。平均体重八〇キロの客をひとり乗せると、一・五キロほども速足で運ぶ担ぎ手ひとりあたりに五五キロの計算だ。どう考えても短距離移動が目的のセダン・チェアだが、長距離に使われた記録もある。一七二八年、ある女性はセダン・チェアでロンドンからバースまで行っているし†、また別の女性は、担ぎ手たちのリレー・チームを編成してロンドンからスイスへ年一回の旅をしたというのだ。

しかし、料金体系には根本的な不公平があった。なにしろ、体重がどれほど重かろうと、払う料金が一律だというのだから。客がネル・グウィン†なのか、それともサミユエル・ピープスかでは（二人ともセダン・チェアを利用していた）、大きな違いがある。後年、ジョンソン博士†が著書『ランブラー』の中で、セダン・チェア担ぎが書いたものと思われる手紙を紹介している。

> 巨大に肥え太った男たちがチェアに身体を押し込み、担ぎ棒にほとんど重みを感じないような軽いお嬢さんだって同じ料金の一シリングで運んでくれと要求す

【ロンドンからバース】約二三〇キロ。

【ネル・グウィン】一六五〇～八七、イングランドの女優でチャールズ二世の愛妾。

【ジョンソン博士】サミュエル・ジョンソン。一七〇九～八四、英国の文人・辞書編集家・座談家。

るのが通例だ。確かに、おれたちもほかの人たちみんなと同じように、労働につりあう支払いを受けてしかるべきだ。荷馬車のときに重さを量るように、チェアの重さを量る道具を適当な場所に据えつけるべきだ。たらふく食べて楽な暮らしをしたせいで自分の体を運べなくなったむきは、運んでくれる者たちに贅沢さのいくばくかをおすそわけするべきだろう。

ただ、セダン・チェア担ぎという仕事のつらさは、なにも重さの問題に限ったことではない。往来に出て、どんな季節にも外で働かなくてはならないのが、担ぎ手稼業だ。それどころか、気候が厳しいときこそ稼ぎ時になる。どしゃ降りの雨の中を歩きたい人間がいるだろうか？　濡れネズミになって、湿った衣服をひと晩で乾かすような現代的な方法もないのがふつうだったのだ。足もとのぬかるむ天候のときには、担ぎ手たちが歩きやすくなるように、灰を通りに捨てることが世帯主に奨励された。

日記作家のジョン・イーヴリンは、セダン・チェアが「肉欲にふける者たちと快楽を追う女たちが人知れずあいびきの場所へ向かうための乗りものとなっている」と、皮肉な書き方をしている。また、『陽気なかごかき』という一六九五年の歌にも、担ぎ手があてにできる顧客の範囲が歌われた。

お客は怠け者、お偉いさん、痛風もちに梅毒もち、
おれたち、びっくり箱を運んで暮らしてる

チェアは重いだけではなく、扱いにくかった。後方の担ぎ手にも行く手を見通せるよう、担ぎ棒はわざわざ長くしてある。だがそれでも、前方の担ぎ手がうしろの者に声をはりあげて方向指示をし続けなくてはならなかった。

十七世紀版交通規則集によると、歩行者よりもセダン・チェアの通行が優先だった。「ご用心!」だの「ごめんこうむって!」だのというかけ声が通りに響き渡って、通行人たちを追い払ったらしい。このごろのように一段高いところに歩道があったわけではない。渡された横木が、車道と考えられるところと歩道とを分けていた。フランス人観光客のセザール・ド・ソシュールが、日記にこう記している。「手ひどく押しのけられて四フィートばかり投げ出され、倒れかかったところに家の塀がなかったら、絶対あおむけに転がっていたところだ。腕が傷だらけになった」。歩道でわがもの顔のチェアに突き飛ばされて建物にぶつかり、激怒してチェアの窓ガラスになぐりかかった歩行者たちがいたことも知られている。

夜になると、ランプを持った少年が道を照らしたが、それでもセダン・チェアは強盗にあいやすかった。たいていの場合、担ぎ手よりも客が困る。チェアが止められると、担ぎ手はおとなしく引っ込んで、強盗が箱の中の人物から金目のものを巻きあげるのを黙って見ていた。担ぎ手にしてみれば、気にかかるいちばんの危険は、チェアが壊されることだったのだ。

十八世紀初めには、セダン・チェアが流行するあまり、やむをえず商売が規制された。不快な言葉づかいをする、法外な料金をふっかける、みだりに暴力をふるったり不穏なふるまいに及んだりする、やたらと交通妨害をしたり酔っ払ったりする、チェ

【左】チャールズ一世の死刑執行令状。彼は馬車が多すぎるせいで交通の問題が起きると考え、セダン・チェアを作らせた。そのときの彼は、自分が処刑の地におもむくときもセダン・チェアで運ばれることになろうとは、思いもしなかったろう。チャールズ二世による一六六〇年の王政復古ののち、サー・パーベック・テンプルは、令状に署名した者たちの発言に対抗して、こう証言している。「人々は口々にこう叫んでいた。『なんと、国王をふつうのセダン[・チェア]でお送りするのかね? まるで疫病にかかってるみたいな扱いじゃないか!』と」

アの状態がよくないままにしておく、といった行為をしたセダン・チェア担ぎには、罰金や停止処分が科され、投獄されることすらあった。

セダン・チェア担ぎは根性のいる最悪の仕事だが、それに負けず劣らず疲れきる、チェア担ぎにはまだしも楽しめた人間観察や起業チャンスもない、もうひとつの職があった。

水運搬人

水の運搬は、なくてはならない仕事だった。都市が成長し、きれいな（比較的きれいな）水の供給が大き

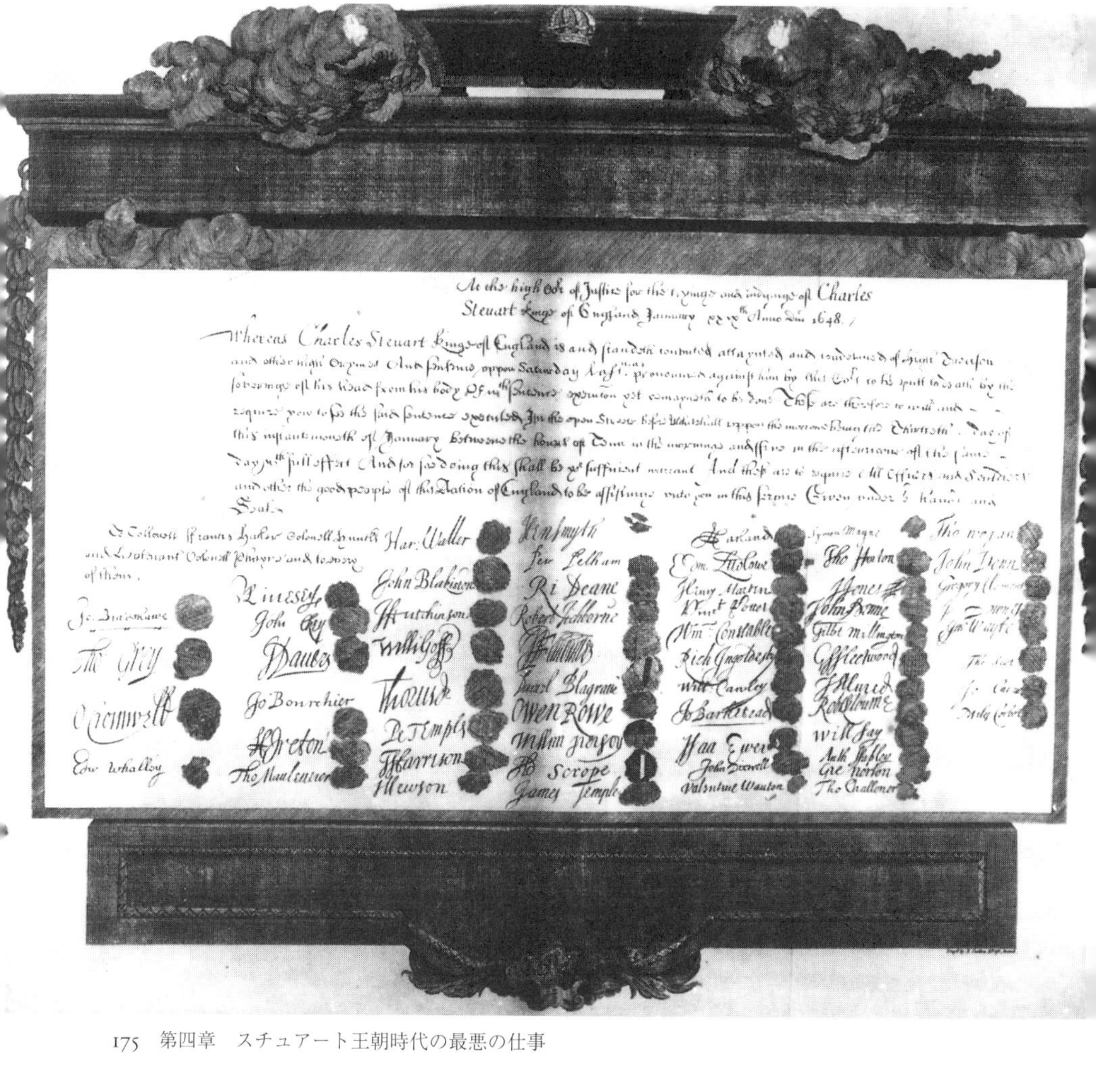

な問題になっていたのだ。水といってもそのほとんどは飲用水ではない。飲むには、まずい、濁ったり汚染されていたりする水よりも、ビールやワインのほうがはるかに好まれていた。しかしそれでも、料理や洗濯に、子どもに飲ませるために、水は必要だ。肩に担いだてんびん棒から水の入った樽をぶら下げた男たちも、スチュアート朝時代の生活の一部だった。

この仕事については、中世から水の配達システムをつくりあげてきたロンドンの状況を見ればいちばんよくわかる。一四九六年には、ロンドンのシティにウォーターベアラーズ・カンパニーという会社組織ができた。社員たちは、背の高い円錐形容器を背負って街を歩いた。そのころは、洗濯用水を川から調達したり、泉や井戸、あるいは建設されたばかりの水道から飲用水を容器いっぱいにくむことができた。

ところがスチュアート朝時代になると、この都市の人口が五〇万にふくれあがる。水不足は危機的状況になっていった。水道の本管につながる管で配水される上流家庭も若干はあったが、大多数のロンドンの住民に戸別に供給される水はなかった。貧しい人々には、昔から使われている井戸や泉がまだあるにはあったが、汚水廃棄のせいでチフスやコレラの菌に汚染されてしまっていた。

こうした問題を、大胆不敵な事業が解決することになる。一六〇九年、ヒュー・ミドルトンが、ハートフォードシャーからロンドン中心地まで水を引く川の新設に資金を投じたのだ。ミドルトンは技師ではなく、自分の利益にさとい金細工商である。アムウェルとチャドウェルの泉からまっすぐクラーケンウェルまで、人工の水路を掘る手はずを決めた。

【左】一六一三年、サー・ヒュー・ミドルトンが大得意で行なった、ニュー・リヴァー水源のオープニング式。地元の有力者も見に来ている六〇キロを超える長さの、なめらかな傾斜路を建設するというのは、とてつもない企てだった。ミドルトンは危うく破産しかけたが、国王ジェームズを計画に加担させることに成功した。掘削は一六一三年に完了する。

クラーケンウェルから、〝ニュー・リヴァー〟水源の水がロンドン中に配給された。富裕層には木と鉛の配管システムを通して、それ以外のあらゆる人々には水を肩に担いでいく水運搬人を介して。

水は重い。一リットルが一キロだ。それぞれの運搬人は一五リットルの樽を二つ、肩に振り分けて運ぶ。テレビ放映もされる『世界最強の男』コンテストで、大柄な選手たちがうなりながら樽を運んでコースを上り下りする競技を見たことがあれば、水運搬人のたいへんな毎日がいくらか思い描けるだろう。ヒュー・ミドルトンは准男爵に叙せられ、イズリントン・グリーンには彼の像もある。だが、水を運んだ人々には何の記念碑もないのだ。

ヒキガエル喰い

ミドルトンだけではない。スチュアート朝の世界は進取の気勢と発明の精神に満ちていた。王立協会が創設された時代でもある。ケンブリッジでは、アイザック・ニュートンが万有引力の法則を明らかにした。実業界では、英国東インド会社がやがて世界規模の一大帝国となる経済基盤を敷設した。だが、新しい商売の急増は教養のある富裕層に限ったことではない。特許をとった処方だの療法だの製品だのは、そこらじゅうにごろごろあった。そういったあれこれを売り出す必要があって、コマーシャルのはしりが、本書中でも最も奇態な最悪の仕事をもたらした。ヒキガエル喰い《トード・イーター》である。

地道に骨身を惜しまず働く水運搬人の生活に比べると、ヒキガエル喰いは怠惰な食わせ者だ。その仕事は、市場で特許銘柄の自家製薬を売るいんちき療法士を手伝うこと。このヒキガエル喰いを最悪の仕事の正典に収めることに、十七世紀の人々なら誰も異論がないだろう。ヒキガエル喰いたちは、考えられないようなことをしていた。ヒキガエルを口に入れ、飲み込むのだ。それが正気の沙汰とは思えない自殺行為であることを誰もが知っていた。

ヒキガエルはおとなしい生きものだ。湿った日陰の生息地でほぼ一生を送る。ぴょんと跳んだり泳いだりして捕食動物から逃れるカエルと違って、ヒキガエルはただじっとしているだけで、邪魔が入ると、耳のうしろにあるパラトイド腺から乳白色の毒を滲出《しんしゅつ》させる。このため、ほとんどの捕食動物がヒキガエルを遠巻きにして近寄らない。

　この胸がむかつくような味がする代物を食べれば死んでしまうと、たいていの人が信じ込んでいた。いんちき療法士《クワック》や大道薬売り《マウンティバンク》（ベンチにのぼって《マウント・オン・ベンチ》売りものの口上に声をはりあげたところからそう呼ばれる）は、死の危険から逃れるような、あっと驚く実演で人寄せをするのだった。その仕事仲間のヒキガエル喰いがヒキガエルを食べてから、その毒に効く薬というふれこみで、売りものである何だかわからない薬を一服飲み込む。飲んだ男が何ごともなかったように生きているとなると、その治療薬の壜が商品棚から飛ぶように売れるだろうという魂胆だった。

　これは、画期的な製薬業というよりはむしろショービジネスではあるまいか？　ひょっとしたらヒキガエル喰いは、いったん飲み込んだヒキガエルをあとで吐き戻したのかもしれないが、それはあまりありそうにない。ヒキガエルの毒乳は実際には致死的ではないけれども、そのせいでひどく具合が悪くなることもあるし、一時的にでも摂取すればさんざ

【左】こんな大道薬売りを信用できるだろうか？

卑屈なご機嫌とり

ヒキガエル喰いは文学作品にも現われている。スチュアート王朝が終わって八〇年後に書かれたロバート・バーンズの詩で、早くも比喩的《ひゆてき》な意味でこの言葉が使われたのだ。いかにも有名人の知り合いが多いかのような口ぶりの、卑屈なご機嫌とり《クローラー》に向けた詩である。

ヒキガエル喰い

錚々《そうそう》たる顔ぶれの知り合いがご自慢で、
ゆうべも公爵がたとの会食だとか、
それでもせいぜい虫けらどうし、
女王の巻き毛にだって這《クロール》ってもいるさ!
——ロバート・バーンズ、一七九一年

んな吐き気に襲われることだろう。ヒキガエル喰いは泡だらけのいたいけな両生類をこっそり手の中に隠したのだろうというのが、現実的な見方だ。こういったやりかたでものを売るのは、珍しいことではなかった。フランス語にもこれと似た、「アヴァルール・ドゥ・クールーヴル」(直訳すると〝毒蛇飲み〟)という表現がある。

この時代でも、誰もヒキガエルが本当に飲み込まれたと確信したわけではない。たいていの者は、実際に自分の目で確かめたという兄弟がいるというやつに会ったという知り合いがいる、といった程度で、直接の体験談はどこにもない。もちろん、ヒキガエル喰いは、ぞっとするようなことを本当にしてみせたのかもしれない。いずれにせよ決定的な証拠はないのだ。それにしても、この勇壮華麗なパフォーマーのあやしげなところは別として、ヒキガエルを消費するところを、気持ちの悪い最悪の仕事と呼ぼうではないか。

ヒキガエル喰い《トード・イーター》、あるいはのちの通称トーディの記憶は、今でも英語に生き残っている。上司に最低のごますりになれと命じられたからといって、本当に有毒な生きものでもいそいそと飲み込もうとするようなやつ、といったニュアンスで。つまり、今の時代に〝トード・イーター〟といえば、おべっか使いのことなのだが、ゴルフで上司を勝たせることなど、有毒両生類を呑み込んで喉をヒクヒクさせることに比べれば、不快さでは及ばないだろう。気持ち悪さでは、もうひとつの最悪の仕事も負けてはいない。

シラミとり

スチュアート朝時代、地位のある人は誰でも、シラミに対処しなくてはならなかった。男も女も頭に華麗なかつらをかぶるのが、この時代の象徴だったからだ。かつらは人毛でつくられ、本物の髪の毛と頭皮につく寄生虫と、同じものがつきやすい。ピディキュラス・ヒューマヌス・キャピティス――アタマジラミである。

子どものころ学校でアタマジラミの検査を受けたことのある人や、シラミだらけの子どもたちを知っている人も多いのではないだろうか。シラミとり櫛で髪の毛をすいて毛穴にへばりついているねばねばしたシラミの卵や幼虫を取り除こうとするのは、あまり楽しいことではない。では、それで生計を立てていくことにしたのは誰だろう？答はもちろん、シラミとり《ニット・ピッカー》だ。

今日では、〝ニット・ピッキング〟とは、つまらぬことにけちをつけたり、知識をひけらかすことの、同義語である。三世紀前のそれは職業のひとつだった。あまり大きくない家では、メイドが家族のかつらのシラミとりをしていた。だが、裕福な家には完全に専門職のサービスが受けられたのだ。

スチュアート朝の男性ファッションは、自分の髪の毛は短く刈り込んでおいて、メッシュ地に縫い込んだ人毛のかつら（ペリウィッグ）を後頭部にピンでとめるというものだった。かつらの人毛にシラミの卵がついていることが多く、孵化《ふか》するとメッシュをくぐってかぶっている者の頭部へ這い出す。首のうしろや耳の陰で血を腹いっぱい吸うためだ。

アタマジラミは命を脅かしはしないが、ひどい不快感のもととなる。ひっかくことで皮膚炎や二次感染につながる。予防は困難だった。小麦粉を水で溶いてケーシングをメッシュ部分に固め、シラミが通り抜けるのを防ごうとした人たちもいた。ところが、練った小麦粉で乾燥したかちかちの帽子をかぶるのは、シラミがいるのと大差ない不快さではないか。

そこで、定期的に一軒一軒回ってサービスを提供する、たいていは女性のシラミとりが、招じ入れられてかつらの掃除をすることになる。

もうひとつ、シラミがたかったかつらを製造元

【左】美装を凝らして愉しんだサミュエル・ピープス

に送り返して新しいかつらを入手するという手もあった。その結果、かつら製造業者がシラミのいる中古かつらをかかえ込むことが多くなる。サミュエル・ピープスは、かつら製造業者からシラミのたかった〝新しい〟かつらをよこされて猛烈に怒った。

あつらえのかつらという流行の装身具に手が届かない貧しい人々向けには、ホルボーンの〝つかみどり《ディップ》〟があった——たぶん〝幸運の樽《ラッキー・ディップ》〟という言葉がもとになったのだろう。一律三ペンスの支払いで、かつらがどっさり入った箱に手を突っこむことができる。運がよければシラミのいないかつらを手に入れられるというわけだ。

シラミとりに出向く女性たちは、身体がむずむずする仕事をするとはいえ、相手にしなければならないシラミは比較的害のないものだった。スチュアート朝時代の人々は、本当に心配しなくてはならないのはクマネズミが背中に乗せてこの国に連れてきたノミのほうだと知っていた。このノミがまた、ミクロの大量破壊兵器の運び屋なのだ。研究室実験によると、エルシニア・ペスティスという細菌がたったの三体で、マウスが腹を見せてひっくり返る。ノミ一匹につきひと噛みごと二万四〇〇〇の細菌がばらまかれ、腺ペストというほぼ確実に死に至る悪疫を広めていくのだ。

ロンドン大疫病のころの最悪の仕事

大疫病が英国を襲ったのは一六六五年のことだった。リンパ腺腫脹《ビューボー》という膿疱（皮下出血）を伴う黒紫斑が特徴の腺ペストと、たちまちのうちに血液循環システムがやられてしまう敗血症ペスト、肺が侵される肺ペストの三つが混合した、たちの悪い疫病だった。英国各地が疫病に襲われたが、ロンドンは断然いちばんの打撃をこうむった。たった数カ月のあいだに、人口の三分の一が失われたのだ。

ペストは最初、セント・ジャイルズ教区に出現した。シティの壁のすぐ外側、ゴミための中にひしめき合う不潔なあばら屋で、貧しい人々が暮らす地区だ。一六六五年四月十二日、マーガレット・ポータスが、公式に疫病の犠牲者とされた最初の者となった。二カ月後、死者の数は六〇〇〇人になり、八月になると三万一〇〇〇人にのぼった。月々の公文書に死者の数が詳しく報告され続けたが、サミュエル・ピープスが指摘しているように、貧しい人の多くが、公表される数値には反映されていなかった。

サミュエル・ピープス自身は、シラミだらけのかつらとペストを結びつけて考えている。日記では以下のように、ロンドンの抱える問題の大きさを書きとめ、ドミノ効果でかつら業界が影響をこうむるのではないかと懸念しているのだ。

一六六五年八月三十一日

かくして今月は終る。ペストのひどさのために、世間はたいそう沈みこんでいる。国中ほとんどどこでもそうなのだ。ペストが広まったという、ますます悲しい知らせが、日々届くのだ。シティでは今週七四九六の死者があり、そのうち六一〇二はペストだ。しかし死者の実数は今週一万に近かったのではないかと考えられている――一部は数の多さのために、貧しい連中のところまでは、目が届かないことがあるし、一部にはクエーカー教徒やその他、鐘を鳴らさない人たちもいるからだ。

九月三日
起床。色つきの絹服を着た。たいへん立派だ。それに新調のかつらだ。買ったのはだいぶ前なのだが、これを買ったときにペストがウェストミンスターではやっていたので、かぶる度胸がなかったのだ。ペストが終ったあと、かつらの流行はどうなっていることだろう。髪を買う人はいないだろう。伝染がこわくて、つまり、ペストで死んだ人の頭から刈ってきたものではないか、と思うからだ。†

【出典】サミュエル・ピープス『サミュエル・ピープスの日記』臼田昭訳

大道薬売りやヒキガエル喰い《トード・イーター》は、やりたい放題だった。人々は恐ろしい疫病からわが身を守りたくて、藁にもすがる思いだったのだ。感染を防ぐひとつの手段として、煙草がおおいに頼りにされた。自然法則の逆を行なって、イートン校では、煙草を吸っていないところを見つかった男子生徒は罰を受けるべきだとされた。

一六六五年という年は、大衆の心に深い傷を残した。今なお使われている言い回しに、怖くて決して近寄らないという意味の「疫病のように避ける」というものがあるし、『バラの輪つくろう』という子どもの遊戯は、このときの疫病の症状やその結果を表わした気味の悪い内容だと言われる。スチュアート王朝時代には誰もかれもが病に臥《ふ》した。

いや、まったく全員というわけではない。死にゆくものを看取り、その他の疫病にかかわる仕事をすっかり引き受けるには足りる人々が、依然としていたのである。

死体取り調べ人《サーチャー・オブ・デッド》

サーチャーといっても、死体を捜すのはわけもないことだった。そこらじゅうどこにだってあるのだから。取り調べ人《サーチャー》たちのぞっとするような仕事とは、死者が出た家に入っていき、専門家でもないのにうわべだけ検死をすることだ。取り調べ人が死因をペストと診断すれば、その家は板で囲われ、住人たちは隔離される。

しかし、なぜまたそんないやな仕事を選ぶ者がいたのだろう？

それは、選ぶ余地がなかったからだ。取り調べ人のほとんどが、年の功でしろうとながらある程度の医療知識があるものの、金はなくて、自らもペストの犠牲者となる率がぐんとはねあがると誰もが思い込んでいる仕事をせざるをえない、女性たちだった。多くが貧困で、教区に依存する暮らしだった。仕事への報酬はあったが、もし仕事を拒否すれば教区からの施しはなくなって、見殺しにされるおそれがあったのだ。

一六六五年の疫病大発生が彼女たちの仕事を生んだわけではない。チューダー朝、スチュアート朝の両時代を通して、一五年かそこらごとに疫病は発生していたし、一六二五年の疫病大発生時にはステップニー出身の女性が四人、取り調べ人として、遺体ひとつにつき四ペンスの支払いを受けていたことがわかっている。

しかし、ロンドン大疫病では歩合給が落ち込んだ。死亡者と瀕死の重症患者があまりにも多く、豊かな教区ですら地方税を切り詰めざるをえなかったのだ。遺体をひとつ検分するごとに死体取り調べ人に支払う額は、そのころには約二ペンスになってい

【左】死体取り調べ人によって伝染病による死と判断されると、遺体は真夜中に疫病埋葬人が引き取りに来るまで家の中に置いておかなければならなかった

た。

　死者の出た家に取り調べ人が到着するころにはもう、残された住人たちが薬草で空気を〝さっぱりさせ〟ようとしているか、硫黄を燃やして伝染病を退治しようとしていた。その煙たい空気の中で、取り調べ人は尋問を開始することになるのだった。

　まず、友人たちや近隣の人々に症状について質問する。——臥せっていたのはどのくらいの期間だったか、どんな死に方だったか。次に、遺体のほうへ移り、慎重なうえにも慎重を期して、隠そうとしても隠せないペストの徴候、リンパ腺腫脹《ビューボー》や皮膚の黒ずみを探す。死後まもない遺体の、熱病による汗やじくじくする膿疱に指を触れるのは、さぞや命がけに思えるにちがいない。ところが皮肉にも、何より危険なのは残された家族と話をするときだった。依然として感染力をもっているのは、すでに疫病に屈服した死者ではなく、生きている人間た

ちのほうなのだから。

取り調べ人は目に見えるものにもとづいて調査した。ところが、単純に診断できるとは限らなかった。目立って大きな化膿した腫れものや、それに付随する皮膚の黒ずみは、一目瞭然に思えるかもしれない。ただし、天然痘などの、別の恐ろしい病気でも、同じように壮絶な死に方をすることがある。ロンドンの貧民窟の薄暗い明かりが頼りでは、見誤る確率がかなり高かった。

ひとたび死因が悪疫だと宣告されれば、その死者の家には標識がつけられ、医師と取り調べ人を除いて誰であろうと四〇日間の出入りを禁じられる。取り調べ人は、監督役にその教区の聖職者や用務員の協力のもと、死因の一覧表をつくった。ただし、その作成者たちが死んでしまうこともしばしばで、記録は決して正確なものにはならなかった。

取り調べ人たちは、誠意をもって仕事を引き受けると宣誓しなくてはならない。だが、誓ったにもかかわらず、悪疫の犠牲者を出した家族から買収されたかどで告発される者もあとを絶たなかった。死因がペストではなくほかの病気、たとえば〝扁桃膿瘍《へんとうのうよう》〟だの〝ショック〟だのであるとするための策略だ。〝健康証明書〟が手に入れば、死者の出た家の家人たちでも、恐ろしい悪疫のはびこらない土地へ移転していけるのだった。

取り調べ人の仕事は、複数タイプの病気が入り混じって大疫病となったことで、いっそうたいへんなものとなった。最も一般的なのは、腺ペストだ。ノミに嚙まれて、人体のリンパ系に病原菌が入りこむ。その結果、〝リンパ腺腫脹〟が現われる。鼠蹊《そけい》部、

【左】ロンドンの教区における死亡原因を記した、一六六五年の死亡報告書。伝染病(plague)による死者が飛び抜けて多いことはわかるが、〝おこり及び熱病(Ague and Feaver)〟の死者もかなり多いことから、死体取り調べ人に見逃してもらった例がここに入っているのだろうと考えられる

腋窩《えきか》、頸部のリンパ腺が熱をもって大きく腫れ、痛みを伴う。感染が広がって血液まで侵されると、ほぼ死をまぬがれることはできないのだ。

敗血症ペストの場合、病原菌は血液システムを直接侵す。それはつまり、患者がり

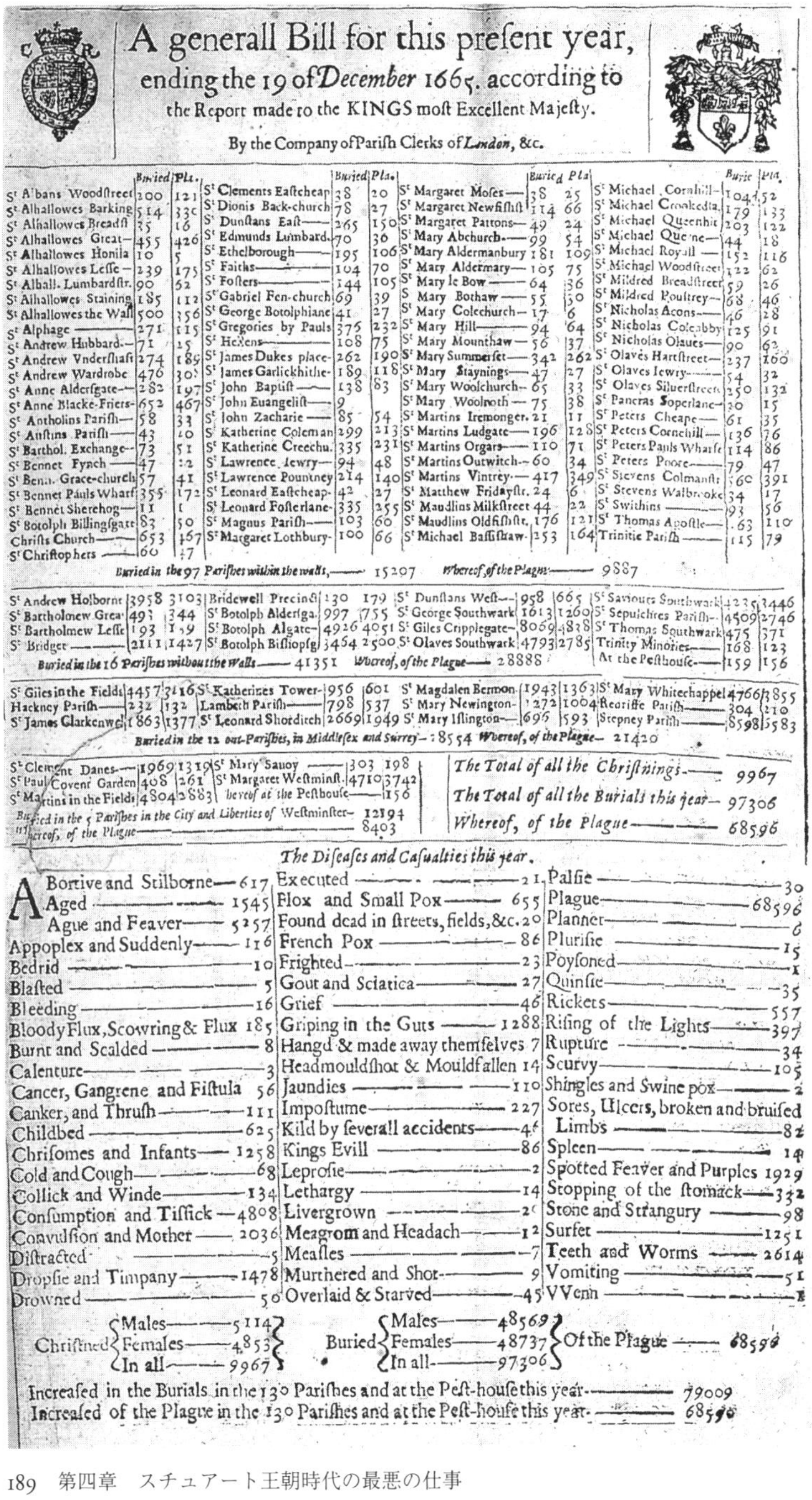

A generall Bill for this preſent year, ending the 19 of *December* 1665. according to the Report made to the KINGS moſt Excellent Majeſty.

By the Company of Pariſh Clerks of *London*, &c.

	Buried	Pla.		Buried	Pla.		Buried	Pla.		Burie	Pla.
St Albans Woodſtreet	200	121	St Clements Eaſtcheap	38	20	St Margaret Moſes	38	25	St Michael Cornhill	104	52
St Alhallowes Barking	514	330	St Dionis Back-church	78	27	St Margaret Newfiſhſt	114	66	St Michael Crookedla.	179	133
St Alhallowes Breadſt	35	16	St Dunſtans Eaſt	265	150	St Margaret Pattons	49	24	St Michael Queenhit	203	122
St Alhallowes Great	455	426	St Edmunds Lumbard.	70	36	St Mary Abchurch	99	54	St Michael Que ne	44	18
St Alhallowes Honila	10	5	St Ethelborough	195	106	St Mary Aldermanbury	181	109	St Michael Royall	152	116
St Alhallowes Leſſe	239	175	St Faiths	104	70	St Mary Aldermary	105	75	St Michael Woodſtreet	122	62
St Alhall. Lumbardſtr.	90	62	St Foſters	144	105	St Mary le Bow	64	36	St Mildred Breadſtreet	59	26
St Alhallowes Staining	185	112	St Gabriel Fen-church	69	39	S Mary Bothaw	55	30	St Mildred Poultrey	68	46
St Alhallowes the Wall	500	356	St George Botolphlane	41	27	St Mary Colechurch	17	6	St Nicholas Acons	46	28
St Alphage	271	115	St Gregories by Pauls	376	232	St Mary Hill	94	64	St Nicholas Coleabby	125	91
St Andrew Hubbard	71	25	St Hellens	108	75	St Mary Mounthaw	56	37	St Nicholas Olaues	90	62
St Andrew Vnderſhaft	274	189	St James Dukes place	262	190	St Mary Summerſet	342	262	St Olaves Hartſtreet	237	160
St Andrew Wardrobe	476	305	St James Garlickhithe	189	118	St Mary Staynings	47	27	St Olaves Iewry	54	32
St Anne Alderſgate	282	197	St John Baptiſt	138	83	St Mary Woolchurch	65	33	St Olaves Siluerſtreet	250	132
St Anne Blacke-Friers	652	467	St John Euangeliſt	9		St Mary Woolnoth	75	38	St Pancras Soperlane	30	15
St Antholins Pariſh	58	33	St John Zacharie	85	54	St Martins Iremonger.	21	11	St Peters Cheape	61	35
St Auſtins Pariſh	43	20	St Katherine Coleman	299	213	St Martins Ludgate	196	128	St Peters Cornehill	136	76
St Barthol. Exchange	73	51	St Katherine Creechu.	335	231	St Martins Orgars	110	71	St Peters Pauls Wharfe	114	86
St Bennet Fynch	47	22	St Lawrence Iewry	94	48	St Martins Outwitch	60	34	St Peters Poore	79	47
St Benn. Grace-church	57	41	St Lawrence Pountney	214	140	St Martins Vintrey	417	349	St Stevens Colmanſtr.	560	391
St Bennet Pauls Wharf	355	172	St Leonard Eaſtcheap	42	27	St Matthew Fridayſtr.	24	6	St Stevens Walbrooke	34	17
St Bennet Sherehog	11	1	St Leonard Foſterlane	335	255	St Maudlins Milkſtreet	44	22	St Swithins	93	56
St Botolph Billingſgate	83	50	St Magnus Pariſh	103	60	St Maudlins Oldfiſhſtr.	176	121	St Thomas Apoſtle	163	110
Chriſts Church	653	467	St Margaret Lothbury	100	66	St Michael Baſſiſhaw	253	164	Trinitie Pariſh	115	79
St Chriſtophers	60	47									

Buried in the 97 Pariſhes within the walls, — 15207 *Whereof, of the Plague* — 9887

St Andrew Holborne	3958	3103	Bridewell Precinct	230	179	St Dunſtans Weſt	958	665	St Saviours Southwark	4235	3446
St Bartholmew Great	493	344	St Botolph Alderſga.	997	755	St George Southwark	1613	1260	St Sepulchres Pariſh	4509	2746
St Bartholmew Leſſe	193	139	St Botolph Algate	4926	4051	St Giles Cripplegate	8069	4838	St Thomas Southwark	475	371
St Bridget	2111	1427	St Botolph Biſhopſg	3464	2500	St Olaves Southwark	4793	2785	Trinity Minories	168	123
									At the Peſthouſe	159	156

Buried in the 16 Pariſhes without the Walls — 41351 *Whereof, of the Plague* — 28888

St Giles in the Fields	4457	3216	St Katherines Tower	956	601	St Magdalen Bermon.	1943	1363	St Mary Whitechappel	4766	3855
Hackney Pariſh	232	132	Lambeth Pariſh	798	537	St Mary Newington	1272	1004	Reariffe Pariſh	304	210
St James Clarkenwel	1863	1377	St Leonard Shorditch	2669	1949	St Mary Iſlington	696	593	Stepney Pariſh	8598	6583

Buried in the 12 out-Pariſhes, in Middleſex and Surrey — 28554 *Whereof, of the Plague* — 21420

St Clement Danes	1969	1319	St Mary Sauoy	303	198
St Paul Covent Garden	408	261	St Margaret Weſtminſt.	4710	3742
St Martins in the Fields	4804	2883	*hereof at the Peſthouſe*		156

Buried in the 5 Pariſhes in the City and Liberties of Weſtminſter — 12194
Whereof, of the Plague — 8403

The Total of all the Chriſtnings — 9967
The Total of all the Burials this year — 97306
Whereof, of the Plague — 68596

The Diſeaſes and Caſualties this year.

Abortive and Stilborne	617	Executed	21	Palſie	30
Aged	1545	Flox and Small Pox	655	Plague	68596
Ague and Feaver	5257	Found dead in ſtreets, fields, &c.	20	Planner	6
Appoplex and Suddenly	116	French Pox	86	Pluriſie	15
Bedrid	10	Frighted	23	Poyſoned	1
Blaſted	5	Gout and Sciatica	27	Quinſie	35
Bleeding	16	Grief	46	Rickets	557
Bloody Flux, Scowring & Flux	185	Griping in the Guts	1288	Riſing of the Lights	397
Burnt and Scalded	8	Hangd & made away themſelves	7	Rupture	34
Calenture	3	Headmouldſhot & Mouldfallen	14	Scurvy	105
Cancer, Gangrene and Fiſtula	56	Jaundies	110	Shingles and Swine pox	2
Canker, and Thruſh	111	Impoſtume	227	Sores, Ulcers, broken and bruiſed Limbs	82
Childbed	625	Kild by ſeverall accidents	46	Spleen	14
Chriſomes and Infants	1258	Kings Evill	86	Spotted Feaver and Purples	1929
Cold and Cough	68	Leproſie	2	Stopping of the ſtomack	332
Collick and Winde	134	Lethargy	14	Stone and Strangury	98
Conſumption and Tiſſick	4808	Livergrown	20	Surfet	1251
Convulſion and Mother	2036	Meagrom and Headach	12	Teeth and Worms	2614
Diſtracted	5	Meaſles	7	Vomiting	51
Dropſie and Timpany	1478	Murthered and Shot	9	VVenn	1
Drowned	50	Overlaid & Starved	45		

Chriſtned: Males — 5114; Females — 4853; In all — 9967
Buried: Males — 48569; Females — 48737; In all — 97306
Of the Plague — 68596

Increaſed in the Burials in the 130 Pariſhes and at the Peſt-houſe this year — 79009
Increaſed of the Plague in the 130 Pariſhes and at the Peſt-houſe this year — 68590

ンパ腺腫脹という〝典型的《クラシック》〟な症状を示さずに死んでいくかもしれないということだ。腺ペスト同様、ノミに媒介されて伝染する。

肺ペストは重篤な肺炎を誘発し、おおむね死亡率が高い。ノミに噛まれなくても感染が広がる。咳で飛び散ったり服についたりした飛沫《しぶき》に病原菌がいるのだ。そのため、とりわけ人が多く通気のよくない建物内では、ひどく感染しやすい。病原菌が肺に到達すると、ひどい肺炎が起こる。

肺ペストに罹《かか》ると三日か四日で死んでいくが、敗血症ペストの死はさらに早く訪れる。二四時間だ。三つのタイプすべてで、皮下出血から皮膚上に黒っぽいあざが広がるため、この疫病は十四世紀、黒死病《ブラック・デス》と名づけられた。

写真の死亡報告書からわかるとおり、ひと月の死者数の多さは圧倒されるほどだった。しかも、その遺体はすべて葬らなくてはならない。かくて、またひとつ、最悪の仕事の登場となるのだ。

疫病埋葬人

ロンドンのシティの壁の内側に九七、外側に三三ある教区。その全部がそれぞれの死者を埋葬しなくてはならなかった。『モンティ・パイソン』といえばみんながすぐに浮かべるイメージのひとつに、鐘の音もけたたましく、震える声で「死人があったら持っといで」と御者が呼ばわりながら通りを駆け抜ける荷馬車、というのがある。しかし実際は、死体運び仕事がこんなふうにハイテクなことはまれだった。

【左】死体を合同墓地にまとめて放り込むあいだも、疫病埋葬人たちは、身を守れると信じてパイプ煙草をしきりにふかした

疫病埋葬人には、食うや食わずの貧乏人が起用された。働くのは夜間だ。そしてひっそりと埋葬する。感染のおそれがあるので、近親者の立ち会いも許されなかった。荷馬車を出すほどの贅沢ができる者は、ごくわずかだ。埋葬人たちはたいてい、見たところハンモックそっくりなキャンヴァス地の背負い巾に包んだ、おぞましくも不細工な死体をひきずって運んだ。

長くて暑い夏だった。埋葬人たちの体には死臭と死体の腐敗臭がしみつく。じきに墓地という墓地は満杯になって、疫病の死者を集団で埋葬するための穴が掘られるようになった。間違いも起ころうというものだ。無気力な大酒飲みの辻音楽師が泥酔したところを死んでいるものとみなされ、埋葬のため荷車で運ばれていったというケースが、少なくとも一件はあった。思うに、われわれにその話が伝わっているところからして、埋められた男は窒息死する前に意識をとり戻したはずだが。

恐怖が、まるで棺にかける布のように街をおおった。疫病埋葬人はせっせと煙草を吸っては病原菌に汚染した空気を避けようと試みたが、片足のきかない爆破火具師助手よりも自分たちのほうが生き延びられる見込みが薄いと思っていたに違いない。一般市民に関するかぎり、ペストの犠牲者たちと密接なつきあいがある埋葬人たちは、生ける屍《しかばね》も同然だった。彼らは、近づくべからずというしるしに赤い杖や棒を携えた。隔離されることもしばしばで、ほかの人々に病気をうつすことのないよう、墓守小屋に住まわされるのだった。

ところが実は、生き延びられる見込みという点で、彼らもほかの市民たちもまったく同じだったのだ。疫病を媒介するのはノミであり、生存中の感染患者の体液だった。

死者を埋葬することでは、たいした差がつきはしない。それでもこれが最悪の仕事となったのは、悪臭と気味悪さはさておき、いくら根拠薄弱だとはいえ、こんな仕事をしているといずれ死ぬことになるだろうといやおうなく感じさせられる、じわじわ広がる恐怖のせいだったのだ。

だが大疫病がらみでは、これよりさらにひどい仕事がある。動物愛護の国柄からして、最も気の進まない仕事とはきっと、犬猫殺しのお役目だったことだろう。

犬猫殺し

このころは、野生の犬や猫がペストを蔓延《まんえん》させるという思い込みが流布していた。〝野良犬〟とか〝駄犬〟とか呼ばれる犬は、その毛皮に病気を載せて運ぶと考えられたのだ。そこで、市の参事会は動物を殺せば一匹につき一ペニーまで支払った。虐殺された犬は四万匹、猫は八万匹にのぼる。砒素《ひそ》やネズミ捕りの毒薬で（ヴィクトリア時代の〝ネズミ捕り師《ラット・キャッチャー》〟、二八三ページ参照）、ネズミを集団毒殺しようという企てもあったし、ついでにウサギやハトまで時には虐殺された。しかし、子猫も含めて猫を殺したことで、ペストの運び屋であるネズミの天敵はいなくなってしまった。

犬殺しは、教会から犬を追い出すために雇われた男に冠された〝犬追い《ドッグ・ホイッパー》〟という名の、昔の教区役所の仕事の延長だ（犬追いには、長引く説教のあいだに会衆をつつき起こすという仕事も追加されていたらしい）。エクセター大聖堂では、犬追いのための部屋がひとつ用意されていた。教区牧師から賃金と、商売道具のムチ、手袋、ト

ペストへの対処

以下は、ペストへの対処のしかたについてロンドン市長が出した指令の抜粋だ。これを見ると、取り調べ人や埋葬人の仕事、この自然災害に立ち向かおうとした人間社会の悲惨な企てが、つまびらかになる。

一六六五年、ペスト感染に関して、ロンドン市長および市参事会が立案・公布した指令

今は亡き君主、国王ジェームズの幸いなる思い出の残る御世に、慈悲深い救済とペスト感染者の規制のための制定法がつくられたがゆえに、それによって治安判事、市長、執行吏ほかの首位官公吏に、いくつかの制限つきで感染者および感染場所の検察員《エグザミナー》、取り調べ人《サーチャー》、監視人《ウォッチマン》、看守《キーパー》、埋葬人《ビューリアー》を任命し、彼らが官公吏の仕事への宣誓をするまでの世話をする権限が与えられた。そして、同様の制定法によって、その他の訓令を出す権限もまた与えられており、目下の緊急の要にそれらの説示が適うと思われる。特に考慮したうえで、病気への感染予防にたいへん適してはいるが（全能なる神もお喜びになるように）、以下の官公吏を任命し、以後これらの指示をとどこおりなく遵守されたい……

取り調べ人

各教区ごとに、誠実さが評価されている、こういったことに適任の女性を数名、取り調べ人に任命すべく格別にとりはからうこと。取り調べ人は、遺体のできるだけ近くで死因をしかるべく調べ、疫病感染かほかの病気か、わかるかぎりのことを偽らずに報告すると宣誓すること。また、いくつかの教区においては、それぞれの教区の責任のもとに外科医を指定し、その仕事をするに適切な資格があるかどうかを常時考慮のうえ、職務に欠陥ありと思えた場合、原因を見極めるとともに適宜告発すること。

取り調べ人は、この災いの期間中、いかなる公共の職業に就くことも、店舗を経営したり、洗濯のために雇われたりすることも、その他何であれ一般的な職業に就くことは許されない。

死者の埋葬
この災いによる死者の埋葬は、必ず日の出の前か日没後の適当な時間帯に、教区委員または治安官の内諾を得て行なうこと。例外は認められない。また、近隣の者や友人といえども、教会まで遺体に付き添うことも、閉鎖されたり出入りを禁じられたりしている喪中の家を弔問することも許されない。
感染のおそれがある遺体は、祈禱、説教、講話の時間中、教会に埋葬も安置もしてはならない。教会、教会墓地、埋葬地で遺体を埋葬中、子どもが遺体や棺や墓に近づくことは許されない。すべての墓の深さは最低でも六フィートとする。
さらに、この災いが続くあいだは、疫病死者以外の埋葬であれ葬送の集まりはすべて控えること。
災いの降りかかった家に標識を
疫病による死者が出た家はすべて、玄関扉の中央に、はっきりと見えるように長さ一フィートの赤十字の標識をつけ、その標識のすぐ上に「主よ、憐《あわ》れみたまえ」という言葉を添えること。当該家庭が正式に閉鎖を解かれるまで継続すること。

市長　サー・ジョン・ローレンス
州長官　サー・ジョージ・ウォーターマン、
サー・チャールズ・ドウ

ング——離れたところで犬をつかまえるためだ——が支給された。ダービシャーのイーアムという疫病発生で有名な村からあまり遠くないバスローには、犬追いが使っていたムチが今も残る。
大疫病時代、犬たちを狩り立て皆殺しにする犬追いたちが責任の重い立場に置かれたのも無理からぬことだ。人々はうろつく犬たちを、ネズミに対するのと変わらない恐怖と嫌悪の目で見るようになっていた。一匹でも群れをなしていても駆け回っている姿をよく見かけるものだから、病原菌をまき散らしているのは犬たちだと思い込んだのだ。家にペストによる死者が出ると、即座にその家のペットのせいとされたものだ。

生きものの大虐殺が徹底的に繰り広げられ、能率を上げるために用いられた手段は人道的とはとても言いがたい。ナイフ、棍棒《こんぼう》、罠、木材ブロックといったものを使って、不運な猫や犬を皆殺しにしようとしたのだから。しかし、こうした殺戮を正当化する似非《えせ》科学もまるでむなしいことになった。ほとんどの子も学校で習うように、どんな医者もお手上げだった大疫病を〝治した〟のは、パン屋、それもそんなつもりなどない不注意なパン屋だったのだ。

一六六六年九月二日、プディング・レーンであがった火の手が、ロンドン大火となる。従来の見方では、スチュアート朝時代第二の自然大災害が、第一の大災害を撲滅した。つまり、火災がロンドンのかなりの部分を一掃して、いくらかはネズミを追い出し、疫病の流行終結に貢献したのである。ただし、いまだ理由を十分に解明した者はいない。実際には、疫病はしばらくのあいだぽつぽつ発生し続けた。

ところが、ロンドン大火はセント・ポール大聖堂をも〝終わらせて〟しまった。消失した建造物は、六〇四年、七王国時代のケントのエセルバート王の時代にまでさかのぼり、連綿と同じ場所にあった大聖堂の四代目だった。それ以前の建物三代ともみな焼け落ちている。日記作者ジョン・イーヴリンは火災のあとで、「セント・ポール大聖堂はもはやいたましい廃墟で、あの美しかった玄関柱廊《ポーティコ》もくずれてこなごなだ……」。火災の起こる前々から建築家クリストファー・レンは、古い大聖堂を取り壊して古典主義の建造物に建て替えるという壮大な計画を温めていた。以前の当局はその計画を却下していたが、この火災が彼には絶好の機会となる。彼は、英国一の規模を誇る、世界でも屈指の歴史的建造物たる大聖堂を建造した。そしてその建造中には、また別種の最悪の仕事を生み出したのである。

丸天井《ドーム》画家

大聖堂建造には、当然ながら何千人という労働者が雇われ、みなレンの意図に沿って、最初は国王チャールズ二世自らの監督のもとに働いた。作業は一六七五年に開始され、完成をみたのは一七一〇年のことだった。レンは、自分の七十六歳の誕生日と大聖堂の落成を、カゴに乗り込みドーム屋根上の明かり窓まで吊りあげてもらって祝った。

レンの作品で偉大な功績をおさめたのは、このドームだった。レンのおじはイーリーの司教だ。その地の大聖堂には、その司教座聖堂全体の中心をなす輝く八角形の明かり窓があった。レンはそれに触発され、古典主義的スタイルに置き換えたのだ。百メートルを超えるドームの高さは世界有数。最近まで、この大聖堂がロンドンの地平線上にそびえていたものだ。ドーム内部は、建物に荘重さを添える。ささやきの回廊（丸天井室）まで二五九段の階段をのぼっても、ドーム頂点までは半分にしかならない。

そして、この時代における最悪の仕事に挙げようというのが、このドーム内側の装画だ。一四四〇平方メートルもある壁面に乳状液《エマルジョン》をローラーで塗るだけでも十分ひどい仕事だろうに、これはまた、肉体的には持久力、精神的には孤独に耐える力がともども試される、悲痛なまでの最悪の仕事だった。具体的に言うと、ジェームズ・ソーンヒルというひとりの男の物語である。

レンは装飾様式に簡素なアプローチを望んだ。なにしろ、これはプロテスタントの大聖堂である。ピューリタンが教会装飾のステンドグラスや絵画を打ち壊して回ったのが、ごく最近のことだった。カトリックじみたところのあるものは何でもうさんくさがられる（ロンドン大火でカトリック教徒たちが炎をあおったという噂まで流れた）。大聖堂建造の作業が始まる以前の一六七三〜四年につくられたレンの模型では、ドーム内装は銅板張りのように見える。

しかし、司教座側はもっと特別な装飾を望むという決定を下す。一七〇八年、彼らはフランス人大画家ルイ・ラゲールからの巨大な壁画装飾計画に制作依頼を出した。数カ月たったら今度は、ウィッグ党が議会勢力でトーリー党を上回り、セント・ポール大聖堂内装の命運を左右するようになった。彼らは、もっと立派なプロテスタント的アプローチを望む。ラゲールのデザインは、あまりに華麗で派手すぎる——ゆえに、過剰に装飾的なローマを連想させると判断された。

いちばん適切な代替案を選ぶコンペが開かれた。選抜候補者リストにはサー・ジェームズ・ソーンヒル、イタリア人画家ペリグリーニらの名がある。首席司祭はレンに、どのデザインが入札するに適当と思うか意向を尋ねた。どれも好ましくない、中でもソーンヒルのものがいちばん気にくわないという返事だった。ところが、相手は新任の首席司祭、新編成の聖堂参事会だ。レンの意見は退けられた。

ソーンヒルが委任を受けた。英国人であり忠実なプロテスタントでもある彼は、二重に有利だった。委任されたのは一七一五年、厳密に言えばジョージ王朝時代にずれ込んでいる。しかし、セント・ポール大聖堂自体はスチュアート朝時代の象徴であり、壁画入札が始まったのはアン女王の御代だった。

勝利を獲得したソーンヒルのデザインは、聖者パウロの生涯を八つの場面に描いたもので、宗教改革後の表象的絵画のはしりだ。政体内にも国内にも反ローマ感情があったのだろうが、聖者パウロは論争のもととならない画題だった。パウロは使徒のひとり。その神学はプロテスタントの基底であり、この絵のテーマは徹底して聖書によるものだ。聖母マリアやほかのもっと伝説的な聖者をとりあげるより、ずっと感情を刺激しないですむ。

完成もまだのころから、セント・ポール大聖堂はロンドンのスモッグのせいで汚れていた。一九五六年に大気清浄化制定法が履行されるまで、埃《ほこり》はどんどん積もり続ける。現在、四〇〇〇万ポンドかけて大聖堂の建物とソーンヒルの絵画を修復中だ。ロンドンっ子たちは、レンの意図したとおりの建造物を目にすることになるだろうし、遅ればせながらソーンヒルの評価が押し上げられることだろう。

【左】このサー・ジェームズ・ソーンヒルの肖像画は、彼が何か不安を抱いていたようにも見える。まわりの者の中で自分の立っている位置が疑わしいとでもいいそうなものだ

そこにたくらまれているのは、トロンプルイユ[†]巨大壁画だ。人物は、ひと連なりの壺形装飾、帆立貝の貝殻の形、花綱を支える凝った構造のアーチ枠にはまっている。画法はグリザイユ——茶色、灰色、黄土色を用いて、パレットからあらゆる彩色を（および、おそらくはローマ・カトリック教会をも）連想させるものを排する装飾画法である。

そこには、ミケランジェロの生き方や作品との相似がある。セント・ポール大聖堂はソーンヒルにとってまさにシスティーナ礼拝堂となったのかもしれない。かのルネサンスの偉大な芸術家は、長年にわたって鼻を天井に向けたまま、あおむけに絵筆を握り、苦難に耐えて名画をものした。ソーンヒルは同じような、ただしさらに規模の大きい苦難の道へ、進んで足を踏み入れたわけだ。有利な面もあって、彼は二、三人の助手の力を借りたのだが、それでも作品の完成には二年の歳月を要した。

ドームに絵を描く仕事は、臆病者には向かない。仕事場は、いちばん低い地点でも教会の床上三五メートルの高さがある。ソーンヒルと助手たちは来る日も来る日も、一時間近くかけて描きたいと思う場所へたどり着く。それから、つらい仕事の始まりだ。

ドーム内部は、天井から吊った足場に取り巻かれている。絵描きたちの落下を防止する手すりなどない。低いほうの段ではほぼ直立した姿勢で作業ができるが、上に行くに従って、丸天井の湾曲のためにうしろへ反った無理な姿勢をとることになる。背面にあるのは、はるか下の大理石の床まで目がくらむような落差だ。この仕事には、急性不安と慢性めまいをカクテルにしたような症状がつきまとう。死亡事故こそ起き

【トロンプルイユ】精細に描写されただまし絵

【左】セント・ポール大聖堂の、ソーンヒルによるトロンプルイユ巨大壁画

なかったものの、危機一髪の話はある。ソーンヒルがあとずさっていて、危うく足場の縁ぎりぎりまで近づいた。さて、びくっとさせて地面にまっさかさまという結果にならないよう、助手はいかにして彼の注意を引いただろうか？　その苦肉の策で、当然受けてしかるべき感謝は得られなかったかもしれない。助手はただたんに絵の具の缶を壁に投げつけたのだった！

この途方もない仕事は、何段階にも分けて進めなくてはならなかった。まず、巨大な画面に下地を二層重ね塗りして整える。次に、寸分たがわぬ正確さで下絵を描く。巨人並みの大きさの画像をつりあい正しく写していくのは、気の遠くなるようなわざだ。至近距離で見ては、何の絵だかほとんどわからないだろう。画像がどれもとてつもない大きさなのだから。聖者パウロの足のサイズだけとってみても、つま先から踵までの長さが人の腕ほどもある。制作過程

で「もう何だかわかるかな?」というもどかしい感じがすることだろう(そしてもちろん、うしろへさがって自画自賛することはできない)。

そのうえ、絵描きたちは暗闇で仕事をしているも同然だった。特に冬季の数カ月間は、ドームの上部エリアは暗くもありひどく冷え込みもした。ろうそくではあまり絵を描くのに満足な明るさにならず、パレットにあるのが茶色と黒と灰色だけとなればなおさらだ。ドームの上のほうには人けもない。一七一六年八月に日記作者であり国会議員のダドリー・ライダーが見学に訪れた際、ソーンヒルはそれまで誰も足場をのぼって話しかけてくれたことがなかったとこぼした。

だが、やがて仕事は完了し、ソーンヒルは六五〇〇ポンドの報酬を得た。英国人画家としては初めてナイト爵に叙せられ、一七二〇年には国会議員となった。いろいろな方面で成功したのである。

では、何か問題があるのか?

そう、この最悪の仕事の核心には、いやなものがあるのだ。数え切れないほど階段をのぼって、目を酷使しながら畢生《ひっせい》の大作を仕上げたあとになってソーンヒルが気づいてみると、パンクバンドのコンサートでパンタロンをはいているような流行の追いかけ方をしていたのだった。一夜明けてみると、大衆の美的感覚ががらりと変わっていた。ソーンヒルの絵は完成するかしないかのうちから、単調で禁欲的すぎるとこきおろされた。華麗な巻き毛と装飾に彩られたロココ調が大流行するようになっていたのである。

セント・ポール大聖堂にあるクリストファー・レンの墓碑銘にいわく、「ここに立ちて形見を探そうとせし者は、まわりを見よ」。レンはおそらく英国で最も有名な建築家である。セント・ポール大聖堂が彼を有名にしたのだ。ドームの壁画がやはり自分の形見になることをおおいに期待して仕事に取りかかったはずのソーンヒルは、歴史にとりこぼされた。スチュアート朝時代の優れた画家である彼が思い出してもらえることがあったとしても、それははるかに有名なジョージ王朝時代の画家ホガースの義理の父としてだ。ソーンヒル自身のあまり光の当たらない、非常に高いところにある作品は、忘れられてしまった――ただ、少なくとも、最悪の仕事というのは報酬もひどいものばかりでもないという例にはなっている。

さらに、本書がスチュアート朝時代のまさに最悪の仕事として表彰するのは、たいへん立派な、教養あふれる、時として並はずれて報酬のいい仕事である。そればかりか、この国の公演芸術にとびぬけて大きな貢献をしてもいる。では、ヴァイオリンの弦づくりのいったいどこがそんなにひどいのだろうか？

この時代最悪の仕事――ヴァイオリンの弦づくり

スチュアート朝時代に、人々の聴く音楽は劇的に変わった。ジェームズ一世が即位したころは、優雅な多音のリュート†やヴィオル†が多かった。ところが、アン・スチュアート女王の治世末期になると、大人気を博したのは、バッハやヴィヴァルディのヴァイオリン協奏曲《コンチェルト》にヘンデルの『水上の音楽』といった、新興前衛音楽の名作だった。バロック音楽が到来し、大半の音をヴァイオリンが奏でる近代オーケストラが誕生し

【リュート】ギターに似た弦楽器。

【ヴィオル】十六〜十七世紀に流行した通例六弦の擦弦楽器。ヴァイオリンの前身。

た。

だが、この音楽的変質が起こったのもひとえに、ひと握りの熱心な専門職人が、殺したての羊のはらわたから気味の悪い思いをしながら汚物をきれいに洗い流す気になってくれたからこそだった。

十七世紀には、弦づくりの技術革命があった。それ以前のヴァイオリンの弦は三本だけだった。弾力のある輪ゴムをはじいてみたことがあればわかることだが、短くて細い、ピンと張った弦は高音を出し、太くて長い弦なら低音になる。ヴァイオリンのつくり手たちは、ヴァイオリンに合うように短くてなおピンと張った、いちばん低い音を奏でる太い弦をつくりだすのは無理だとあきらめていた。

その問題がついに、羊の腸の繊維を撚り合わせるという新手法によって解決した。現代の四弦ヴァイオリンを誕生させたのは、この技術だった。そのおかげで、クレモナのストラディヴァリウスとその仲間の熟練工たちがかの有名な弓奏弦楽器《フィドル》をつくりだせたのだし、作曲家たちはバロック音楽をつくることができたのだ。

そういうわけで、弦づくりというのは革命的な職人たちだった。腸繊維を撚ること自体はさほど難しい仕事ではなかったが、なによりもまず原料を手に入れなくてはならない。今でこそ弦づくりはすっかり整えられた腸を買い入れるが、スチュアート朝時代は、職人たち自らが羊の腹の腸を取りださなくてはならなかった。

そう、羊《シープ》である――猫《キャット》ではなく。ヴァイオリンの弦が〝猫の腸《キャットガット》〟と呼ばれることもあるが、弦づくりたちが猫殺しの階級出身などということはない。『ブリタニカ大百科事典』には、イタリア語でヴァイオリンは〝キット〟であり、その弦は〝キット・

【左】ストラディヴァリウスは誰よりも注目されたヴァイオリン製作者だったが、彼は直腸を引っぱり出すようなことはしなくてすんだガット〟、そこから〝キャット・ガット〟に変化したという説が示されている。初心者が弦楽器に弓を走らせたときにたてるキーキーいう音を考えてみると、その言葉があてはまったのも無理はないと思う。

シープ・ガットのヴァイオリン弦の原料になるのは、羊の下のほうの腸で、三〇メートルほどの長さのこともある。弦づくりは食肉処理場の近くに住むことが多く、そうすると原料を手に入れられる。傷をつけないように腸をはずして取りだすのは、細心の手際を要する、しかも気持ちの悪い作業だ。はらわたがはじけないように、そっと腹を裂かなくてはならない。ナイフさばきが危なっかしいと、腹腔《ふっこう》が消化しかけの草でいっぱいになって、腸が弦として使いものにならなくなってしまうおそれがある。

ただし、腸の中身を桶にあけるのは楽な作業の部類だ。弦づくりはたいてい家族が一丸となって働くので、腸の下ごしらえをするこ

の愉快な作業は息子や娘の仕事になることが多い。

まず、腸から脂肪質の組織、筋肉、血管を残らず手でこそげ落とす。胸は悪くなるし骨も折れるので、これもたいていは手伝いの立場の者がする作業だった。そして、管状の腸から胆汁をしぼり出して、すっかりきれいにする。

こんなことは、腸管に流水を通して洗えばいいようなものだ。だが、ただ水を通すだけでは十分ではない。腸はすみずみまできれいにしておく必要があるのだ。麻の浸水の要領で、ただ川に浸けておけばいいかもしれないが、それでは時間がかかってしまう。木材を焼いた灰を溶かした中に浸すほうが一般的だった。溶液を定期的に交換しながら、一週間ほど置く。この処理は慎重に頃合いをみはからう。腸を長く浸しておきすぎると、腐りはじめて取り返しのつかない損害になってしまうのだ。

すっかりきれいになったところで、腸の端の幅が広くて高値のつく部位は、ソーセージの皮にするために回す。細いほうの端を裂いて繊維状にしてから、さまざまな太さに束ねる。それから、それぞれの端を小さなフックに取りつけて、繰り返し回転させては繊維を撚り合わせていく。この作業のあとは、弦を乾燥させる。

さて、あと必要なのはヴァイオリンと、お辞儀、そして楽しんでくれる聴衆だけだ。

「スチュアート王朝」のできごとと仕事

一六〇三	スチュアート家の血筋をひくスコットランド王ジェームズ六世が、ジェームズ一世としてイングランド王に即位。連合法が承認され、英国という王国が生まれた。
一六〇五	火薬陰謀事件。ガイ・フォークスを首謀者とする一味の陰謀はくじかれた。いずれにせよ、陰謀に用いられた（フランス製）火薬は湿気ていた――自国の〝硝石集め人〟を頼るべきだったのだ。
一六〇七	英国人移住者たちがアメリカのジェームズタウン植民地に定着。
一六一六	ウィリアム・シェークスピア死去。
一六二〇	メイフラワー号航海。
一六二五	ジェームズ一世死去。次男チャールズ一世がスチュアート朝第二代国王となる。
一六三四	サー・ソウンダース・ダンクームがイングランドに公衆セダン・チェアをもたらす。

一六四二	エッジヒル、マーストンムーア、ネーズビーほか各地で戦闘。〝硝石採集人〟たちにはたっぷり仕事ができた。〝爆破火具師助手〟たちは、包囲戦のあいだじゅうはいつくばってこき使われた。
一六四二	市民革命。チャールズ一世の王党派と議会派のあいだで開戦。
一六四六	オックスフォード包囲戦の終結後、国王派（王党派）が降服条項に署名。
一六四九	チャールズ一世は、〝セダン・チェア担ぎ〟たちの手で処刑場に担がれていった。
一六四九	チャールズ一世が斬首され、共和制が始まる。
一六五〇	最初のコーヒーハウスが、ピューリタン（清教徒）たちによって開かれた。
一六五一～二	チャールズ二世を担ぐ、第二次英市民革命。〝硝石採集人〟たちにもっとたっぷりの仕事。

一六五三	オリヴァー・クロムウェルが護国卿となる。
一六六〇	サミュエル・ピープス、日記をつけはじめる。スチュアート朝時代の日常生活を後世に生き生きと伝えるものとなった。
一六六〇	チャールズ二世を君主に、王政復古。
一六六二	英国に茶がもたらされる。
一六六五	大悪疫が、〝死体取り調べ人〟〝疫病埋葬人〟〝犬猫殺し〟といった仕事を生む。
一六六五	悪疫がイングランドに大流行。ロンドンでは七月から十月までに六万人の死者が出た。
一六六六	ロンドン大火。火事が歯止めをかけて疫病の流行は収まったものの、セント・ポール大聖堂が焼失。
一六六六	アイザック・ニュートン、万有引力の法則を公式化。
一六六七	ジョン・ミルトン『失楽園』発表。
一六七二～四	第三次英蘭戦争。〝硝石集め人〟たちにさらにたっぷりの仕事。
一六七五	クリストファー・レンの指揮のもと、セント・ポール大聖堂の修復作業開始。
一六八五	カトリック（旧教徒）のジェームズ二世が国王に即位。
一六八五	J・S・バッハ誕生。ヴィヴァルディ、ヘンデルとともに、新発明の腸線（ガット）製ヴァイオリン弦の音色を存分に活用した。
一六八八	名誉革命。ウィリアム三世とメアリ二世が王位を継承。ジェームズ二世は亡命した。
一六九六	国会制定法により救貧院が開設される（この結果については二九二ページを参照）。
一六九七	十二月二日、セント・ポール大聖堂が公開される。
一七〇〇	イングランドとスコットランドの人口はおよそ七五〇万。
一七〇二	英国初の日刊新聞『デイリー・クーラント（日刊新報）』が発刊される。
一七〇二	ウィリアム三世死去。アン・スチュアートが女王となる。
一七一〇	馬車の御者および〝セダン・チェア担ぎ〟

一七一二

の寡婦に免許を与える議会制定法。

イングランド最後の魔女裁判。

一七一四

アン女王死去。ハノーヴァー家のジョージ一世が国王となる。スチュアート朝時代は幕をおろした。

第五章
ジョージ王朝時代の最悪の仕事

この時代†のイメージに関しては、ジェーン・オースティン†とコリン・ファース†の責任が大きいと言える。ジョージ王朝時代と聞いてほとんどの人が思い描くのは、点在する田園公園や新古典派の建物による、上流階級向けの風景だろう。その上品な舞台に登場するのは、結婚相手としてふさわしい〝奥方募集中〟の独身男性たちと、アンピールライン†のドレスに情熱をエレガントに抑え込んだ、育ちのいいお嬢さんたちだ。

　ところが、現実は大違いだった。うわべはまばゆいばかりのジョージ王朝風建築だが、中に入ればそこは暗黒の世界。新たな地主階級の優雅な生活も、底なしと言える悲惨な生活の人間たちに支えられていたのである。貧窮にあえぐ田舎の住人は、工場や製作所の仕事を求め、新たな工業都市に引きつけられた。彼らの生活は、ジェーン・オースティンの『高慢と偏見』よりも、ホガースの版画『ジン横丁』で描かれるカオスに近いのである。

　最も無害に思える飲み物、茶にしても、不幸な側面をもっていた。十七世紀の時代から、コーヒーハウスではコーヒーとチョコレートが人気を得ていたのだが、そこに東洋のエキゾチックな飲み物である茶が登場し、流行したのだった。茶はぜいたく品であり、輸入にはかなりの税金が課せられた。そして、関税がかかれば密輸をする連中が必ず出てくる。実に、十八世紀に英国で飲まれた茶の四分の三が、密輸によるものなのだった。

　これに対し、今日の税関と間接税税務局にあたる二者が、密輸品摘発の困難な作戦を開始した。沖合は船がパトロールし、国家財政上の防御線である海岸地帯には、ジョージ王朝時代最悪の職業に就く者がいた。騎馬巡視官《ライディング・オフィサー》と呼ばれる彼らは、現代の沿

【前頁】ホガースはジョージ王朝時代の生活の不快な面を描いた。これは彼の作品『ジン横丁』の細部で、「一ペニーで酔っ払い、二ペンスなら泥酔できる」ことがわかる

【ジョージ王朝】一七一四年のジョージ一世即位から、一八三七年までの時代。

【ジェーン・オースティン】一七七五～一八一七、イギリスの小説家。

【コリン・ファース】BBCテレビ『高慢と偏見』でダーシー役を演じた。

【アンピールライン】ハイウエストで胸元を大きく開けたスタイル。

岸警備隊だけでなく、付加価値税担当官の先駆者でもあったわけだが、そうした先入観はひとまずおいて、彼らの気の毒な仕事の内容を知ってほしい。

騎馬巡視官

騎馬巡視官の仕事は、馬に乗って海岸を回り、沖合を〝漂う〟船を探したり、密輸品を載せたボートが上陸しないか監視することだった。騎馬巡視官による陸地警備が始まったのは、一六九〇年、イングランド南東部にあるロムニーマーシュの沿岸湿地帯あたりだった。だが、ジョージ王朝時代にはほぼ国じゅうにこのシステムが広まっており、海岸線に沿って一六キロごとにひとりの騎馬巡視官がいたという。しかも、密輸船の押し寄せるイースト・サセックスやヨークシャーのロビンフッズ・ベイなどは、六・五キロにひとりという密度だった。

騎馬巡視官の給料は、年に四〇ポンド。肉体労働者とたいして違う額ではないが、その中から自分の乗る馬の維持費を払わねばならなかった。それだけでなく、仕事自体が危険で不快で、いわば社会的には自殺的行為とも言えるものであった。

まず、勤務時間とその条件がきつい。密輸船は、嵐の晩などといった、一年でも最悪の日と時間帯を選んでやってくるわけだから、騎馬巡視官も真夜中や悪天候のときにパロトールをしなくてはならないのだ。だが、三角帽子とウールの外套《がいとう》をびしょ濡れにさせながら崖に沿って馬を走らせることも、彼らにとってそう大きな心配のたねではない。本当の困難は、密輸船の合図の灯りを見つけてから始まるのだから。

昔の密輸船といえば、陽気で反体制的な船乗りがちょっとした収入の足しにする――しわの寄った水夫のためにバラ色の頬《ほお》の恋人がジンの瓶をスカートの下に隠してくれるといった程度のイメージが典型的だが、それは当時の事実からほど遠いものだった。十八世紀の時点で、密輸はすでに組織犯罪だったのである。五〇〇人もの人数で上陸し、膨大な量の茶やジンやブランデーを荷下ろしすることもあったくらいだ。しかも彼らは、厳重に武装していることが多かった。

騎馬巡視官のほうもピストルとカトラス†を与えられていたが、ひとりきりで戦わなければならない。自転車に乗ったロンドンの警官が、コロンビアの麻薬組織を相手にひとりで戦うようなものだ。形式上は地元の守備隊や騎兵に援軍を頼むこともできるのだが、〝地元〟といっても六五キロ離れたところにいるのである。当時の道路や通信事情を考えたら、すぐに援軍が来ることなど不可能だとわかるだろう。実際、ヨークシャーでは道路事情があまりに悪いため、騎馬巡視官自身の給料袋さえ、ときどき届かないことがあったという。一七二二年一月、ホイットビー†の税官吏が、こんな苦

【カトラス】船乗りが用いた反り身の短剣。

【ホイットビー】イングランド北東部の漁港。

【左】この牧歌的な密輸団に、悪名高きホークハースト団のような冷酷な雰囲気はない。濃い霧のせいもあって、騎馬巡視官のことなどほとんど気にしていないようだ

密輸団に関する議会委員会への報告(一七四五年)

九年ほど前、荷の運送を強行するその一団は、メイなる名の税関吏を自宅から拉致し、舌を切り取り、両耳を切り落とし、その片方をコルク板にくぎ付けにした。一味は彼の首に縄をかけてどぶを引きずり回し、殴打を与えたうえ、川に投げ込んで死に至らしめた。犯罪者たちを発見した者には多額の報酬が約束されたが、成果はなかった。

騎馬巡視官への尋問

猛烈な敵意にさらされていた騎馬巡視官の多くは、「長いものには巻かれろ」という態度で密輸団とつきあうようになっていった。見て見ぬふりをするほうが、むなしい告発をするよりも金になったからだ。議会で宣誓証言したこの騎馬巡視官も、マン島の密輸撲滅にはそれほど熱心ではなかったようだ。

一七九一年十月十二日、ダグラスで行なわれた
マン島、ラムジー港の騎馬巡視官
ミスター・ダニエル・ギルの尋問

この証言者によれば、彼は一七七三年よりラムジー港の騎馬巡視官を務めている。彼はこの年、財務省の規約によりその職に任命され、関税局長官の職権を委任された。彼は就任の宣誓を行い、保証金と人物証明を提出し、職権における行動についての指示書を受け取っている。

彼は騎馬巡視官として年四〇ポンドを受け取り、チップや心づけはとっていない。馬は一頭を常備している。

彼の警備担当区域は、ラムジーからラグジーまでの一四キロと、ラムジーからカーク・マイケルまでの一三キロである。通常、一カ月に六回から七回巡視を行なうが、この巡視が行われるのは日中である。彼は、違法に輸出あるいは輸入された物品、または輸出あるいは輸入されることになる物品を摘発すべく沿岸を見回っている。

また、不法行為に関する情報の収集に努め、機会があれば必ず押収も行なっている。しかし、本人の日誌にもあるように、一七八九年一月一日よりいかなる押収も行なっておらず、最後に行なった押収がいつであったかも思い出せない。また彼には、沖合に漂う船や接岸している船、および闇行為に関する情報を海軍省の指揮官あるいは密輸監視艇に報告した記憶もない。一七八九年一月一日より、彼はマン島の税関吏の誰にもこのたぐいの情報を与えておらず、彼自身にもそれを行なった記憶はない。

彼が摘発するのは主にブランデーとジンであるが、

これに関しては現在も密輸が行なわれている。

ウィリアム・オズグッド
ウィルム・ロー
デイヴィッド・リード
ダニエル・ギル
ジョン・スプランガー

情を本庁へ送っている。「すでに送金の準備ができているようでしたら、こちらから途中まで受け取りに行けるよう、経路を指定させていただけますか。こちらの職員はみな、去年の夏の四季支払日†分から給料を受け取っていないため、今度こそ絶対に受け取りたいのです」

騎馬巡視官の体力が弱っているときに密輸団と出会い、負けてしまうことはよくあった。一七四〇年、トマス・カースウェルという巡視官は、イースト・サセックスとケントの州境で活動する悪名高きホークハースト団のメンバーを捕らえようとして、射殺された。翌年にはケント州の町リドで、二人の巡視官が、追っていた密輸団に逆に捕えられ、縛られたままフランスのブーローニュまで連れていかれた。二人は翌日、それまで密輸団が密輸品を運ぶのに使っていた自分たちの馬と一緒に、解放されたのだった。

騎馬巡視官はまた、つねに社会からのけ者にされていた。どこへ行っても嫌悪され、冷たくあしらわれたのだ。

なぜなら、ライやロビンフッズ・ベイといった土地では、ほとんどの住民が密輸の仕事に関係していて、それが地元の産業だったのだ。十八世紀のロビンフッズ・ベイ

【四季支払日】英旧式では七月六日、英新式では六月二十四日。

は、英国内でもひとりあたりの収入が最高レベルの地域だったのだから、密輸をやめさせたいと願う住民などいないわけだ。

おまけに、地方の裁判所では陪審員たちが密輸に好意的だったり、自分自身が関係していたりするのだから、有罪にすることも難しかった。地方判事が密輸業者から金をもらっていることすらあった。密輸犯人を有罪にすると、騎馬巡視官は二〇ポンドのボーナスをもらえることになっていたが、犯罪訴追手続きにかかる費用を自分で出さねばならないという問題もあった。起訴できても有罪にできる可能性はかなり低いのだから、費用を捻出する甲斐もないというものだ。

そんなわけで、騎馬巡視官というのは、雨に濡れ、寒さに耐え、装備も少なく、あまり役に立たない存在だった。一七八三年、当時の税関長だったサー・ウィリアム・マスグレーヴは、年次報告書の中で、騎馬巡視官は「ほとんど役に立っていないので、財源にとってのお荷物である」と書いている。

腐敗だらけの環境で、しかも膨大な広さの海岸線をカバーしなければならないのだから、密輸の実践的な取り締まりをしてもたいして違いが出なかったのは、驚きではない。そこで、関税を下げてみると、違法な輸入を減少させる効果があげられた。ついには茶に対する関税が撤廃されると、密輸はまったくなくなったのだった。一八二二年には沿岸警備隊が設立され、騎馬巡視官の仕事を引き継ぐことになった。

浴場ガイド

騎馬巡視官は仕事のためにずぶ濡れになることも多かったが、ジョージ王朝時代の英国で最も水に濡れる仕事は、別にあった。この胡散臭い名誉を与えられるのは、浴場ガイドである。

彼らの仕事は、水難救助員《ライフガード》と、皮膚病患者の療養所の介護人が混ぜ合わさったような、不思議なものだ。だが、ジョージ王朝時代の英国で最も重要なレクリエーション・スポットであった温泉都市バースに、なくてはならない存在でもあった。

バースの地中からわきでる温泉の量は、日に一〇〇万リットル。温度は摂氏四六度ある。ここはローマ軍侵入のかなり前からイングランド南部に住んでいたブリトン人の聖地であり、彼らはスーリス・ミネルヴァと名づけていた†。

この温泉は中世やチューダー王朝時代を通じて病気の治癒や鎮静目的に使われてきたが、

【スーリス・ミネルヴァ】またはアクア・スーリス。

【左】キングズ・バースの写真。湯の中の鉄分が染みをつくることがよくわかる。当時の温泉の水位は、今よりもかなり高かった

バース市の資産として生まれ変わったのは、アン女王の後援によるものだった。彼女はここをたびたび訪れ、温泉のとりこになったのだ。一六九八年にバースの人口は一二〇〇人にすぎなかったが、ジョージ王朝時代にはイングランドでも屈指の娯楽施設に富んだリゾート地となり、十八世紀の終わりころには三万四〇〇〇人にふくれあがったのだった。ジョン・ウッドやジョン・パーマーといった建築家が、パラディオ様式†のエレガントな建物を次々につくり、それが現在でも無傷で残っている。クイーン・スクウェアやザ・サークルズ、ザ・ギルドホール、ランズダウン・クレセント、ロイヤル・クレセントなどの街並みが、バースを模範的な十八世紀都市に変えたのだった。

　ジョージ王朝時代の人たちにとって、バースへ旅行することは、現代人がスイスアルプスのクシュタートへスキーをしにいくようなものだった。健康にもいいが、同時に社交とゴシップの場でもあり、上流階級が同類の人たちとくつろぎ、休暇を楽しむ場所だったのである。一七八九年に出版された『バースの快適生活』には、イビーサ†にいると言ってもおかしくないような日常が描写されている。

　そして、その快適さを支えていたのが、浴場ガイドだった。彼らの仕事は、人々がセダン・チェアから降りてキングズ・バース†の湯に入るまでを手伝うことだった。

　これがまた、とにかく湿っぽい仕事なのだ。ガイドたちはキャンヴァス地の仕事着を着ていて、これがその日の仕事の最初にびしょ濡れになったまま、家に帰るまで濡れっぱなしになる。客の世話のため湯の中を移動し、キャンヴァス地の濡れた天幕で蒸されながら、一日最高十二時間は働くのだ。当時の詩人ウィリアム・クーパーは、このびしょ濡れの労働者たちにあまり同情していなかったようで、彼は兄弟に宛てた

【パラディオ様式】パラディオはルネサンス期の代表的なイタリア人建築家。

【イビーサ】地中海西部のスペイン領バレアレス諸島の島。

【キングズ・バース】十二世紀にできたローマ風浴場のひとつで、バースでも特に有名。

手紙にこう書いている。「およそ最も不快と思える光景が、ここで見られるよ。びしょ濡れで半茹《はんゆ》で状態のガイドたちがね」

つねにびしょ濡れなだけでなく、温泉の湯が彼らガイドの皮膚の色を変えてしまうのだった。バースの湯は鉄分を含むため、長いあいだに浴場の壁に染みをつくり、オレンジに染めた。これがガイドたちにも影響し、安物の日焼けサロンでいいかげんに

バースで入浴するレディを思う

シルヴィアの湯浴みはその魅力を露にし
その首から下では宴が繰り広げられる
わが心臓は今にも魂に別れを告げ
回廊よりその宴に飛び込まんばかり
毎日、わたしが与えるのは
彼女のガイドへのわいろである。
一枚のクラウン金貨
そして彼女が浸かった場所の湯を汲んでこさせる
いかれた医者たちは湯を飲めば体にいいと言う
そんな話は怪しいけれど、
シルヴィアの浸かった湯なら効果はあらたか
雇い入れたるヴァイオリン弾きは崇高な曲を奏で
わが心臓はひたすらリズムを打ち鳴らす
彼女の姿にわが心臓は早鐘のように打ち、
見えなくなればその鼓動を止める
それが誰のためであるかは、
まわりの誰もが知るところ
もしこの身がつまらぬものであれば
彼女の車椅子を押す付き人にも
あるいはガイドにもなろうものを
たとえあの嫌な黄褐色の肌をさらすことになろうとも
はたまた浴槽の底の小石となって
麗しき彼女をながめるならば、
なんと幸せなことだろう

——トマス・ダーフィ『ウィットと歓喜、あるいは憂鬱を取り払う薬』一七一九年

焼いたような肌になってしまうのだ。二一九ページに載せた写真は現在のキングズ・バースだが、湯の中の鉄分が染みをつくっていることがよくわかるだろう（ジョージ王朝時代の水位は今よりかなり高かった）。自分の肌がこんな色になることを考えたら……デイヴィッド・ディキンスン†なら、うらやましがるだろうが。ネッド・ウォードという諷刺作家は、こんなふうに述べている。「ガイドは二、三〇人いるが、壊血病の肌か、はたまた漆を塗った革かという彼らの肌の色を見れば、三途の川に千年ばかり浸かっていたのではないかと思ってしまう」。しかもこれが、真っ白な肌を理想的なものとする時代のことなのだ。

ガイドたちはまた、客たちの浮かれ騒ぎを我慢しなければならなかった。多くの入浴客は健康で体調もよく、ガイドたちは現代の公共プールのように、「飛び込み禁止」とか「抱擁禁止」の注意を促さなければならなかった。

エロティックな含みの多いダーフィの詩（前ページ）は、男女入り混じっての入浴が今日の海水浴と同様、なかなかに興奮するものであったことを示している（この仕事に関する詩と引用は、すべてポール・クレスウェルの『引用でみるバース――「サクソン・タイムズ」以後の文学的展望』からのものだ）。

浴場ガイドは地元の公共機関に雇われていたが、収入のほとんどはチップに頼っていた。一七八四年の時点で、入浴の〝普通料金〟は三シリング。その半分は入浴用の服（湯巻き）とタオルの代金だった。ほかに、ガイドに対して一シリング、その他の職員に対して六ペンスが払われた。

おそらく、この仕事の最悪な部分は、当時あったひどい病気に対処しなければなら

【デイヴィッド・ディキンスン】英テレビタレントでアンティークの専門家。

なかったことだろう。手伝いの必要な客の多くは、痘や腫れもの、炎症の症状をやわらげようとして温泉に来る人たちだった。温泉の湯はリンパ腺の病気や皮膚病、はては性病にまで効くと考えられていたからである。

前述のネッド・ウォードは、続けてこう書いている。「(浴場の) 一角にいる老人は、リングにつかまってかなりの汗をかいている。彼の不倫相手らしい豊満な婦人は、浮

【ポンプルーム】バースの保養会館。病気療養のための飲用温泉水をくみあげるポンプがあった。

入浴の恐怖

私はもう湯に入ってしまった。したがって、あなたの助言は一日遅すぎたのである。二日前、私は友人クの勧めによりキングズ・バースへ行ってきた。疲労による緊張を発汗でほぐそうとしたのだ。だが最初に私の目をとらえたものは、ガイドのひとりが両手に抱えた、全身に潰瘍のある子どもだった。それがわれわれ入浴者の目と鼻の先にいるのである。私はその光景にショックを受け、怒りと不快感ですぐに湯から出た。あの潰瘍が湯に漂い、毛穴の開いた私の肌についたのではないかと思うと、心配でならない。いったいどういう結果になるのか、それを考えるとぞっとするのみだ!

……しかし、私は今、入浴と同様、飲泉についても恐ろしい思いを抱いている。ポンプと貯水タンクの構造について、医師と長時間話をしてみた結果、ポンプルーム†の患者が入浴者の体のカスを飲んでいないという保証はどこにもないということがわかったのだ。浴場からポンプルームの貯水タンクへと、湯の逆流がおそらくあるとしか思えない。とすれば、飲泉をする者たちが毎日がぶがぶと飲んでいるのは、汗と汚れとふけの添加されたすばらしい飲み物だということになる。しかも、半茹でになった、二〇種類はある病気の体から排出されたさまざまなものも含まれるのだ。

——トバイアス・スモレット『ハンフリー・クリンカーの旅』一七七一年

き世のカスをしきりに洗い流そうとしている……もうひとりはしおれた湯巻きに身を半分包んでいるが、聖書に出てくる乞食《こじき》のラザロもかくやとばかりの、できものだらけで、若いころの罪を懺悔《ざんげ》している」

くたびれた皮膚のカスや疥癬《かいせん》、尿、化粧品、薬といったさまざまなものと湯気のカクテルの中で丸一日過ごし、入浴客が帰ってしまったあとも、ガイドたちは解放されない。浴場に残って浮きカスを掃除しなければならないからだ。

だが浴場ガイドは、ジョージ王朝時代の英国で最も水に濡れる仕事だとはいえ、少なくとも雇用は一定していた。十八世紀のレジャー産業を支えるプロとして、胸を張ることができたのだ。英国の美術界が評判を得る助けとなった、ある仕事とは違って。

絵画モデル

ジョージ王朝時代は、英国絵画界の黄金時代だった。ヨーロッパ大陸の美術家に匹敵しうる才能を、初めて自国で生み出すことができたからだ。ジョシュア・レノルズ、ゲインズバラ、ホガース、ラムジー、ブレイク、ターナー、そしてコンスタブル。すべてが、十八世紀から十九世紀初めにかけて活躍した画家である。

だが、こうした画家が世に出るためには、習作の日々を送らなくてはならなかった。当時はギリシャ古典絵画の構図が最も優れた表現形式だと考えられていたので、画家たちは、つねにスケッチやペインティングを通じてそのコツをつかむようにと教えられていた。この作業は、何時間ものハードな精神集中を必要とするが、同時に、集中

【左】〝ジョージ・ホワイト爺さん〟は熱病患者収容病院にいた〝ナヴィ〟(線路や鉄道の工夫。六章参照)で、あごひげに特徴があった。ジョージ王朝時代の下層社会には、美術の世界で永遠性を与えられることになる者もいたのだ

するための対象、つまり人間のかたちをしたものが必要だった。かくして、寒気と痙攣に悩まされる仕事、絵家モデルが登場するわけだ。

モデルというと、気楽な仕事のように思えるだろう。何も考える必要がないし、特に何か努力したりすることも、動くことさえも必要ないのだから。だが、現実にはどうなるかを考えてほしい。画家のモデルになるのは、たんに服を脱いで椅子に座るということではない。その絵に合った古典的なポーズを維持して、じっとしていなければならないのだ。当時はそのポーズを維持させるため、モデルを文字どおり縛りつけた。天井から吊したロープで手を（時には足を）縛り、描くべき絵のヒーローがとるポーズのまま、動かないようにするのである。そうすると、数分なら大丈夫だが、一時間、二時間とたっていくと耐えがたい苦痛を感じ

るようになる。手足や指が無感覚になり、筋肉は休ませてくれと悲鳴をあげる。しかも、とにかく寒い。寒いとき、人間は両腕を丸めて胸につけたりするが、円盤投げのポーズなどとっていたら、そんなことができるわけがないのだ。ほかの部分にしても……。

この仕事をしたくなるには、よほど金に困っていなければ無理だろうが、その候補者をどんなところから見つけてくるかは、決まっていなかった。たとえば、有名なモデルに、ジョージ・ホワイトという老人がいるが、彼はレノルズが熱病患者収容病院で見つけてきた人物だ。道路舗装の仕事をしていたため、筋肉質の体型で、しかもあごひげが豊か。聖書に出てくる長老や、聖人のモデルにぴったりなのである。また、軍隊にいた者や素手によるボクシングのボクサーなども、その筋肉質の体が、画家の求める古典絵画の理想的な人物に向いていた。画家のベンジャミン・ロバート・ヘイドンは、兵士だったモデル、ホジスンのことを、「完璧なアキレス」と誉めていた。だが、熱病患者病院のホームレスやストリートファイターがギリシャ時代のヒーローを演じるのに使われることが皮肉だとしても、ギリシャの女神とその肖像をイメージさせる女性モデルとのギャップのほうが大きいのではないだろうか。

当時、女性で画家のモデルをすることは、かなり恥ずべき行為だった。裸になって男性の目にさらされ、キャンヴァスにその姿をとらえられることは、今日ならハードコア・ポルノ映画に出演するようなものだった。何か不愉快な行為をしているというだけでな

【左】ジョージ王朝時代の古典絵画のひとつ、トマス・ゲインズバラによるアンドリュース夫妻の肖像画。折り合いの悪い二人による結婚を象徴する、あらし雲が集まったあたりを強調している。ゲインズバラは経済的理由から肖像画を描かざるをえなくなった。彼はクロードやプーサンのように風景を描くか、モデルをもとにした古典的なテーマの絵を描くのを理想としていた。この絵で彼は、魅力のない肖像モデルの二人に仕返ししているだけでなく、背景に太陽の光いっぱいの光景をこっそりさしはさもうとしている

く、その行為を記録されるわけなのだ。娼婦《しょうふ》がモデルになることが多かったのも、うなずける。そういう人たちでさえ、この仕事には不快感をあらわした。ジェイムズ・ノースコートは、一八三〇年の回顧録の中で、レノルズのモデルのひとりを「やつれた高級娼婦」と表現し、こう書いている。「(女性モデルたちは)自分がそういう職業だと知れることをさらなる恥辱と考えていて、不自然なことに、中にはマスクをかぶってポーズをとる者もいた」

現代の美術学生たちを見ても、ほとんどの者が描くことに集中していて、モデルのことは骨格と筋肉の組み合わせくらいにしか見えていない。だが、女性がモデルのクラスとなると、いかがわしい要素がまったくないとは言い切れないようだ。未成年の学生を含む、許可を得ていない者が入りこんだという事件も、後を絶たないのだ。かつてはプリンス・オブ・ウェールズでさえ、裸の女性を見たい

という動機から、王立美術院の絵画教室で入場料を払ったと聞く。

女性モデルのほうが恥ずべきものという感覚は、支払いの額にもあらわれている。当時、王立美術院の男性モデルの報酬は、週に五シリング。さらに、モデル一回につき一シリングの上乗せがあった。それに対し女性モデルは、モデル一回につき半ギニーもらえたのだ。[†] 女性のほうが報酬が多いという点でも、やはりポルノ映画産業と似ているわけだ。

王立美術院のような学術的機関の場合、仕事の時間はかぎられていた。教室が開くのは、冬は午後六時、夏は午後四時で、ひとりのモデルが座る時間は二時間だったのだ。だが、一度始めれば、画家は個人的にもモデルが必要になる。その場合はもっときつい条件になるわけで、同じポーズを数時間とらされることもあった。

また、故意にせよたまたまにせよ、虐待の行なわれることもあった。たとえば、前述のヘイドンにはウィルスンという黒人男性のモデルがいたのだが、ヘイドンが彼の体の石膏型をとろうとして、呼吸のできないような状態にしたため、危うく死ぬところだったという。また、ノレキンズという彫刻家の場合は、ミセス・ロブというやり手のマダムが経営する売春宿から娼婦をモデルに雇ったせいで、予想以上の問題が起きてしまった。彼はベット・マルマンノという女性に、彫像のモデルをしてもらっていた。ところが、ミセス・ロブがやってきて戸口に立ち、自分のところの女の子に飲まず食わずで八時間もポーズをとらせ、二シリングしか払わないのは許せないと、ののしりはじめたのだ。これには、けちなノレキンズも閉口して、もう五シリング払ったという。

【半ギニー】一ギニーは二一シリング。一八三〇年ころなら現在の数万円に相当したと思われる。

だが、人間の体を見ることに興味をおぼえるのは、芸術家だけではなかった。十九世紀後半は、科学のあらゆる分野で画期的な進歩があった時期であり、緻密《ちみつ》な観察と実験が重要視された。医学が進歩するためには、人体の外観でなく内部構造も調べなければならない。とすれば、誰かが研究のための死体をコンスタントに供給しなくてはならないのだった。

掘り出し屋

「ねえ、おっ父」と、歩きながら、小ジェリが聞く。もちろん、ちゃんと二、三尺の距離はおいて、しかも腰かけまで間にはさんでの話だ。「『レサレクション・マン（掘り出し屋）』ってなんなの？」

ミスタ・クランチャーは、思わず舗道に足を止めた。そして、改めて、「そんなこと、おっ父が知るもんか！」

「だって、おっ父なら、なんでも知ってると思ったんだがなあ」子どもの方は遠慮がない。

「うむ、そうだなあ」父親は、また歩き出した。そして帽子を軽くヒョイと脱いで、例の忍返し頭を風になびかせた。「やっぱり商人は商人だろうな」

「じゃ、どんな品物扱うのよ？」これはまた元気よくたたみかけてくる。

「そうだなあ」と、そこでいろいろ考えていたようだったが、「やっぱり、ほら、学問ってやつをするな、その材料ってもんだろうな」

「ねえ、人間の死体じゃないのかい、おっ父?」
「まあ、そういったところだろうなあ」
「じゃあ、おっ父、おいらも大きくなったら、『掘り出し屋』になりてえもんだなあ!」

——チャールズ・ディケンズ『二都物語』(中野好夫訳)

治療床屋(七四ページを参照)の時代からすれば、外科医術もかなり発達したが、それでもまだその地位は相対的に低かった。ちなみに、今日の病院の顧問外科医は〝ドクター〟でなく〝ミスター〟と呼ばれているが、それは内科医だけが適切な教育を受け、手術を手がける格下の医者たちはたんに〝骨切り〟と呼ばれていた時代の、名残だ。当時、外科学は、解剖用遺体の不足により発達を阻まれていた。そしてそれが、ジョージ王朝時代の暗黒の世界にまたひとつ、闇市場での職を作り出していたのである。その仕事とは、掘り出し屋《レザレクション・マン》。今で言う死体盗掘人《ボディ・スナッチャー》だ。

当時、合法的に入手できた解剖用死体は、処刑された犯罪者の遺体だけだった。肉体の復活を信じていたクリスチャンたちは、死んだあとに解剖されることをひどく恐れていた。最後の審判の日に無傷でよみがえるには、完全な体で墓に眠っていなければならないと思われていたからだ。絞首刑や引き伸ばし刑、四つ裂き刑といった古くからの処刑がひどく恐れられていたのも、そのせいだった。そのような刑は、命を奪うばかりか、完全な体で天国に入るチャンスまで奪うことになるのだ。実際、一七五二年の法律は、ロンドンの殺人犯の刑罰に外科医師会による解剖を加えると明言している。しかし十八世紀も末になると、遺体の需要はさらに高まっていった。一七九三年に二〇〇人しかいなかったロンドンの医学生が、一八二三年には一〇〇〇人以上にふくれあがったからである。そしてもちろん、その誰もが解剖用の死体を求めていた。

掘り出し屋は、基本的には犯罪者である。〝略奪屋〟とも呼ばれた彼らは、教会の付属墓地に忍び込み、死体を袋に詰めて医者に売り渡していた。その取り引きは暗黙の了解の下で行なわれていたが、ロンドンのクラウチ盗掘団のひとり、ジヨシュア・ネイプルズのものとされる日記を読めば、その商売の規模をかいま見ることができる。

［一八一二年一月］五日（日）

一日中、家で過ごす。五時に［強盗団］全員でニューインに行き、三個［の遺体を］手に入れ、ジャックとおれでウィルソン［グレイト・ウィンドミル・ストリート解剖学校のジェイムズ・ウィルソン］のところに持っていった。十二時に集合、ハープスで［おそらくハーパーという墓地管理人の名前］五個［の成人死体］、それから二個の小さいの［子どもの死体］を手に入れ、そのあとビッグ・

【右】死体盗掘人、ウイリアム・バークの遺骸のなごり。彼の皮膚はなめされ（三一〇ページの〝すべての時代を通じて最悪の仕事〟を参照）、手帳のカバーに加工された

ゲイツ［おそらくロンドンにある別の墓地の門のこと］に行って、三人の大人を入手、ダンを家に残して全部をバーソム［聖バーソロミュー病院］に持っていった。

この商売のコツは、とにかく新しい遺体を手に入れることにある。死体盗掘人たちは、墓掘人に袖の下を渡すことも多かったが、それでも仕事はそうかんたんにはいかなかった。というのも、遺体が腐乱するまでの四、五週間、死者の友人たちが墓の見張り番をするからだ。おまけに、盗掘人たちが死体を掘り出すのを防ぐ目的で〝墓クラブ〟が結成され、棺のまわりには〝モートセーフ〟（南京錠をかけた金属の枠）まで取りつけられた。墓泥棒の問題が深刻化していたリーズでは、遺体は地下約三・六メートルの場所に埋葬され、棺のすぐ上には鉄製の板が埋められるようになった。

そこで、バークとヘア†の登場とあいなるわけである。厳密に言えば、彼らは掘り出し屋とはほど遠い。死体を売れば金になると気づいた二人は、そのチャンスにとびついたのだ。しかし、死体を掘り出すなどという骨折り仕事をしたくなかった彼らは、自分たちの手で人を殺し、手間を省いたというわけだ。一八二〇年代後半、彼らはエディンバラで一六人を殺害し、その死体をドクター・ノックスと呼ばれる解剖学者に売り渡したのだった。結局、一八二九年にバークは絞首刑となった。その後、遺体は解剖され、皮膚の一部はなめされて手帳のカバーとなり、現在もエディンバラのロイヤル・ミュージアムに保存されている。一方のヘアは絞首刑こそまぬがれたが、暴徒たちに石灰漬槽†に投げ込まれて失明。その後はロンドンで物乞いになったと言われて

【バークとヘア】ウィリアム・バークとウィリアム・ヘア。アイルランド出身の猟奇殺人者。

【石灰漬槽】皮を浸して毛を除去する水槽。

いる。ホワイトチャペルのパブ〈ブラインド・ベガー〉†は、彼にちなんで名づけられたというのが、もっぱらの言い伝えだ。

しかし、この非合法の商売も、密輸同様、法律の改正によって姿を消した。一八三二年の解剖法により、貧民の遺体は救貧院に運ばれ、解剖学の授業で使うことができるようになったからである。ヴィクトリア朝時代の救貧院の状況を考えれば、外科医たちが必要としていた遺体のすべてを救貧院でまかなえたのも、驚くにはあたらないだろう。

隠遁者

金を愚かに浪費する人間の例を挙げるとすれば、次に紹介する最悪の職業に金を払いたがった金持ちたち以上にふさわしい連中はいないだろう。

当時は、若者たちが教育の締めくくりとして欧州文化に触れる旅行に出た、大旅行《グランド・ツアー》時代だった。彼らは古典的な概念にかぶれて帰ってくると、自分の屋敷や庭園をプーサン†の絵のようにしたがった。そしてローマの神殿を彷彿《ほうふつ》させる新古典主義の屋敷を建て、〝可能性のブラウン〟†などの造園家を雇っては、ただの田園風景を技巧的かつ古典的な田園風景に作り変えていった。

そんな造園ブームの頂点にいたのが〝可能性のブラウン〟だとすれば、その山の下草に潜んでいたのが、プロの隠遁者として雇われた者たちだった。というのも、自分なりのアルカディア†を作るには、人生のはかなさや富のむなしさを瞑想《めいそう》する風雅で賢

【ブラインド・ベガー】盲目の物乞いの意。

【プーサン】一五九四～一六六五年、フランスの古典派の巨匠。

【可能性のブラウン】一七一五～八三年、英国の造園家ランスロット・ブラウンのあだ名。

【アルカディア】古代ギリシャ奥地の景勝の理想郷。

い苦行者が庭園の隅にうろついていなければ、その景色は完成しないからだ。

しかし十八世紀のその時代、本物の隠遁者など、そうそういるものではなかったし、本物の苦行者は決して安くは手に入らなかった。だが、この究極の新古典主義的装飾品がどうしても欲しかった地主たちは、奇人や知的障害者、詩人、あるいは経済的に追いつめられた者たちを雇い、この役を演じさせたのである。結局、この流行は一七四〇年ごろからおよそ一〇〇年ものあいだ続いた。シュルーズベリにほど近いホークストーン・パークにも、そのような苦行者がひとりいたが、一八三〇年、世間の圧力に屈したサー・リチャード・ヒルは、彼との契約を解除し、代わりに苦行者の人形を置いたのだった。

金持ちが行者もどきの老人を雇い入れ、自分の地所を歩きまわりながら、その姿に目を留めては人生の容易ならざる側面に思いをいたすなど、わざとらしいとは言わないまでも、われわれにすればいささかばかげて見える。しかし当時でさえ、そんなものは愚の骨頂だと考える人々はいたのである。ホラス・ウォルポール首相は、「物思いに沈むために自分の庭園の四分の一を費やすなど、まさにこっけいだ」と語っている。

だが、庭園に住みつくこの生きた妖精への奇妙な欲求は、しばしば思わぬ困難を招くこととなった。というのも、この仕事は、その職につく人間の精神状態に異常をきたさせる場合があるからだ。リッチモンド・ガーデンズ（現在はキュー国立植物園の一部）にあった王立の隠遁者用住居に住まわされていた国王お抱えの隠遁者、スティーヴン・ダックなど、ストレスのために自殺に追い込まれたほどだ。隠遁者たちが音《ね》

【左】本来の意味での隠遁者ではないが、独学の詩人、スティーヴン・ダックもまた都会の人々のために田園詩を理想化する風潮の一端を担っていた。ここには、風刺詩のなかでジョナサン・スイフトに徹底的にばかにされたダックが、脱穀する人の生活を熱狂的に朗誦している場面が描かれている（左手に殻竿を持っているのはそのためだ）。残念ながら、本物の農場労働者がこれに感動しているようすはまったくない

をあげてやめてしまうのを防ぐために、地主たちの中には、彼らをそこに縛りつける最低期間をもうけ、その後に報酬を支払うという契約を結ぶ者もいた。サリー州のペインズ・ヒルでは、地主のサー・チャールズ・ハミルトンが次のような広告で隠遁者を募集していた。

隠遁生活の期間は七年間。その間、聖書一冊、眼鏡、足用の敷物、枕用クッション、時間を計る水時計、飲料水、そして母屋の食物が支給される。隠遁者はキャムレット［ラクダの毛］のローブを着用し、どのような事情があろうとも、髪、あごひげ、爪を切ってはならず、ミスター・ハミルトンの所有地を出ることも、使用人と言葉を交わすこともしてはならない。

この条件だけでもかなり過酷だが、さらに彼らは、雇い主が見ていないときも隠遁生活を続けなければならなかった。そして、これらの規則を丸七年間守って初めて、ようやく七〇〇ポンドを受け取ることができるのである。どんな天候でも出動し、年間四〇ポンドを受け取る騎馬巡視官と比べれば、その三倍近くを稼ぐ隠遁者は、なかなかいい職業に思えるかもしれない。しかし、その報酬を受け取るには、まず契約期間をまっとうしなければならないのだ。

とはいえ、どう考えてもひどいと思われるこれらの条件も、当時の人々にとっては必ずしもそうではなかったようだ。ジョージ・デュランに雇われ、〝カーロス〟と呼ばれていた隠遁者は、生活に行き詰ったジェントルマンだったが、彼は死ぬまで洞窟の中で幸せに暮らし、そのようすは『ジェントルマンズ・マガジン』にも記録されている。また、プリマス出身の〝ミスター・ローレンス〟は、隠遁者になることを切望し、自分からその職を求めて広告まで出しているほどだ。

中には交渉の末、ペインズ・ヒルの隠遁よりも好待遇を勝ち取った者もいた。たとえば、バーリーの隠遁者フィンチは、田舎風の椅子まである居間をもらっている。また、プレストン出身のミスター・リムは、本、オルガン、そして栄養満点の食事をもらう約束を取りつけている。ただ、彼の場合は、地下に住むことが条件だった。

さて、それではサー・チャールズが募集したペインズ・ヒルの職に、応募者はあったのだろうか？　もちろん、応募者はいた。では、その彼は奉公期間の七年を最後までまっとうしたのか？　残念ながらそうは言いがたい。実は契約開始から三週間目に、彼は地元のパブで妙齢の女性と一緒にいるところを見つかり、クビになったのである。

だが、無断で仕事を休んだからといって、誰も彼を責めることはできないだろう。そもそも、血の通った成人男子にとって、隠遁者でいるより辛いことなどあるだろうか？　その答は、次の項目にある。

カストラート

ジョージ王朝時代のロビー・ウィリアムズ[†]、もっと正確にはジョージ王朝時代のシャルロット・チャーチ[†]、それがオペラで新たに大人気を集めた花形歌手、カストラートだ。

【ロビー・ウィリアムズ】イングランド出身の男性ポップシンガー。一九七四年〜。抜群の歌唱力で人気を得る。

【シャルロット・チャーチ】ウェールズ出身の女性ソプラノ歌手。一九八六年〜。天使の歌声と称される。

厳密に言えば、これは英国の職業とは言えないかもしれない。というのも、カストラートはもっぱらイタリアで〝作られて〟いたからだ。しかし、彼らの歌の舞台はヨーロッパ全土にまたがっていた。この去勢の習慣は、女性役の声を提供する手段として始まったものだが、この世のものとは思えないカストラートの美声は大人気を集め、男性の主役までカストラートたちにさらわれるようになっていった。モンテヴェルディ†の『ポッペーアの戴冠《たいかん》』の最後でネロとポッペーアが歌う有名な愛のデュエットは、カストラートの男性二人によって歌われ、ヘンデルの大ヒット作品『ジュリアス・シーザー』のジュリアス・シーザー役も、歌ったのはカストラートだった。

　今日、カストラートの声にいちばん近いのは、カウンターテナーの洗練さ

れたファルセット（裏声）だろう。しかしこれにしても、朗々とした女性の声によく似てはいるが、男性でも女性でもない清らかな少年の声の響きをもった不思議なカストラートの声質とはかなり違う。

当時、去勢手術を受けるために選ばれた幼い少年たちに、選択の余地はほとんどなかった。たいていの場合、彼らはこれで貧乏から抜け出そうと狙う貧しい家庭の子どもだったのだ。実はバチカンは、野蛮だという理由で精巣の除去《カストレーション》を禁止しており、教会法でも民法でも禁じられていたのだが、それでも何世紀ものあいだ見て見ぬふりをされてきたのだった。現代風に言えば、被害者の家族は、息子は病気のために精巣を除去した、あるいは乗馬中事故にあった、またはイノシシの角で突かれたと申し立て、去勢手術を〝否定した〟、といったところだ。

思春期になると男性の声帯は成長して厚くなり、声は低くなる。しかし去勢を行なうと、必要なホルモンの分泌が妨げられるため声帯の成長が止まり、声変わりをしなくてすむ。その結果カストラートは、成人男性の肺活量を持ちながらボーイソプラノの高い声を保てるのである。

手術を施されるのは、八歳から十歳の少年だ。もし読者が男性なら、次の段落は読みとばしたいと思うかもしれない。

まず、手術を受ける少年は気を失うまで熱い風呂に入

【右】ウィリアム・ホガースが描いた、オペラに押し寄せる群衆の絵。オペラの一場面を戯画化したバナーには、ヘンデルお気に入りのカストラートで、今で言えばパヴァロッティとシャルロット・チャーチを合わせたような歌手、セネジーノが描かれている（彼は長身で恰幅もよかったが、頭は小さく、脚も細かった）

【左】精管を切る大鋏

れられ、中にはアヘンで麻酔をかけられる場合もある。その猛烈な暑さの中、睾丸《こうがん》はその機構が破壊されるまで手でもまれて潰され、その後、精巣から伸びている精管が切断される。実は、この手術は必ずしもつねに成功するというわけではなく、中には命を落とす子どももいたのである。

カストラートの全盛期には、推定四〇〇〇人のイタリア人少年にこの手術が施された。いたましいことに、手術をすれば美しい歌声が生まれるという誤解から手術を受けた子どももいたが、もちろん、去勢手術の効果があるのは、元来美しい歌声を持つ少年だけである。

また、たとえ手術が成功したとしても、その先にはもっと多くの苦難が待ち受けていた。家族は名声と富を求めて息子にこの残酷な手術を受けさせる。しかし実際のところ、十八世紀の舞台人生は今日のそれとほとんど変わらないのだ。去勢手術を受けた者のうち、その仕事でトップを極めるのはほんのひと握り。四〇〇〇人のうち、成功を期待できるのはわずか一パーセントほどで、大半の者は通常の家庭生活とは無縁のまま、たまに仕事にありつくのがせいぜいだった。

さらに悪いことに、この手術には重大な副作用があった。カストラートたちは、幼児期のペニスと発育の悪い前立腺《ぜんりつせん》を持つことになる。また、彼らは長身で、舞台の上では堂々と見えるかもしれないが、その腕や脚は胴と比べて異常に長く、腰や尻、胸、まぶたには過剰な脂肪がつきやすい。また、このような生理学的な影響とは別に、去

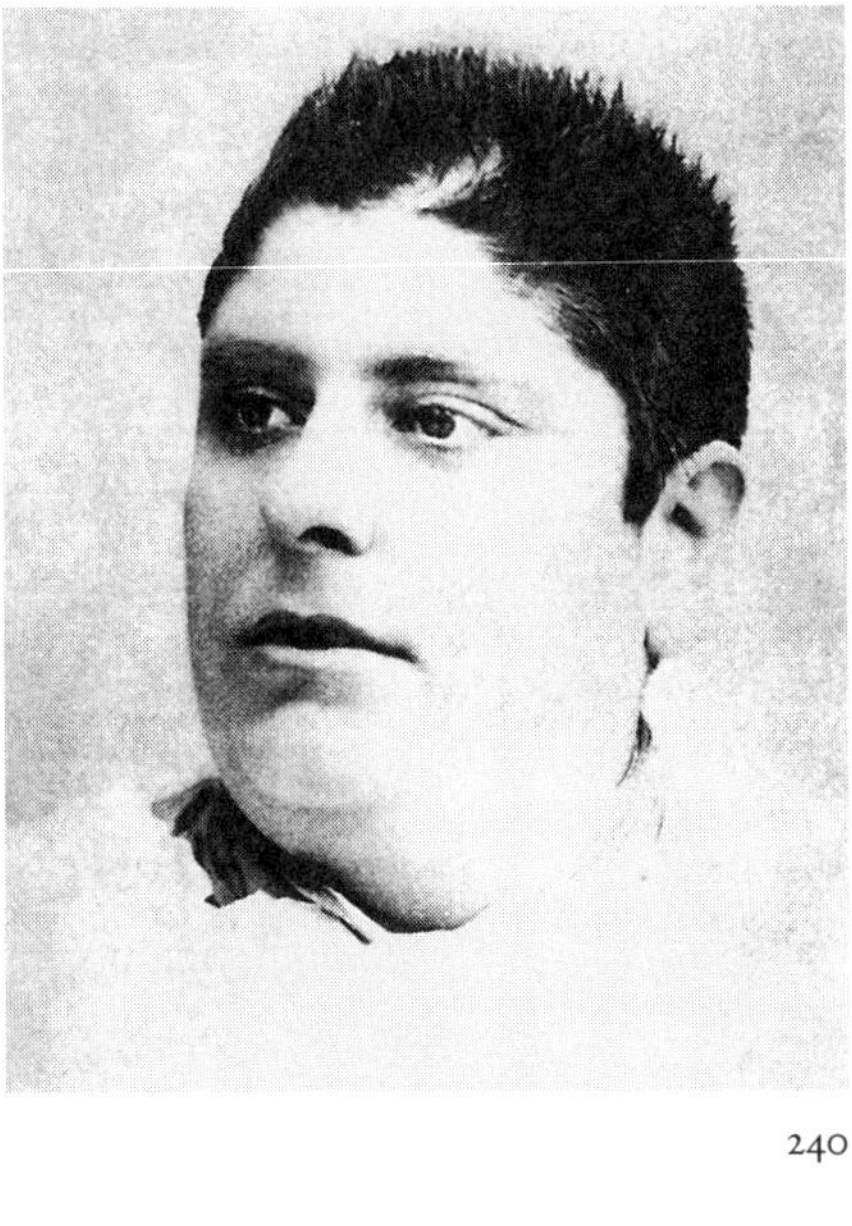

【右】最後のカストラート、アレッサンドロ・モレスキ

【モンテヴェルディ】イタリアの教会音楽・歌劇作曲家。

勢手術は情緒にも影響を及ぼすと言われ、カストラートの特徴は、太っていて、気まぐれで、うぬぼれが強いところだとされていた（公正を期して言うならば、この特徴は今日のオペラのプリマドンナたちにもあてはまる）。作曲家ヘンデルとそのお抱えカストラート、セネジーノとの有名なののしりあいは、イギリス中知らないものがないほどだった。

カストラートの黄金期は一六五〇年から一七五〇年にかけてだったが、カトリックの掟《おきて》に真っ向から背いていたにもかかわらず、この習慣は十九世紀の末まで続いていた。実際、一九二二年にこの世を去った最後のカストラート、アレッサンドロ・モレスキのレコードは今も残っている。その録音がされたとき、彼の全盛期はすでに過ぎていたが、それでもレコードを聞けば、幸いいまや歴史のひとコマでしかなくなったその職業がどのような声を披露していたか、はっきりと知ることができる。

海軍における最悪の仕事

ブリタンニアよ、統治せよ
ブリタンニアは海を制す
たとえどんなことがあろうとも、
大英帝国人が決して奴隷にはならぬ

ジョージ王朝時代の歌『ブリタンニア』には、急速に成長していく帝国への自信と期待があふれている。しかし、実際にはこれもまた、ジョージ王朝時代のごまかしのひとつにすぎなかった。

この歌には、支配されるのではなく支配するのだという自由民たちの強い決意がみなぎっているが、本当のことを言えば、十八世紀の英国の経済力は、アメリカ大陸の農園で働くことを強制された奴隷たちの悲惨な生活のうえに成り立っていた。西アフリカからの奴隷輸出が奴隷たちにもたらした言語に絶する悲惨な状況は、本書では語りつくせない。どれほど最悪な職業でも、捕らえられ、奴隷船に押し込められ、ブリストルやリヴァプール経由で輸送され、辛くもそれを生き延びても、そのあと売り飛ばされて西インド諸島で労働を強いられた人々の悲惨な生活とは、比べようもないのだ。

その後、分別を取り戻した英国は、国内での奴隷制を禁止、さらにフランスやスペインの奴隷船による奴隷貿易を崩壊させるために海軍を投入した。多くの奴隷たちは解放されて、アフリカでの自由な生活に戻されるか、港で自由の身にされた。しかし中には、自分たちを解放してくれた海軍の船に乗り込むことを選んだ者もいた。ネルソン提督の下で働く水兵たちの仕事は、数ある当時の職業の中でも最もきつく、恐ろしいものだったが、それでも奴隷の生活と比べれば、はるかにましだったのである。

海を制するブリタンニアとは、まさに当時の英国海軍を象徴しているが、歴史の現実と比べれば、この歌にあふれる自信もむなしく聞こえずにはいられない。実はずっと以前から、海上における大英帝国の優位性はきわどいものだった。問題は決してナポレオンひとりではなく、英国がその好戦的な外交政策により、一世代にわたってフランスやスペイン、アメリカ、オランダ、ロシアなどさまざまな相手と戦火を交えていたせいもあった。トラファルガーの海戦をはじめとする一連の戦いで勝利を収めてはいたが、高性能の新しい船を建造し続けるフランスと違い、英国海軍は広い地域に散開しすぎ、装備も不足していた。

　英国海軍の成功は、戦線でフリゲート艦や大型船をたくみに操って戦った兵士たちの功績にほかならない。悲惨な状況の中、彼らは生き延びたいという強い思いと、捕らえた敵船によってもたらされる戦利品への期待に支えられて戦っていたのだ。しかし、ネルソン提督率いる英国海軍の兵士たちの顔ぶれは、読者が思い浮かべる陽気な水兵《ジャック・タール》とはかなり違っていた。

　アメリカとの戦争や七年戦争†を戦うためには、一一万から一四万五〇〇〇人の水兵と士官が必要だった。しかし、英国にはその数を満たすだけの水兵がいない。そこで、ネルソン提督率いる海軍の船に乗り組む水兵たちは、半数強が英国出身だが、残りはアイルランドやポーランド、マラヤ、極東、スカンジナヴィア、西インド諸島の元奴隷――つまり沿岸地域ならどこでも――の出身という、まさに海に浮かんだ多文化の見本となったのだった。だが、それでもまだ船員は足りなかった。船上生活は辛く、志願してくる者などほとんどいなかったからだ。そのため、海軍の船はインプレス・サービス、すなわち強制徴募隊によって強制的に入隊させられた徴集兵に、大きく頼ることとなった。一七九五年には、軽犯罪者が投獄される代わりに入隊を選ぶことができる割り当て制度も制定され、海軍には、知的障害者や発疹チフスの犠牲者が続々と入隊してくることになった。

【七年戦争】一七五六～六三年、英国とプロイセンがフランス、オーストリア、ロシア、スウェーデン、ザクセンを破った。

一八〇九年、船長に向けて発行された徴募命令書

グレートブリテン及びアイルランド連合国その他、およびすべての国王陛下の農場その他の海軍司令長官室長による命令書

一八〇四年十一月十六日、国王陛下が議会で下した命により、われわれはここに、貴殿の指揮下にある国王陛下の軍艦あるいはその他の国王陛下の船に必要な数の水夫、船乗り、および河川の大型船や小船での作業を職業とする者たちを強制徴募するあるいは強制徴募させる権限を貴殿に与えるものとし、強制徴募されたそれぞれの者には前払い金として一シリングを与えることを命じる。また、貴殿ならびに貴殿が権限を与えた士官がこれを履行する際には、強制徴募された人物あるいは強制徴募されることになっている人物の見逃しや交換、解雇、そのほかの考慮を条件とした金銭や心づけ、謝礼金の要求、受領を一切してはならない。貴殿がこの命令書の履行を委譲するのは将校のみとし、この書面の裏面にその将校の氏名と代表者の官職を明記し、貴殿が署名捺印するものとする。

本命令書は一八〇九年十二月三十一日まで有効とし、これを正当に履行するにあたってはすべての市長、州長官、治安判事、執行吏、治安官、そのほか関係するすべての国王陛下の士官および臣民が貴殿に助力と援助を提供するものとし、貴殿によって雇用され、国王陛下の仕事を成すものがこれに背いた場合はその責任を自ら負うものとする。

われわれの署名と海軍本部の捺印をここに記す。

いったん乗船すれば、これらの新米水兵はまとめて〝ウエスター〟（中央部上甲板員）と呼ばれた。〝有能な〟上等水兵たちと違い、彼らは船の中央部にある中央部上甲板に閉じこめられ、複雑な索具の扱いを覚えるまでは、ロープを引っぱるなどごく単調な作業だけをさせられた。〝ロープを覚えるまで〟[†]、複雑な仕事をすることは許されなかったのだ（これぞまさに文字どおりの派生語だ。特にナポレオン戦争の時代、

【左】ここでは、強制徴募隊の仕事が極めて紳士的なものとして描かれている。だが実際の彼らは、英国の港町の裏通りで、男たちを無理やり連行していった

海軍の仕事はほかのどの職業よりも英語という言語に貢献したようである)。

しかしウエスターたちがいかに未熟であっても、彼らが船医助手をはじめとする真に恐ろしい船上の仕事からまぬがれたわけではない。

船医助手《ラブラリ・ボーイ》

チューダー王朝時代の〝焼き串少年《スピット・ボーイ》〟(一二二ページ参照)と同様、船医助手《ラブラリ・ボーイ》も、ボーイと言いながら必ずしも若い必要はなかった。では、ラブラリというのは？　実は、海軍で与えたある種の治療薬の名称からきているのだ。ラブラリとは、一般に〝携帯用スープ〟と呼ばれる乾燥した菱形状の錠剤のことで、肉のエキスを乾燥させたものだ。これ

は固形スープのもとの十八世紀版で、湯に溶かして患者に与えられていた。しかし、病気の水兵用の牛肉エキス作りなど、船医の手伝いをする船医助手の仕事の中では最もかんたんなものだ。

　乗船している船医たちは、技術も経験もさまざまだった。ネルソン提督が乗るヴィクトリー号のような大型船に乗り込む医師は正真正銘の医者だったが、海軍の序列の中でもはるか下に位置する船の船長たちにとっては、歯を抜くぐらいしか能のない素人のヤブ医者でさえ大歓迎であった。陸上の外科医たちが〝掘り出し屋〟の提供する死体で解剖実験しているあいだも、船に乗っている外科医の大半は、ごく基本的な器具と実務知識と薬だけで、ありとあらゆる症状に対応しなければならなかったのである。

　医務室は、ビルジ†の悪臭漂う水の上にある最下甲板《オーラップ》に位置していた。おかげで、医務室は窒息しそうに不健康な悪臭に満ちていたが、ここならば戦闘の最中でも、患者も医者も安全だった。またここは、船の重心に近いため、手術を妨げる揺れも少ないのである。

　しかし、いったん戦闘が始まると、ここは血の海となった。船員用の椅子をくっつけて作った臨時の手術台で、麻酔の恩恵にあずかることもなく、外科医は木片やマスケット弾や砲弾による悲惨な傷を縫いあわせる。手足が潰された場合、船医は当事知られていた唯一の治療法である緊急の切断手術を行なった。そこはまさに、気のふれた〝治療床屋〟さながらの世界であった。

　船医助手のいちばんの大仕事は、患者をじっとさせておくことだった。その方法の

【ロープを覚えるまで】コツを覚えるまでの意。

【ビルジ】船底と船側の湾曲部。

ひとつは、患者を酔っ払わせて痛みをやわらげるというものだ。ほかに、アヘンチンキを使うという手もあった。アヘンチンキはアルコール入りのアヘンのエキスで、ヴィクトリア時代に大流行したものだ。また、船医助手は、患者が悲鳴をあげないように患者の口に革紐をかませて縛ったり、マスケット弾を歯の間に入れ、〝弾丸を噛ませ†〟たりもした。仲間の手を借りてなんとか患者を押さえ込むことも多く、そこでようやく外科医の出番となるのである。

何よりも大切なのは、手術の内容よりもスピードだった。そしていったん切断が終わったら、動脈や血管の先を結び、傷口から垂らしておく。傷が癒えてから取り除けばいいという考え方だが、血の滴る血管がぶら下がっているせいで患部は感染しやすくなり、悲惨な結果を招くことも少なくなかった。

手術台での船医助手の最後の仕事は、切断された手足の片付けだ。一回の戦闘で彼が片付ける仲間の乗組員たちの手足は、ゆうに桶一杯分はあった。

しかし、次の表が示すように、死や病気をもたらしたのは戦闘だけではなかった。水兵たちは毎日のように、足を大砲でひかれたり、索具から落下したりしていたのだ。また、船上のさまざまな重労働のせいで特にヘルニアが多く、一年間に英国海軍の水兵たちに支給されるヘルニアバンドは、四〇〇〇本近くにのぼっていた。

中でも最大の健康問題は、病気だった。特に問題だったのが壊血病《かいけつびょう》で、船医助手はそれを予防するために、ライムを水兵たちに与えていた。実際、ビタミンCが豊富な果物を好む英国の水兵は、アメリカの水兵たちから〝ライム野郎《ライミー》〟と呼ばれていたほどだ。船でのライムの摂取は一七九八年には義務化され、これにより壊血病の蔓延は

†【弾丸を噛ませ】歯を食いしばって耐えさせる、の意。

1810年における海軍の死者

死因	**人数**	**パーセンテージ**
病死	2,592	50.0
個別の事故	1,630	31.5
浸水沈没、難破、火事、爆発	530	10.2
敵により戦闘中に死亡	281	5.4
敵による負傷で死亡	150	2.9
合計	**5,183**	**100**

抑えられた。しかし、発疹チフス、腸チフス、マラリア、コレラの犠牲者は依然として多かった。ブランズウィック号が一八〇一年に西インド諸島に向けて出航した際には、黄熱病とマラリアで二八七人が患者名簿に名を連ねることになった。そしてもちろん、命にかかわる病気となれば、いちばん危険にさらされるのが、病人を看護する船医助手である。

悪臭に満ちた環境で、苦しみ、出血し、おびえる患者たちを看護する仕事が楽しいわけはない。まさに臭くて危険な仕事なのだ。だがそれでも、甲板の上の仕事と比べれば、楽とも言えるくらいだった。

檣楼員《トップマン》

船の乗組員のエリート、それが檣楼員《トップマン》だ。乗組員の中でも最もタフで丈夫な彼らは、帆の調整という重要な仕事をまかされていた。

十八世紀の海軍の軍艦とは、前檣《フォアマスト》、太いメ

【バウスプリット】マスト状の円材。

【左】船のロープと索具は腐食しないようにタールでコーティングされていたため、ロープをよじ登る檣楼員たちの手は常にべたついていた。水兵が一般にジャック・タールと呼ばれるゆえんだインマスト、そして後方のミズンマストと、マストが三本ある船のことを指す。そのマストには横に桁端《ヤーダム》が渡され、さまざまなものが恐ろしく複雑な索具《リギング》で支えられていた。これらのマストや帆桁から、船首に斜めに突き出した大きなバウスプリット†にかけて張られているのは、ありとあらゆる風向きや状況に対応するために何百もの組み合わせが可能な、二四枚の帆である。

　これらの帆の張り方をすばやく変えること、それはまさに生死にかかわる問題だった。南極地域でスコールに遭遇した場合、帆を畳み込めば風で船が転覆することはない。また、帆を正しい組み合わせで張ったことで速度が一ノット上がれば、追いかけてくる敵船を振り切ることも、貴重な戦利品に迫っていくこともできるのである。檣楼員は、ラットラインと呼ばれる横に張られたロープをよじ登ってマストの上にあがる。その後は、桁端の上を走って帆を操作するのだ。

　檣楼員は、船が前後左右に揺れる中、全速で仕事をしなければならない。だが、大揺れのときのマストのてっぺんは、まるで振り子のように激しく揺れるのだ。さらに、風が吹きすさび、帆桁や索具の表面に氷が張れば、

事故が起きる可能性も十分にあり、実際事故は起こっていた。

とはいえ、これが彼らの仕事のすべてなら、檣楼員の仕事もそれほど悪くない。だがこれは、辛く、退屈な仕事がぎっしりつまった週七日労働の、ごく一部でしかないのである。

とりあえず、水兵たちには〝十分な食事〟が一日に三回与えられていた。彼らの四角い食事用ブリキ容器には、見た目のまずそうな食事が、量だけはたっぷりと盛られていたが、メニューは一週間ほとんど変わりばえがしなかった。その食事の中心は塩漬けにして樽に保存された肉だったが、この肉は食べる前にまず真水につけておく必要があった。いっぽう炭水化物は、堅パンのかたちで摂取された。これは小麦粉と水で作られた長期保存のきくパンだが、いかんせんゾウムシがつくことが多いのだ。ムシがつけばたんぱく質は増えるが、決して食欲をそそる代物ではない。そして野菜は、水で戻した干し豆だけだった。

たしかに、十八世紀の労働者にすれば、この食事もわれわれが思うほど悪いものではなかっただろう。それでも、食糧に関する苦情について触れた海軍条例があるところをみると、船の厨房が必ずしも問題のない場所ではなかったようである。

だが、唯一の喜びである酒だけはたっぷりと支給されていた。乗組員たちは一日につき、四五〇グラムの堅パンと四五〇グラムの干し肉、そして四・五リットル、つまりパイントグラスに八杯ものビールが与えられていたのである。だがこれは、たいしてアルコールの入っていない弱いビールで、本当に問題だったのは〝グロッグ〟のほうだ。

以下の規則は船長が乗組員たちに定期的に読み上げていたもので、日曜礼拝の説教の代わりになることも多かった。懲罰は厳しく、「死刑に処されるものとする」という言葉がひっきりなしに繰り返されている。懲罰の中でも最も多かったのが鞭打ちで、規則を違反したものは格子に縛りつけられ、九本のロープに金属の重りがついた鞭で所定の回数を叩かれた。これはたんなる鞭打ちの罰とはわけが違い、三〇〇回の鞭打ちという記録も残っている。

一七四九年　海軍条例（抜粋）

十九　海軍に属する者が、いかなる理由であれ反乱的集会を開いた場合、あるいはそのような集会を開こうとした場合、その罪を犯し、軍法会議によって有罪とみなされた者はすべて、死刑に処されるものとする。また、海軍に所属する者が、反乱あるいは暴動に関する言葉を口にした場合、その者は死刑または軍法会議が適切とみなした懲罰に処されるものとする。また、海軍に所属する士官、水夫、兵隊がその任務を果たす際、上官に侮蔑的な態度をとった場合、その者は、軍法会議がその違反行為の性質に従って判断した懲罰に処されるものとする。

二十　海軍に所属する者が反逆的または暴動的な行為や計画を隠匿し、それが軍法会議で有罪とされた場合、その者は死刑、または軍法会議が適切と考える懲罰に処されるものとする。また、海軍に所属する者で、国王陛下または政府を傷つける裏切り的あるいは暴動的な言葉を耳にした、あるいは任務の妨害となる言葉や行動、計画を耳にしたにもかかわらずそれをただちに指揮官に報告しなかった場合、あるいは反乱または暴動の場に居合わせながらその制圧に全力を尽くさなかった場合、その者は軍法会議がそれにふさわしいとみなす懲罰に処されるものとする。

二一　海軍に所属する者が食糧の質の悪さに苦情の原因を見つけた場合、その者は事態の必要に応じて改善措置が取られるべきであることを、状況に応じて上官、船長、または指揮官に知らせなければならず、当該の上官、船長、または指揮官は、その原因をできる限りすみやかに改善しなければならない。また、海軍に所属する者は、その理由、あるいはその他のいかなる理由においても、騒乱を起こそうとしてはならず、これに違反したものは、その違反の程度にしたがって軍法会議がそれにふさわしいとみなす懲罰に処されるものとする。

二二　士官、船員、兵士、そのほか海軍に所属している者がたとえどのような理由であれ任務中に上官を殴った場合、あるいは上官に向けて武器を抜いたり、武器を抜くよう挑発したり、上官に武器を振りかざした場合、軍法会議がその違反行為を有罪とみなせば、その者は死刑に処されるものとする。また、士官、船員、兵士、そのほか海軍に所属している者が職務中に上官と言い争いをした、あるいは上官の正当な命令に背いた場合、軍法会議がその違反行為を有罪とみなせば、その者は死刑、または軍法会議がその違反行為の性質と度合いに適しているとする判決に従った懲罰に処されるものとする。

二三　海軍に所属している者が他の者と言い争いや喧嘩、または非難をこめたあるいは挑発的な言葉やジェスチャーで言い争いや騒動を起こし、その行為によって有罪とみなされた場合、その者は軍法会議がそれにふさわしいとみなす懲罰に処されるものとする。

二四　火薬や弾丸、弾薬、そのほかの海軍の貯蔵品の無駄な使用や、横領をしてはならず、貯蔵品や支給品は慎重に保管するものとし、その違反者、先導者、購入者、受領者（海軍の規律の対象となる人物）は、軍法会議がそれにふさわしいとみなす懲罰に処されるものとする。

二五　海軍に所属するすべての者は、敵や海賊、反乱者の所有となっていない弾薬庫や貯蔵火薬、船、ボート、ケッチ[†]、ホイ[†]、大型船、索具、家具およびそこにある所有物を違法に燃やしたり、それらに火をつけたりしてはならず、そのような違反行為により軍法会議から有罪とされた者は死刑に処されるものとする。

二六　国王陛下の船を指揮し、舵をとる際には注意を怠ってはならず、故意や怠慢、あるいはその他の過失で船を座礁させたり、岩や砂地に乗り上げさせたり、難破あるいは危険な目にあわせてはならず、それに背いた者は有罪とされ、死刑または軍法会議がそれにふさわしいとみなす懲罰に処されるものとする。

二七　海軍に所属するすべての者は、見張り中に眠ったり、課された任務を不注意に履行したり、持ち場を見捨てたりしてはならず、それに背いた者は死刑または、その事例の状況に応じ軍法会議がその違反行為にふさわしいとみなす懲罰に処されるものとする。

二八　海軍に所属する者が殺人を犯した場合、軍法会議の判決により死刑に処されるものとする。

二九　海軍に所属する者が男性または獣を相手に不自然かつ嫌悪すべき肛門性交および獣姦の罪を犯した場合、そのものは軍法会議の判決により死刑に処されるものとする。

三十　海軍に所属する者が犯したすべての強盗行為は死刑または、状況を鑑みた軍法会議がその罪にふさわしいとみなす懲罰に処されるものとする。

【ケッチ】二本マストの小型帆船

【ホイ】一本マストの小型帆船

乗組員は全員、一日に半パイントのラム酒の配給を受けていた。これに水を混ぜたものがグロッグだ。言ってみれば彼らは、アルコール度の低い八パイントのラガービールと、ラム酒のコーク割り一二杯に匹敵する量の酒を胃に流しこんで仕事をしていたというわけだ。檣楼員たちは年がら年中酔っ払った状態で、索具を飛びまわっていたのである。

しかし、帆を張るのも畳むのも、その目的はただひとつ、戦闘のためだ。木製の三本マストの船はまさに海に浮く砲台で、大砲の操作も檣楼員の重要な仕事のひとつであった。

乗組員たちは、大砲の狙いを定め、上下する波のタイミングに合わせて舷側砲の一斉射撃を行なう技を身につけていた。また、手当たり次第に大砲をぶっ放すだけではなく、相手のメインマストも狙わなければならない。敵船になだれこむ前には威力絶大な小口径の散弾で甲板を掃射し、待ち受ける敵兵を壊滅させる必要もあった。

自分たちの船の砲にしても、ひとつ扱いを間違えれば敵の大砲同様に危険な代物となる。最も注意が必要なのは、発砲後の反動だ。大砲には車輪がついているから、三二ポンド砲を一発発射すれば、大砲自体が船の全幅を上回る一五メートルうしろまで跳ね返る。その跳ね返りを三メートルに抑えるために、大砲はロープで固定されていた。大砲を撃つときは、砲手長が砲身にまたがり、発砲時に砲身が動かないように支えなければならない。もちろん、砲弾の行く手をさえぎる場所に足や指があれば容赦なく吹き飛ばされてしまう。また、大砲を固定するロープが銃撃戦でちぎれてしまうこともあるが、この〝どこに転がるかわからない大砲《ルース・キャノン》〟は、砲列甲板にいる全員にとんでもない危険をもたらす。なにせ何トンもある金属が、ほかの砲手たちをなぎ倒しながら、波の揺れのままに甲板のあちらこちらへと勝手に転がっていくのだ。

一基の大砲は六人の乗組員によって操作されるが、乗組員それぞれが自分の役割を

【右】水兵の充実した食事。主菜である塩漬けの豚肉と牛肉（だが恐ろしく塩辛い）は、大西洋を二、三回横断し、場合によっては数カ月から何年も貯蔵され続けた。この料理の賞味期限は一八一五年だ

果たし、発砲の命令に従わなければならない。戦闘中の再装填で、熱くなった砲身を冷まさずに火薬を詰めれば、乗組員全員が一巻の終わりとなってしまう。そのようなミスを防ぐために、砲員たちにはそれぞれ番号がつけられていた。火薬を詰め、照準器をのぞき、大砲の狙いを定めて発砲の命令を下すのが、一番砲手である砲手長だ。てこ棒で砲身を回転させて起こすのが二番砲手。三番砲手は弾薬――大型の砲弾、ブドウ弾、鎖弾、散弾――をこめ、四番砲手は、再装填の前に雑巾《ぞうきん》ぼうきで砲身内の火花を消す。そして五番砲手は砲身を動かして弾薬を通過させる。

そのうえさらに、六番砲手もいる。

砲列甲板には、血を吸い取り、乗組員たちが滑らないようにするために砂が敷かれていたが、それでも戦闘中は血が排水溝まで流れていくことがあったという。勝った方の船でさえ、かなりの負傷者が出るのだ。耳を聾《ろう》する大砲の音や負傷者たちの悲鳴が響き、敵船からの一斉砲撃の震動をもろに感じる砲列甲板という閉ざされた空間は、さぞや恐ろしかったに違いない。そのような状況で働くよりひどい職業があるとは、とても想像がつかな

6つの主要な海戦における英国および敵国の犠牲者

海戦	英国			敵国（推定）			
	死者	負傷者	合計	死者	負傷者	合計	捕虜
1794年6月1日	287	811	1,098	1,500	2,000	3,500	3,500
1797年セント・ヴィンセント岬	73	227	300	430	570	1,000	3,157
1797年キャンパーダウン	203	622	825	540	620	1,160	3775
1798年ナイル	218	677	895	1,400	600	2,000	3,225
1801年コペンハーゲン	253	688	941	540	620	1,160	3,775
1805年トラファルガー	449	1,241	1,690	4,408	2,545	6,953	7,000
合計	**1,438**	**4,266**	**5,749**	**9,068**	**7,245**	**16,313**	**22,657**

この犠牲者の表は、制海権の代償を示している。

い。

だが、少年の場合、話は別だったのである。

火薬小僧《パウダー・モンキー》

六番砲手は火薬小僧《パウダー・モンキー》と呼ばれ、砲に詰める火薬を砲手長に届ける役目をおびていた。当然火薬は燃えやすいから、砲手たちは薬包を大砲の近くにほんの少ししか置かない。火薬小僧は危険な砲列甲板を突っ切って船の奥のほうにある火薬庫に走り、火薬を運ばなければならないのだ。

そうしたスピードを要求される作業のため、この任務につくのは船にいる六歳までの少年だった。ただ実際は、砲についていない者みんながこの作業を手伝った。船にはわれわれが考えるより多くの女性が乗って

【前頁】しかし、東インド会社で働く船長たちは豪華な食事をしていた。このギルレイの漫画では、船尾側に窓が並ぶ船長室で船長が客をもてなしているのがわかる

【左】当時の海軍を再現するフィルムの少年。その表情は火薬小僧そのものだ

おり、彼女らも手伝ったのである。今日、われわれがなぜそれを知っているかというと、政府がナイル海戦に参戦した者たちに勲章を授けた際、多くの女性たちがその申請をしたからだ（男らしさを伝統とする海軍は、もちろんそれを却下した）。

　火薬庫には、船の中心にある銅で内張りされた部屋が当てられていた。銅なら火薬が湿気ることもないし、鉄と違って火花を散らすこともないからだ。砲台監守は、火薬庫内の処理室で薬包に火薬を詰めると、熱や炎から火薬庫を守る〝フィアノート〟、あるいは〝ドレッドノート〟[†]と呼ばれる濡れた幕越しにそれを火薬小僧に手渡す。だが、これほど細心の注意を払っても、必ずしも安全というわけではなかった。ナイル海戦では、まっ赤に焼けた砲弾がフランスのロリアン号の火薬庫に転がり込み、結局、乗組員の遺体はひとつも見つからなかったという。

　火薬小僧は火薬の恐ろしさを知りつくしていた。この仕事でいちばん怖いのは、処理室から戻るときで、彼らは自分たちの命を一瞬にして奪いかねない火薬の薬包を抱きしめ、狭い舷門を抜け、はしごを

のぼり、殺戮の場と化した砲列甲板まで走り戻らなければならなかった。戦争の現実は、栄光や貧困からの脱出を求めて船に乗った子どもたちに、衝撃的かつ急激な子ども時代の終わりをもたらしたに違いない。

そんな彼らにも、ひとつだけ慰めがあった。もしその修羅場を生き延び、敵船を捉えることができれば、火薬小僧たちも報奨金をもらうことができたのである。また、自分は英国が世界に誇る英国海軍の一員だという誇りを持つこともできた。だが、働く子どもたちの中には、そんな慰めすら持たない者たちもいたのである。

そこで次に紹介するのが、このジョージ王朝時代最悪の職業だ。

この時代最悪の仕事——精紡機《ミュール》掃除人

産業革命を推し進めた原動力、それは英国北部の綿や羊毛の紡績工場だった。十八世紀には技術が飛躍的に進歩し、大量生産が可能となった。一七六五年にハーグリーヴズのジェニー紡機、一七六九年にはアークライトの水力紡績機、そして一七七九年にはクロンプトンのミュール精紡機が発明され、紡績産業は革命的な発展を遂げたのである。多くの工場主たちは新しい技術を急進的かつ先見的に取り入れ、生産を合理化し、生産量を上げる発明を次々に採用していった。そしてジェームズ・ワットが蒸気機関を発明すると、彼らはそれで織機の動力となる水力を補完したのである。

しかし、雇用についての彼らの考え方は、進歩的にはほど遠かった。彼らは見識ある雇用者というよりは、封建時代の領主に近かったのである。工場の下級労働者たち

【〝フィアノート〟〝ドレッドノート〟】どちらも、怖いもの知らずという意。

の仕事は、いつの時代も最も悲惨だ。そんな労働者たちのピラミッドの底辺にいたのが、〝精紡機掃除人《ミュール》〟と呼ばれる最も年若い年季奉公人たちだった。

当時、このたぐいの仕事をする年季奉公人たちは、たんなる消耗品と考えられていた。マンチェスター郊外のスタイアルにある綿紡績工場、クオリー・バンクの歴史を見ても、それは一目瞭然だ。現在、クオリー・バンクは産業革命時代を紹介するすばらしい博物館となっており、当時の機械はもちろん、そこで働いていた人々の生活の記録も見ることができる。

一七九一年、当時にすれば決して特別悪徳というわけでもなかったこの工場の経営者、サミュエル・グレッグは、労働者不足を解消する新たな解決策を思いついた。地元の救貧院から子どもの年季奉公人を買おうと考えたのだ。そして三〇〇ポンドで奉公人のための宿舎を作り、九〇人の子どもたちを住まわせた。これは、商売としては悪くない投資だった。子どもたちを救貧院の帳簿からはずすため、教会区は子どもひとりあたり二ポンドから四ポンドの賄賂を工場主たちに渡し、工場主は子どもたちが仕事を始める前に投資の大半を回収できたからだ。クオリー・バンクの労働者の半分が、このような子どもたちで占められていた。男の子が六〇人、女の子が三〇人。中には八歳の子どももまでいた。しかし、労働時間に関しては年齢への容赦など皆無だった。寮に住み込み、ひとつのベッドに二人で寝かされていた子どもたちは、夜明けに起こされると、一二時間または一四時間シフトで働かされたのである。なのにその労働で彼らが受け取るのは、食事つきの寮と一週間に二ペンスの小遣いだけだった。

中でも最悪なのが、初心者レベルの仕事、すなわち織機にかがみこんで切れた糸の端をより合わせる〝糸継ぎ〟と、クロンプトンが発明したミュール精紡機と呼ばれる織機の〝掃除〟だった。

精紡機掃除は、事故の危険だけでなく、深刻な長期的健康問題もはらんでいた。仕事内容は単調だが過酷を極めたうえ、それを行うのは工場という、これまでにない新しい環境なのだ。

クオリー・バンク工場は、フル稼動しているときも、船の砲列甲板ほど騒々しくはない。しかし、いずれ必ずやむのがわかっている大砲の砲撃と違い、機械が稼動する音は永遠に続くのだ。そのうえ機械の音は、労働者どうしが言葉を交わせないほどやかましかった。

その環境をさらに悪化させたのが、工場内の過酷な暑さと空気の悪さだった。糸が乾いてしまわないように、工場内は暑く、湿度の高い状態に保たれていたため、空気中を舞う綿ぼこりが、目の感染症や肺の病気である綿肺症を引き起こしたのである。英語では、疲れきり、汚れてぼろぼろになっているようすを〝工場を経験した《ゴーン・スルー・ザ・ミル》〟と表現するが、これはこの産声をあげたばかりの産業で働いていた労働者の姿からきているのだ。

掃除人の仕事は単純だ。精紡機は前後に動きながら糸を紡いでいくのだが、そうやって糸を紡いでいるうちに糸くずが落ち、機械の可動部の上や下にたまっていく。この綿ぼこりは、再利用のためにも、事故防止のためにも回収しなければならなかった。

出来高払いで稼動している織機は、絶対に停止しない。そこで幼い掃除人たちは、ブラシと袋を持って機械の下にもぐりこむと、機械にはさまれないよう低くかがみ、

【左】一八二三年のこの絵に描かれている機械では、糸継ぎ職人と掃除人が一日一二時間ぶっ通しで働かなければならなかった。左側の機械の下にかがんでいるのは、落ちた糸くずを集める掃除人だ。白黒の絵ではまったく安全に見えるが、一瞬でも注意を怠れば、このミュール精紡機によって手足はもちろん命までも奪われた

両手両膝を床につきながら、金属製のレールの間を出たり入ったりして働いた。また、工場内にもうもうと舞う綿ぼこりはたいへん引火性が高い。そのため掃除人たちは、木靴の底に打たれた鋲釘が火花を散らさないように、はだしで仕事をしなければならなかった。

子どもたちの安全は、精紡機のリズムに自分の動きを合わせられるかどうかにかかっていた。織機の糸に手がからまったり、元の位置に戻ってくる重い金属製の枠をよけそこねたりすれば、大惨事を招くことになる。しかし、工場に残されているのは大事故の記録だ

けで、指はおろか、腕を失った場合でも、記録するには値しないとみなされていた。

手と膝を床についたまませわしなく動きまわるのは重労働なうえ、幼い子どもというのは、どんなに調子がいいときでも不注意なものだ。そんな子どもが眠気を誘う暑さの中に一二時間もいれば、集中することなどほとんど不可能だったに違いなく、事故が起こったとしても不思議ではなかった。クオリー・バンクには、次のような記録が残っている。

一八六五年三月六日、十三歳の少年ジョゼフ・フォデンが、非常にいたましい事故に見舞われた。ミュール精紡機の下で掃除をしていた彼は、巻き棒とキャリッジに――後者がちょうど上がってきたところだった――頭を完全に潰され、即死したのである。

しかし、まかされている幼い子どもたちに職長が同情を示すことはほとんどなく、動きの遅い子どもは、棒やベルトで打たれて折檻《せっかん》された。ある工場では、居眠りを見つかった子どもを沈める水槽まであったほどである。

このような刑務所同然の場所から逃げ出そうと、脱走を図る子どもたちもいた。すでに人差し指を精紡機で失っていたトマス・プリーストリーは、もうひとりの奉公人、ジョゼフ・セフトンとともに脱走を試みている。ミドルセックスの判事への彼の証言は、工場が奉公人たちにまともな食事休憩すら許さなかったことを明らかにしている。「おいらたちは夏も冬も朝の六時から、夜の七時まで働かされました……朝食はいつ

【左】クオリー・バンクの労働者の寮。この小さなベッドを見れば、働いていた子どもたちがどれほど幼かったか想像がつく

も工場に運ばれてきて……一時間の夕食が許されたのは一週間に二日だけでした」

一八一六年、クオリー・バンクは三四万二五七八ポンドの生地を生産していたが、十年後、その生産量は倍増した。サミュエル・グレッグのような工場主たちは、労働者の待遇を改善したところで損をするばかりで得るものはなく、かえって利益が減るばかりだと考えていたのである。

それでも、十九世紀になると振り子はゆっくりと動きはじめた。その始まりは一八一八年に起こ

ったマンチェスターの紡績工場労働者たちによるストライキだ。そしてこの紛争が、あの恐ろしい〈ピータールーの虐殺〉へと発展していったのである。一度始まった労働者の権利を求める運動は、もはや止めることができなかった。一八八三年には、工場法により九歳未満の労働者の雇用が禁止され、事態はそのまま好転していくかに思われた。

しかし、ことはそうかんたんには運ばなかったのである。当事、労働者たちはよりよい労働条件を求めて闘ったのだろうが、そのすぐ先にはヴィクトリア時代とその時代の最悪の職業が彼らを待ち受けていたのである。

「ジョージ王朝」のできごとと仕事

一七一四	アン女王死去。ハノーヴァー選帝侯ジョージが、国王ジョージ一世となる。
一七二〇	南海泡沫事件が金融界を大混乱に陥れる。株式仲買人組合の腐敗行為が結局は、有限責任会社の導入につながった。
一七二三	コーヒー、茶、チョコレートに消費税が課せられ、密輸業者たちに大きなビジネス・チャンスができる。
一七二三	刑法典に、死に値する罪が五〇追加される。
一七二七	ジョージ一世死去。ジョージ二世が国王となる。
一七三二	コヴェント・ガーデン劇場《オペラ・ハウス》がオープン——〝カストラート〟たちの晴れ舞台。
一七四二	ヘンデルの『メサイア』、ダブリンで初演。
一七四二	イングランド、スペインと交戦状態に入る。
一七四四	英国国歌『国王陛下万歳《ゴッド・セーヴ・ザ・キング》』が初めて歌われる。
一七五五	運河建設の時代が始まり、〝ナヴィ〟という仕事が登場（二七二ページ参照）。
一七五五	サミュエル・ジョンソン博士の編纂した辞書、The Dictionary of the English Language が発行される。
一七六〇	五月五日、絞首台が初めて使われる——〝死刑執行人〟（一一四ページ参照）にとって画期的な出来事だった。この新しい手法は、タイバーンで処刑された最後の貴族、フェラーズ伯爵に用いられた。
一七六〇	ジョージ二世死去。その孫であるジョージ三世が国王となる。
一七六九	ジェームズ・アークライト、水力紡績機を発明。水力による綿糸紡ぎの連続作業を可能にし、工場制生産システムへと導いた。
一七六九	デイヴィッド・ギャリックが、ストラスフ

	オード・アポン・エイヴォンで第一回のシェークスピア・フェスティヴァルを催す。
一七七二	マンスフィールド判事が、英国では奴隷制は認められないとの判断を示す。
一七七九	クロンプトン、ミュール精紡機を発明――〝グズ拾い〟の仕事が用意されたことになる。
一七七九	ヨークシャーのフランバラ岬沖で、英と米の艦隊のあいだに海戦。
一七八二	ジェームズ・ワット、蒸気機関の特許取得。
一七九〇年代	バースに大ポンプルームがつくられる。
一七九二	英国、フランスに宣戦布告。英国海軍はフランスと二三年にわたって戦うことになる。
一七九三	ルイ十六世処刑――フランスで恐怖政治始まる。
一七九八	英国海軍では壊血病と闘うためにライム果汁を飲むことが義務づけられる。
一七九九	戦費をまかなうために、一〇パーセントの所得税が導入される。

一八〇〇	王立外科医師会設立。解剖学者とその手先となった死体泥棒たちのおかげだった。
一八〇五	トラファルガーの海戦は大英帝国が制海権を確保したことを意味した。だが、勝利はきわどいもので、一〇年しか続かなかった。
一八〇五	ネルソン提督、勝利をおさめたトラファルガーの海戦で戦死。
一八〇七	議会が奴隷制を禁ずる制定法を通過させる。
一八一一	イングランド中部地方工業地帯で織物機械打ち壊しのラッダイト運動が起こる。
一八一一	ジョージ三世、心神喪失と宣言され、プリンス・オブ・ウェールズ（のちのジョージ四世）が摂政となる。
一八一二	対アメリカ開戦。
一八一四	連合軍、パリ入城。ナポレオン退位、エルバ島に流される。
一八一五	ナポレオン、復位するも、ワーテルローの戦いに敗れる。
一八一八	マンチェスターで綿紡績工らのストライキ。

一八一九　ピータールーの虐殺。マンチェスターのピーターズ・フィールズで、議会改革運動支援の労働者六万人が武力行使する警官隊に一掃された。
一八二〇　ジョージ四世即位。
一八二八　ジョージ・スティーヴンスン試作のロケット号、レインヒルのエンジン・コンテストで優勝する。
一八三〇　ジョージ四世死去。弟のウィリアム四世が国王に即位。ジョージ王朝の君主でただひとり、ジョージと名乗らない王。
一八三三　工場法で、九歳未満の児童を雇用することが禁じられる。
一八三五　クリスマスが国の祝祭日となる――万人のための休み。
一八三五　ダーウィン、ビーグル号の航海でガラパゴス諸島を調査する。
一八三七　ウィリアム四世死去。ヴィクトリア女王即位。

第六章　ヴィクトリア時代の最悪の仕事

ヴィクトリア女王の御代†における科学技術と社会生活の進歩には、目を瞠《みは》るものがある。だが、その技術および経済の奇跡的発展の裏には、かつてないほど増加した人口の多くが送っていた、困窮と絶望の日々があった。チャールズ・ディケンズやミセス・ギャスケル、サー・アーサー・コナン・ドイルといった小説家たちが、そうしたヴィクトリア時代の生活の惨めな面を、鮮明に描いてくれている。残念なことに、そうした物語世界も悲痛だが、現実世界はもっと悲痛だったのである。

田舎にいた多くの人たちは、貧困から抜け出そうとして、伸びゆく都市部へ向かったが、結局はその煙と機械の世界で端役を演じることになるだけだった。都会の貧困層が採用したライフスタイルは、上品ぶったヴィクトリア時代人の理想とするところとは、大きくかけ離れていたはずだ。アヘン窟やさまざまなドラッグがはびこっていたし、ヴィクトリア時代キリスト関係者の説得力をもってしても、教会へ足を運ぶのは人口の半分以下だった。

ヴィクトリア時代人は、およそ手につけられるものならなんでも調査し、分類した。この分析的手法の最も顕著な効果は、十九世紀のさまざまな科学的調査や、チャールズ・ダーウィンの進化論に代表される飛躍的進歩に見ることができる。だが、彼らの強い好奇心は、社会的な領域にも向けられた。歴史上初めて、貧困社会の人たちがどう生活しているかということを、真剣に考えるようになったのである。チャールズ・ディケンズ自身、〝最悪の仕事〟をした経験があった。一二歳のとき、ロンドンのストランド街近くにあったウォレン靴墨工場で、ラベル貼りという耐えがたいほど退屈な仕事をしていたのだ。のちに彼は、ヴィクトリア社会のおぞましさを小説に描いて

【前頁】重労働に従事する大人と子どもの労働者。ヴィクトリア時代の雇用状況を見ることができる

【ヴィクトリア朝】一八三七年のヴィクトリア女王即位から一九〇一年に亡くなるまでの時代。

いる。だが、労働者の生活を細かな点まで記録したのは、ジャーナリストのヘンリー・メイヒューだった。彼は自ら困窮者たちの調査に乗り出し、出会ったロンドン労働者たちの話をまとめ、彼らの労働条件を記述したのだった。たとえば、バーモンジーにあったいわゆる貧民窟、ジェイコブズ・アイランドについては、こんなふうに書いている。

われわれは悪臭のする下水溝の土手に沿って歩いた。明るい陽の光のもとで、細い水路の水は緑茶のような色に見える。あるいは、暗がりにある黒大理石のように見えないでもない。泥のような水というより、水っぽい泥と言ったほうがいいだろう。しかもそれは、ここの悲惨な住人たちが飲むことのできる唯一の水なのである。おそろしげに見つめていると、排水溝が不潔な中身を吐きだす地点にたどり着いた。そこにはドアのない便所があって、道路から見えるだけでなく、男も女も関係なかった。手桶に入った汚物がそこに捨てられる音がする。……この水を飲むのだろうか、と聞いてみた。答は、どぶ水でも飲まざるを得ない、そうでなければ、手桶一杯の水を物乞いするか、盗んでくるかしかないのだ、というものだった。

ヴィクトリア時代の最も良いところと悪いところを要約したものがあるとすれば、それは鉄道だろう。鉄道を使える経済的余裕のある人たちにとって、それは生活を劇的に変えてしまうものだった。都会に住む中産階級の人たちは、海岸の保養地にたやすぐ行けるようになったし、田舎の作物は新鮮なまま都市部に輸送できるようになった。工業生産物の移送も効果的になったし、陸の孤島のようだった奥地もなくなっていったのだ。だが、この根本的な変革が可能になったのは、つねに命がけの状況で働き続けてきた無数の男たちがいたからこそなのである。

ナヴィ（工夫）

〝ナヴィ〟という名称は、十九世紀初頭の運河建設にたずさわった男たちの呼び名「インランド・ナヴィゲーター（陸の航海士）」からきている。だが、運河掘りの仕事は、やがて英国中をカバーする広大な鉄道ネットワークを作るという、とてつもない作業のリハーサルにすぎなかったのだった。

一八三〇年の時点で敷かれていた鉄道線路は、総計一五〇キロだった。それが一八四〇年には二四〇〇キロとなり、ヴィクトリア女王が死去するころには三万五〇〇〇キロという、現在よりも長い距離になった。しかも、すべての線路やトンネルは人間の手で敷かれ、掘られた

のだった。いや、百万の手というべきか。

ナヴィたちは、土地の下っているところは盛り上げ、隆起している部分にはトンネルを掘り、文字どおり土地を作りかえていった。その道具は、シャベルとつるはしと、手押し車。想像もつかないような骨の折れる作業だ。

十九世紀の中ごろ、英国には二五万人のナヴィがいた。彼らの出身地は、ランカスターやヨークシャー、スコットランド、それにジャガイモ大飢饉のあとは、大部分がアイルランドになった。住むところは自分たちが建設する線路のそばに作った小屋だが、小屋といっても大型のものなら二〇人の男を収容することができた。宿泊料はひと晩一・五ペンス。そうした宿が集まって集落となっていき、〝バティ・グリーン〟とか〝ジェリコ〟などという名前を付けられるようになったのだった。一八四五年、マンチェスターとリヴァプールのあいだにあるウッドヘッドでは、こうした集落に一一〇〇人の男が住んでいた。

彼らはいわば侵略軍のようなもので、土地の人たちからは嫌われたり恐れられたりした。一八三八年というまだ早い時期、ロンドン＝バーミンガム間の鉄道を作っていたピーター・レカウント中尉†は、こう書いている。「（ナヴィたちは）周辺住民にとっての脅威だった。彼らはまったくの放浪の民と言っていい存在であり……その野蛮な言葉づかいに似合った凶暴な行動で知られていた」

【右】ヴィクトリア時代の三偉人。左からチャールズ・ディケンズ、ヘンリー・メイヒュー、チャールズ・ダーウィン

【ピーター・レカウント中尉】ロバート・スティーヴンスンのアシスタント・エンジニアだった。

彼らは、アウトサイダーとしての立場を楽しんでいるようなところがあった。服装も非常に特徴的だ。作業中はモールスキン†のズボンに二重キャンヴァス地のシャツ、非番のときはヴェルヴェットのスクウェアテイル・コート†に鋲を打った靴、海賊のような虹《にじ》模様のベスト、派手なハンカチーフ、白いフェルトの帽子という出で立ちだった。

また、本名でなく〝ファイティング・ジャック〟とか〝ジプシー・ジョー〟などという仇名《あだな》で知られる傾向があった。自分たちだけの野蛮なルールをもっていて、結婚に関しては独自の儀式を行なった。結婚するカップルはナヴィたちの集まった部屋でほうきの上を二人でまたぎ、その後共通の居住空間の真ん中で床入りをするのである。

生活は厳しかった。一日に支給されるのは約九〇〇グラムの牛肉と約九リットルのビール。これでベテランのナヴィは一回の勤務で二〇トン分の土を運んだ。土手の工事は特にたいへんな仕事で、土と石を積んだ手押し車は、ロープ一本を使って厚板の連絡路から切り通しのてっぺんへ引っ張り上げなければならない。手押し車とそれを扱うナヴィのベルトに結びつけられたロープは、滑車を経て、反対側から馬が引っぱることになっている。合図が出ると、馬が前進し、手押し車を引っぱって土手に上げるというわけで、〝ランニングをさせる〟と言われた。馬に引かれて、ナヴィは重い手押し車をコントロールしながら四五度の傾斜を登っていく。馬がしっかりしていれば、もちろん問題はない。しかし、もし滑ったりぬかるみに足をとられたりしたら、手押し車は容易に傾いてしまう。そうなるとナヴィは、手押し車が自分の頭に落ちてこないように放り出すしかなく、どちらも坂を転げ落ちていくことになるのだ。

【モールスキン】作業着用の丈夫で厚い綿織物。
【スクウェアテイル・コート】裾が半円形でなく直線のもの。

【左】ナヴィたちの敷設する線路は、一センチの狂いもない完璧なものだった。この写真では、巨大な高架橋をくぐる斜面に線路が巧みに敷かれているだがもっと危険なのは、トンネルの掘削だった。真っ暗闇の中で頼りになるのはろうそくの明かりだけで、その裸火が爆発を引き起こす危険性がつねにあったからだ。事故は恐ろしいほどにしょっちゅう起きるのだった。一八三九年から四五年にかけてウッドヘッド・トンネルを建設したときは、三二人が死亡し、一四〇人が重傷、四〇〇人が軽傷を負った。これは鉄道工事全体の死者の三パーセントであり、怪我人では一四パーセントにあたる。一八三九年から四一年にかけてグレート・ウェスタン鉄道が建設されたときは、一三一人のナヴィが病院送りとなったが、かのイザムバード・キングダム・ブルーネル†は、簡潔にこう言っている。

「少ないほうだと思うがね」

　非衛生的な小屋の集落に住むナヴィたちは、赤痢やコレラ、天然痘、肺炎、

そして夏場には日射病になりやすかった。ナヴィが死んでも、その妻（または慣習法上のパートナー）がもらえるのは、拠出制の病気基金からのわずかな金だけだった。

ナヴィはその労働の危険性から、高い報酬を受けていたが、支払いのシステムにある種の落とし穴があった。ベテランでないナヴィの場合、一日に二シリングを、月給で受け取る。給料を待つひと月のあいだ、ナヴィは会社の経営する売店からツケで買い物をするのだが、これがかなりの金額になってしまうのだ。しかも、月給はたいてい、会社の持ち物であるパブで手渡される。仕事が終わったら酔っ払うのがふつうだとはいえ、鉄道会社の支払う給料の一部は、確実にパブ経由で戻ってくるというわけだ。

ナヴィたちはよく酒盛りのどんちゃん騒ぎをすることで知られ、それが地元民の恐怖のまとだったという。彼らの酒量はかなりのもので、命にかかわるような飲み方をするのだった。

田園地方は、鉄道線路が通ることによって急激に変化していった。だがジョージ王朝時代の終わりには、まだ田舎には手つかずの共有地が広がっていた。都市部や新たに開発された郊外に住む裕福なヴィクトリア時代人は、そうしたイングランドの田舎を牧歌的なユートピアと考えたがったが、現実ははるかに違うものだった。トマス・ハーディの小説に出てくるウェセックスも、農場労働者のつらい生活の一部を伝えているにすぎないのだ。しかも、最も単調で退屈な仕事は、しばしば女性や六歳程度の子どもたちによってなされていた。

【イザムバード・キングダム・ブルーネル】英の土木・造船技師。広軌の線路を作り、高速走行を可能にした。

【左】鉄道用トンネルは中間地点から掘られた。ナヴィたちは上部から換気用の縦坑を掘り、その後爆発物を使って横二方向へ掘り進んで作業スピードを倍にする

ナヴィの悲劇

男性、機関車に轢き殺される

今月八日木曜日午前十時十五分ころ、石工のピーター・マイルズが、バティ・ワイフ・ホールに新しくできた鉄道線路で、恐ろしい事故に見舞われた。前の晩レールウェイ・インで飲んでいた被害者は、酩酊《めいてい》状態のまま午前八時半ころセバスタポールに向かった。そして、暗闇の中でトンネルに迷い込んで寝てしまったらしい。車掌のヘンリー・ベイリーの証言によれば、被害者を死に至らしめた機関車はジェリコから戻ってきたところで、バティ・グリーン乗降場から一五〇ヤードの地点でガクンという急な動きを感じたため、運転手に停止させたのだという。列車を降り、その原因が頭を砕かれ腹を割かれた仲間だと知ったときの彼の気持ちは、筆舌に尽くしがたいと言えよう。ピーター・マイルズは三〇歳で、リヴァプール近くのブートルの出身。遺体の検死審問は今月十二日、T・ブラウン検死官代理によってレールウェイ・インで行なわれ、陪審は「鉄道機関車に轢かれた事故死」という評決を出した。

――『クレイヴン・パイオニア』紙、一八七二年二月十七日付)

小石拾い《ストーン・ピッカー》

小石拾い《ストーン・ピッカー》は、最も報われない仕事のひとつだろう。四、五〇人ほどの丈夫な子どもが、朝六時に村を出て農場に向かう。たいていは四、五キロの距離を歩き、村に帰れるのは十四時間後になる。農場に着くと大きな手桶またはカゴを配られ、拾った小石をそれに詰めて荷馬車へ運ぶのが仕事だ。地面にかがんで石を集める子どもたちのうしろには、ムチを手にした大人がいて、なまけたりのろかったりする子どもを打ってまわる。子どもたちの報酬は、大きな手桶いっぱいの小石につき一ペニー。風やみぞれやひょうにもめげず、昼は冷たくなった弁当を生け垣のかげで食べる。休めるのは大雨の日と日曜日だけだ。

そうした毎日の過酷な仕事に加え、イースト・アングリア†の田舎の労働者は〝フェン熱〟に悩まされていた。激しい震えと発熱、それに四肢の痛みを伴う、謎の病気だった。腐った野菜から立ちのぼる〝瘴気《しょうき》〟のせいだと言われたが、実はフェンズ†の水気で発生した蚊に刺されてうつる、マラリアの一種だった。痛みをやわらげるため、労働者たちは〝鎮痛剤〟と称してアヘンを使った。粉末状のものを煙草として吸うか、錠剤に混ぜ込んで服用したのだった。

一八四六年の『リンカーン・マーキュリー』紙は、こう報告している。

　アヘンやアヘンチンキ、エーテル、モルヒネを服用する習慣が、ケンブリッジシャーやリンカーンシャーのフェンズ住民のあいだで流行している。年寄りや虚弱な者はもちろん、若い者にも、恐るべき勢いで広がっているのだ。いまや二十代、三十代、四十代の男女が、死人のような青ざめた顔をして体を揺らしながら、おぼつかない足取りで六ペンスの毒物を買いに行くのが、日常的な光景となっている。

田園地方には、不快な条件下で時間ばかりかかる退屈な仕事が、ほかにもさまざま

【イースト・アングリア】イングランド東部。
【フェンズ】イングランド東部のもと沼沢地で、十七～十九世紀に干拓された。

にあったが、それらは子どもたちがすべて引き受けていた。たとえば〝鳥おどし〟は鳴子を手にして一日中鳥を追って走りまわる仕事だし、〝ニシン番〟は崖のてっぺんで凍えながらニシンの群れを待ち、見えたら猟師に知らせるという仕事だった。
だが、都会の子どもたちの場合は、もっとひどい仕事をするしかなかった。都市部の工場は、大量の煤《すす》を吐きだす。グラスゴーやバーミンガム、マンチェスターの赤レンガの工場群も、ロンドンのタウンハウス†も、みんな煤におおわれていた。元凶は石炭だ。増え続ける都会の人たちが家の暖房に石炭を使い、産業界は工場のエネルギー源として利用した。石炭は煤煙《ばいえん》を生み、煤煙とくれば、煙突掃除人の出番なのである。

【タウンハウス】ロンドン市街にあるホテル。

煙突掃除人《チムニー・スウィープ》

煙突の煙道に登っていく煙突掃除の少年《スウィープ・ボーイ》というイメージは、ヴィクトリア時代の生活の原型のようなものだが、それはまさに、〝最悪の仕事〟のひとつだった。子どもたちは煙道を通れるようにと、あまり食事を与えられず、やせこけていた。とは言っても、ヴィクトリア時代の煙突はあまりにも狭く、はさまって死んでしまう少年も数多かった。また、タウンハウスの煙突は背が高く、落ちる危険性が高かった。手足を折る事故は日常茶飯事だったのだ。
〝煙突登り〟の少年は、たいていがもともとストリート・チルドレンで、安い労働力を得たい煙突掃除人によって、拾われた。チャールズ・キングズリー†の作品に登場するトムは、ディケンズのオリヴァー・ツイストと同じく、読者にこの職業の人間を具

【チャールズ・キングズリー】一八一九〜一八七五年。

【左】煙突掃除人と煙突登りの少年。細い煙道によじ登る役を小さな子が引き受けていたことがわかる。子どもの無邪気さも失われていく商売だ

体的に知ってもらうための存在だ。

トムは毎日、半分は泣き半分は笑って暮らしていた。泣くのは、まっ暗な煙突のなかを、むき出しの膝や肘をすりむきながらのぼっていかなくちゃならないときや、すすが目にとびこんだときや、これも毎日のことだけど、親方になぐられたときや、これもまた毎日のことだけど、食べるものをすこししかもらえないときだった。

――チャールズ・キングズリー『水の子どもたち』（芹生一訳）

ヴィクトリア時代の人たちは、こういう状況を気にしなかったのだろうか？ いや、気にしてはいた。二十一歳未満の者を煙突に登らせてはいけないという法律が、ヴィクトリア時代に入ってまだ三年しかたたない一八四〇年に制定されているのだ。ところが、この法律を破っても罰金はわずかなもので、軽視される傾向にあった。延長して使える煙突ブラシも発明されたのだが、煙突登りの少年を使うよりはるかに高くつくということもあり、状況はいっこうに変わらなかった。右に引用したチャールズ・キングズリーの社会諷刺小説、『水の子どもたち』が一八六二年から六三年にかけて連載されたころ、ようやく社会は見て見ぬふりをするのをやめたのだった。シャフツベリー卿が、罰金を一〇ポンドという大金にする新たな法律を提案したのだ。

ヘンリー・メイヒューが労働者の生活について書いたのは、まだヴィクトリア時代が始まって一五年ほどのころだったが、改善のきざしはあり、煙突掃除人が「古き悪しき時代」を振り返ることもあった。

煙突掃除のある親方は、週に一度、時には二度、メリルボーンの風呂に行くのが習慣の人だったが、彼が言うには、今でも煤だらけのままの格好で、飲んだり食べたり寝たりする者も多いが、自分が煙突登りの少年だったころに比べれば、みなよく体を洗うようになったということだ。彼が子どものころはよく服を脱がされて、お湯が熱すぎたり冷たすぎたりすることがあったが、無理やり浴槽に入れられ、おかみさんに、彼の言葉で言うと「ごしごし磨かれた」そうだ。彼は自分で見たり聞いたりしたことから判断して、三〇年から四〇年前は、ごく少数の例外を別にして、煙突登りの子どもが体を洗うことなどめったになかったと言っている。当時彼らには、風呂に入れられるのは体罰同然、何よりも嫌なことだったのだ。何年も前のことだが、煙突登りの少年らがよく親方に連れられて、サーペンタイン池で水浴びしていたのだが、あるとき一人の少年が溺れるということがあって、それ以降、子どもらを無理に水に入れることはあまりしなくなった。†

【出典】ヘンリー・メイヒュー『ロンドン路地裏の生活誌』植松靖夫訳

ネズミ捕り師《ラット・キャッチャー》

ヴィクトリア時代の英国、特に都市部での、不潔な通りや下水溝におけるネズミの害は、深刻だった。ネズミの数があまりに多くなってくると、その処理にはネズミ捕り師《ラット・キャッチャー》が呼ばれた。砒素をベースにした毒薬の大きな瓶と、耳のはしを切り取ったテリアを一頭つれて、戸口にあらわれるのだ。

ネズミ捕り師は、あたりのネズミを一掃し、穴をふさぐことで、四シリングほどの報酬を得る。だが、必ずしもネズミを殺す必要はなく、生け捕りにすることもよくあった。生きたネズミは一匹あたり三ペンスで売れ、ネズミ捕り師たちにとって、かなりの収入の足しになったのだ。

では、どんなふうに行なわれたのだろう？　メイヒューは、あるネズミ捕り師について生々しい記録を残してくれている。

男の名はジャック・ブラック。元はパブの店主だったが、経営に失敗してネズミ捕り師に転職したところ、不審を抱かせないそのやりかたで成功し、ヴィクトリア女王のためにネズミ捕りをするところまでいったのだという。服装はコーデュロイのズボンに、ヴェルヴェットのジャケット。それにネズミの絵を描いた革のベルトをして、ペットとして飼っているネズミが上着の袖やポケットに見え隠れしている。タイムとアニスのオイルを服にすりこんでいるので、かなりきつい匂いがする。その匂いがネズミを引きつけるのだそうだ。

仕事に来るときは、テリアとともに、レドンホール・マーケットで四ペンスで買ったという凶暴なフェレットを連れてくる。そして手には、ネズミを一〇〇〇匹は入れることができるという大きな鉄のカゴを抱えている。手順としては、まず一カ所を除いてすべてのネズミ穴をふさぎ、フェレットを中に入れてネズミを一方の隅に追いつめる。それから、残った穴に手を入れておびえるネズミを一匹ずつ捕まえるのだ。この地道な手法は、非常にうまくいった。カムデンタウンでは、一カ所で七〇〇匹のネズミを生きたまま捕まえたという。

そんなわけで、ネズミ捕り師にはネズミに噛まれるという職業上の危険性があった。下水溝のネズミや通りのネズミは、伝染病を媒介する。ジャックは一度、ひどい病気をうつされ、三カ月間仕事を休んだことがあった。つまり、三カ月間無収入だったわけである。体が腫れ上がり、黒ビールを飲むことでかろうじて治すことができたのだという。ネズミはどんな部分でも容赦なく噛みつく。ジャックによれば、「あんたに言えないところまで噛みつきますね。親指の爪にも噛みつかれたことがあります。ほら、傷を負ってから何年もたったってのに、まだ割けたままでしょう」とのことだ。

皮肉なことに、彼らが痛みと伝染病のリスクを抱えて生け捕りにしても、そのネズミは結局、大衆の前で殺されることになるだけだった。パブの店主たちは、客寄せのため

【左】カゴを手にするネズミ捕り師ジャック・ブラック。言われているよりはかなり小さいかごである

ジャック・ブラック

ロンドンのネズミによる害は地域特有の問題で、裕福な人々にも貧困にあえぐ人々にも影響を与えた。ジャック・ブラックの顧客は、企業から聖職者から女王まで、広範囲にわたっていた。ネズミは雑食性で、空腹になれば馬や牛にも噛《か》みついたし、ネズミどうしでも、はては眠っている人間の赤ん坊にも噛みついた。

ネズミってのは、ウサギとおんなじに共食いもしますよ。おれは実際に見たことがあります。死んだやつの皮を野ウサギみたいにはがして、きれいな肉の部分を食うんです。おれは一度に一〇〇〇匹は入れられる鉄のカゴを自分でいくつも作って、ネズミを入れたまま積み重ねておきました。そのものすごいネズミの数とか、おたがいに殺し合うさまとか、誰も信じられないでしょうよ。ほんと、驚きもんです。そんなにカゴをいっぱいにしても、ネズミが窒息したってのは見たことがないですね。でも、毎日エサを与えなけりゃ、連中はたがいに殺し合いを始めるんです。共食いですよ。

ある晩、ひとつのカゴに二〇〇匹を入れて居間に置いといたんですが、ある人の犬がカゴにちょっかい出しましてね、カゴのドアを開けて鼻をフンフンやったあげく、みんな逃がしちまったんです。部屋に入ったとたん、ネズミの逃げたことが臭いでわかりました。ひざまずいたり腹ばいになったりしてベッドやソファの下をさぐり、部屋中を探し回りましたね。なんとかその晩の十二時になる前に全部カゴに戻し、競技のために売ることができたんです。前に一度子どもが噛まれたことがあるんで、戦々恐々でしたよ。

——メイヒュー『ロンドンの労働とロンドンの貧民』

に違法な〝ネズミ殺しショー〟を行なった。パブの店内に木製の檻《おり》が作られ、おびえるネズミの群れに向かってテリアがはなされる。それぞれの犬がネズミを何匹殺せるか、あるいは、追いつめられて必死になったネズミたちの中で犬が生き残れるかとどうかについて、賭けを行なうのだ。これはかなりいい商売になった。あるパブなど、二〇のネズミ捕り師から一年で二万六〇〇〇匹のネズミを仕入れたという。総額にして三二五ポンド――手ごろな家が一軒買えるほどの金が、イーストエンドのひとつのパブで、ネズミのために消費されたわけである。

ネズミ捕り師はまた、一種の芸を見せることで収入を補っていた。ジャックの場合は、ネズミを腕や体に這《は》わせ、なでてやったり一緒に遊んだりするというものだった。また、彼らの副収入としては、ネズミに使う毒物の販売によるものもあった。カゴの中のネズミに与えて客に見せることにより、毒の有効性を宣伝したのである。

だが、毒はネズミにだけ使われたのではない。工場の経営者たちは、儲けになるなら喜んで従業員たちを有毒物質にさらしたのだ。そんな経営者の欲による被害を最も受けたのは、マッチ工場の従業員たちだった。

マッチ工

十九世紀のマッチは、小さな木の棒を黄燐《おうりん》(白燐)の溶液に浸すことで作られた。この

【左】フェレットとテリアは、ネズミ捕り師の重要な道具だった。ネズミを脅して、アニス油のついたネズミ捕り師のほうへ穴から追い出すのである

有毒物質から立ちのぼる蒸気は、〝燐顎《りんがく》〟†と呼ばれる恐ろしい症状を引き起こし、マッチを製造する者の体をむしばんだ。その最初の徴候は、歯痛および歯茎と顎の腫れだ。次いで膿瘍ができ、膿が出るようになる。そして、暗闇で光る玩具《おもちゃ》のように、患者の腐った下顎骨はあやしい光を放つようになるのだ。当時の唯一の治療法は、下顎骨を外科的に切除するという、苦しくまた悲しいものだった。黄燐の使用はスウェーデンやアメリカでは禁止されていたが、英国はそうした動きが商業の自由を損なうものだとして、反対していたのである。

ヴィクトリア時代の〝マッチ・ガール〟（マッチ売りの少女）といえば、多くの人は、はだしの宿無し少女が雪の降る中でマッチを売るという、感傷的なイメージを抱くことだろう。だが、ロンドンのブライアント・アンド・メイ工場にいたマッチ・ガール（マッチ工）たちは、労働者の権利に関するパイオニアだった。彼女たちは、週に五シリング以下の給料で一日最高一四時間働いた。しかもそれは、罰金を差し引かれない場合の話だ。仕事中におしゃべりをしていたとか、マッチを落としたとか、許可なしにトイレに行ったなどという規律違反に問われると、三ペンスから一シリングの罰金が給料から差し引かれた。労働時間は、夏の場合は午前六時半から（冬は午前八時から）午後六時まで。遅刻をすると半日分の給料が引かれるのだった。

だが、若い彼女たちは威勢がよく、はつらつとしていた。非番の日の彼女たちを、取材者はこう語っている。「彼女たちは独自のファッションをもっている。とにかく、たくさん色を使って楽しむし、巨大な羽根飾りの付いた大きな帽子を好む。ロンドン子のハイカラ連中がベルボトムのズボンなしにいられないように、この帽子が必需品

【燐顎】燐煙にさらされ下顎骨が壊死すること。

マッチ工場から

ベスナル・グリーンのワーフ・ロードにあるルイス・ウェイツ工場にて

……ここは非常に小さな仕事場で、六人の男と一八人の少年が働いている。建物は二つ。ひとつはたんなる差し掛け小屋で、もうひとつは物置小屋でしかない。後者は、見たところ約六メートル掛ける約三・四メートルというちっぽけなもので、通気口のたぐいはない。一方にドアがあって、そのそばに窓がひとつあるきりだ。ここは浸液と乾燥の両方を行なう部屋で、硫黄と燐を混合し加熱する作業も行なう。浸液の作業員のそばで小さな男の子が手伝っているのだが、混合液の真上にかがみこむようにしてかき回している。激しい臭いのため窒息しそうなほどで、ほんの少ししか中にはいられなかった。もうひとつの小屋は……似たようなもので、通気口もなく、三〇掛ける三メートルほどだ。残りの工程がここですべて行なわれる。マッチからは白い蒸気がつねに立ちのぼっているのだ。

——ホワイト氏による「黄燐マッチ工場レポート」『児童雇用委員会　第一報告書　十八巻』、一八六三年

だ。そしてヒールの高い靴をはき、ふさ飾りもなくてはならないものだ」

社会運動家のジャーナリスト、アニー・ベザントに指導されたブライアント・アンド・メイ工場の労働者たちは、給料と労働条件の改善を求めてストライキを起こし、成功させた。その後押しとなったのは、安全性を認識したライバル工場の台頭だった。一八九一年、救世軍がロンドン東部のオールドフォードに、自らのマッチ工場を開いたのである。そこでは、人体に害のない赤燐でマッチが作られた。救世軍は、一グロスにつき二ペンスあまりというブライアント・アンド・メイの二倍の賃金を自分たちの従業員に払った。それでも、〝暗黒のイングランドを照らす光〟というブランド名

のマッチは、年間六〇〇万箱も売ることができたのだった。
ストライキの三年後に書かれたレポートを見ると、ブライアント・アンド・メイ工場がどのように改善されたかがわかる。

従業員の作業は仕事は以前よりはるかに思いやりのある管理のされかたになり、新たな機械の導入で劇的に楽になった。

一般的に言って、工場の職人たちの健康状態はよくなっている。聞き取りをした女性のひとりは、同じ施設で二〇年間働いているというが、非常に元気そうだった。とはいえ、燐による害が過去のものになったと考えるのは間違いと言える。〃燐顎〃と呼ばれる病気の事例は、いまだに数多くあるのだから。その障害の最初の徴候は歯痛であり、それに頬の腫れが伴う。この徴候があらわれたら、下顎骨全体を除去するという最悪の事態を避けるため、すぐにでも何本かの歯を抜かなければならないのだ。

——勅撰弁護士モンタギュー・ウィ

【左】マッチ・ガールたちははからずも労使関係の歴史をつくることになった

リアムズ『東の下流、西の上流』

ブライアント・アンド・メイ工場の女性たちは、すべてを賭けてストライキを行なった。つまり、それだけ必死だったということだろう。だが、仕事のない貧困層の場合はどうか。彼らを招き寄せるのは、ヴィクトリア時代の悪名高き象徴である、救貧院だった。

救貧院《ワークハウス》での仕事

何世紀ものあいだ、いわゆる〝貧民救済〟は人々の家において行なわれてきた。ところが、今日の慈善や特典に関する議論の不気味な予兆とでも言うべきか、十九世紀初めの立法者たちは、古いシステムだと、人々が仕事に精を出さずに施しを受けるだけで終わってしまうと考えたのだった。そして一八三四年、ヴィクトリア時代が始まる三年前に、救貧法改正条令が成立した。この法律により、『オリヴァー・ツイスト』などでわれわれの知る、刑務所のような施設ができたのだった。

一万五〇〇〇にのぼるイングランドとウェールズの教区が、救貧区連合となり、それぞれが救貧院をもった。救貧院の建物は、貧困者のカテゴリー——男か女か、健康体か虚弱体か、子どもかという区分によって分離した生活をさせるように、特殊な構造になっていた。

そしてこの法律は、救貧院を、怠け者の貧困者が来たくなくなるような〝望ましく

【前頁】マッチ・ガールたちの主張を取り上げた、活動家にしてジャーナリストのアニー・ベザント

【左】救貧院の収容者。一見カメラに向かって微笑んでいるように思えるが、誰の目も落ちくぼみ、やつれた顔をしている。

ない場所〟にしようとした。ここでの労働条件は、最も賃金の低い労働者のものよりひどかったのだ。救貧院で人々が与えられる仕事は、懲罰であるとみなされ、ときには実際の刑務所よりひどい管理をされたのだった。

石割り人

収容者の多くは、非常に老齢か若すぎるかで、重労働に耐えられなかった。だが、放浪生活の男や日雇いで労働をしていた者が入ってくると、骨の折れる仕事を与えられるのだった。

石割りの仕事は、道路作りの素材を作りだすことだ。彼らは大ハンマーを使って、硬い岩の塊を崩し、小さな破片にする。最後の砂利は、二センチ四方くらいまで小さくしなくてはならない。この仕事のために特別に準備された針金の網が

あって、それを通らないくらい大きければ、石は返却され、もう一度細かくしろと言われる。果てしない作業なのだ。ひとつの岩を砕いても、すぐ次が待っている。それに、ハードな作業をこなしても報酬はごくごくわずかにしかならないのだった。

槙皮《まいはだ》作り

悪臭と汚れ、それにヒリヒリする指の痛みに悩まされるこの仕事は、収容者の中でも主に年配の男に与えられた。槙皮《オーカム》は、造船所で使われた古いロープをほぐしたもので、船の漏水を防ぐのに使われたりする。ロープには、防水のためのタールがたっぷりしみ込んでいる。この汚れた長いロープを小槌で叩き、細い紐にばらし、さらに糸のような細さまでほぐすのである。すべてがほぐされたところ

で、ようやく一本一本のより糸にすることができるのだが、これがまた、タールでべとべとになっている。このタールは、現代の洗剤をもってしてもなかなか落とすことができない。触れるものすべてを汚してしまうという、うんざりするような状況での生活がどんなものか、考えてみてほしい。

最終的に作られた細かなより糸は、小さな球のかたちに丸められ、造船所に送られる。造船所では、船の板のあいだに詰めたり、樹脂でコーティングして防水用の充塡剤を作ったりするのだ。このプロセスは〝かしめ《コーキング》〟と呼ばれている。

男性は、この槇皮を一日に六八〇グラム作るように命じられた。女性の場合は二二〇グラム。救貧院のほかの仕事と同様、食事のため以外の報酬はない。

救貧院の存在は、特に老人や身体に障害をもつ者にとってはつねに脅威であったため、人々はそこに入らないですむよう、生計をたてるためならどんなことでもした。前述のヘンリー・メイヒューが書き残している中には、捨てばちとでも言えるような大道芸で金を得ようとした人たちもたくさんいた。たとえば、『チューブベル†を鳴らす盲目のパフォーマー』とか、『お子様ダンサーを連れたフランス人手回しオルガン弾き』、『一ペニーの似顔絵描き』、あるいは道化的なキャラクターである『ナイフ投げのビリー』、『安劇場のピエロ』、『口笛マン』、『一本足イタリア人の射撃実演』といったたぐいだ。さらに、十一月五日のガイ・フォークス祭り†が近づくと、生身のガイ・フォークス人形までが現れた。ガイ・フォークスの服装はしていたが、もちろん、実際に燃やされることはなかった。

メイヒューはまた、さまざまなクズ拾いのたぐいも記録に残している。環境保護に

【前頁右】救貧院の男たちの仕事のひとつは、こうした山のように積まれた石を砕くことだった

【前頁左】救貧院ではすべてが厳しく統制され、気の滅入るような生活だった。食事さえ、懇親の場にはほど遠い機械的なものだった

【チューブベル】鐘に似た音を出す打楽器。

【ガイ・フォークス祭り】四章参照。

【左】救貧院の槇皮作り。これだけの量をこなすと、どんな丈夫な指でも擦りむける。

熱心な現代の人たちは、リサイクルという概念を自分たちが生み出したものと思いがちだが、将来のことなどおかまいなしに大気や川を汚染したヴィクトリア時代人も、実はほとんど何も無駄にしなかった。なぜなら、他人の捨てたものを拾い集めてわずかな金を得る人たちが、つねに存在したからだ。

モク拾い

モク拾いは、葉巻の吸いがらを拾い集め、唾液で汚れていない部分の葉をリサイクルにまわす仕事だ。

メイヒューは、この葉巻の吸いがらとパンくずを探してラトクリフ・ハイウェイやコマーシャル・ロード、マイル・エンド・ロードなどを歩きまわるアイルランド人の子どもたちについて、書き記している。彼らはひと握りほどの吸いがらを集めると、半ペニーに換え、それでオートミールを買った。そのオートミールをパンくずと一緒に煮て、

つましい食事としたのである。

ストランドとリージェント・ストリートは、特に葉巻の吸いがらの見つけやすい通りだった。慣れた者なら一キログラム以上は拾えたから、吸いがらの軽さを考えると、恐ろしい量だったと言えよう。それをローズマリー・レーンにいるバイヤーのところへ持っていくと、五〇〇グラムにつき六ペンスで買い取ってくれる。バイヤーは、さらにそれを煙草メーカーに売り、メーカーは新しい葉と混ぜて、合成の葉巻や嗅ぎ煙草を作るというわけである。

お茶の葉集め

使用済みの葉を集めるのは、煙草だけではなく、お茶についても行なわれていた。〝お茶の葉集め〟は、ロンドンの裕福な家々を回り、上品な使い方をしたティーポットの残り葉を集める仕事だ。集めると言っても、ゴミ箱をあさるのではなく、ほんのわずかだが金を使用人に払って買い取るのである。買い取った葉は、熱した鉄板の上で乾かし、リサイクル葉として、無節操な小売店主に売りつける。店主たちはそれを純粋な新品の茶に混ぜ、量を増やすのだ。葉が緑茶の場合は、乾かす前に銅の調合剤を使って色づけする。当時、お茶は高価だったので、混ぜ物で純度を落とすことは盛んに行なわれていた。実に、年間四〇〇〇トン近くの古い葉が、ロンドンで売られていたのであった。

ダストマン

現代では〝ダストマン（ゴミ収集人）〟と言うと、一般的なゴミの収集人を意味するが、ヴィクトリア時代にはもっと特殊な役割を担っていた。

当時の燃料は、石炭が主役だった。ロンドンだけで、一年に三五〇万トンの石炭を消費していた。当然のように、あとには灰や燃えがらが残る。行政区の役人にとっては、〝ゴミ請負人〟を使って、その灰や燃えがらをすばやく運び出すことが、重要な責務だった。請負人たちは、荷馬車とカゴとシャベルのほかに、灰を捨てるための空き地をおさえていたのだ。そして、石炭の灰は、金を生み出す元でもあった。灰をふるいにかけ、細かなものは農業の肥料用に、粗いものはレンガの製造用に売れたのである。請負人たちは、ひとりあたま一年間に馬車一万台分の灰を処理しており、そのために雇われたのが、〝ダストマン〟であった。

彼らは、世襲的にこの仕事をしていた。小さい子どものころから灰の山をふるいにかける仕事を始め、やがては一人前のダストマンに成長する。〝すくい人〟と〝運び人〟に分かれ、汚れがこびりついた頑丈な背の高い箱を載せた荷馬車で、通りを回るのだ。そして、馬車が来たことを知らせるため、「ダスト・オーイェ！」という呼び声をあげた〝すくい人〟がカゴに灰を満たし、それを〝運び人〟が馬車に運ぶ。運び人は段を登って馬車に中身を空け、終わればまた満杯のカゴを運ぶ、という具合に作業は続けられる。馬車がいっぱいになると、灰処理場に運び、灰の山に捨てたのである。

ダストマンたちは、灰を集めて運ぶと、次の日には通りを掃除した。また、家主たちと、汚水だめを空《から》にする約束も独自に交わしていた。報酬は低いが、コンスタントな収入になるのである。灰のほうの報酬は馬車一台につき八ペンスだったから、できるだけ何度も灰を運ぼうとした。処理場に運ばれた灰は、女性や子どもたちの労働者によってふるいにかけられる。彼らが〝最悪の仕事〟の最悪の部分を担っていたことは、もはや驚きではないだろう。

彼らの生活の悪い面は、汚れにまみれなくてはならないことにあったが、ヴィクトリア時代のほかの仕事ほど不健康でも危険でもなかった。メイヒューによれば、ダストマンたちは驚くほど健康的だったという。確かな数字は残っていないが、九十歳代まで生きたというダストマンの話はいくつもある

し、ウッドという名のダストマンにいたっては、百歳まで長生きしたという。

ゴミ処理場

最近私が見に行ったゴミ処理場では、ふるいをかけている女性たちのようすがいっぷう変わっていた。腰のあたりまでゴミに埋もれ、「処理している」ゴミ山の前で半円形にならんでいたのだ。各人の前には、ふるいにかけられた細粒ゴミの小さな山ができていた。つまり一種の堤防のような形になって、そのうしろに彼女らがいる格好になっていた。作業中の彼女らの姿は、じつに変わっていた。汚れた粗末な綿のガウンのうしろをたくし上げ、両腕は肘の上までむきだしにして、黒い婦人帽は、魚売りの女みたいにくしゃくしゃに潰していた。そして首からペチコートの裾《すそ》までおおう丈夫な革製のエプロンをガウンの上からしめていて、さらにその上にもう一枚、ぶ厚く詰めものの入っている短めの革製エプロンを、腰のところで太い紐か帯で縛っていた。作業をしている時、彼女らはふるいを前に押し出してから、乱暴に手前に引き戻すのだが、このとき勢いよく革のエプロンにぶつかるので、そのたびに低音のドラムを叩いたような鈍い音が響いた。

そこにいた女性たちは皆中年だったが、一人だけ年をとった女性——六十八歳だと教えてくれた——がいて、子どものころからこの仕事をしているという。この女性は、ゴミ収集人の娘であり、ゴミ収集人の女房あるいは内縁の妻で、ロンドンの東端のゴミ処理場で働いている数人の若いゴミ収集人——息子だが、孫もいた——の母親でもあった。

——ヘンリー・メイヒュー『ロンドン路地裏の生活誌』(植松靖夫訳)

ボロ布拾い

一九六〇年代に人気を博したテレビ番組『ステップトウ親子[†]』の二人は、ヴィクトリア時代の〝ボロ布拾い〟に比べると、かなり洗練された職業を営んでいたように見える。〝ボロ布拾い〟は、拾った布を入れる脂じみた袋を肩にさげ、ステッキを握って何マイルも歩きまわったのだ。ステッキは、家の外に積まれたがらくたの山を突き刺し、売れるものを探すためのものだった。彼らの仕事は競争が激しかったので、自分の選んだ地域にほかのボロ布拾いが来る前から作業をするため、朝の二時に起きることも珍しくなかった。ロンドンで人気があったのは、ユダヤ人の布地メーカーが不要な布きれを大量に捨てる、ペチコート・レーンやメイフエアだった。ボロ布拾いは一日に八時間もロンドンの街をてくてくと歩き、三〇から五〇キロという、フルマラソンに匹敵するような距離をこなした。しかも背中には、一〇キロから二五キロという重さのボロ布を担いでいたのである。

【前頁】灰処理場で働く女性たちは、すすや灰をふるいにかけて粗い粒と細かい粒を選り分けるとともに、うっかり捨てられたような〝お宝〟も探した。細かい粒は肥料にされ、粗い粒はレンガの原料になった（注・当時のロンドンの家庭ゴミは、火を燃やしたあとのカスである、白い灰と炭殻やコークスの燃え残りが多かった）

ボロ布の需要は非常に高く、一八五一年の一年間で一万トンの布きれが輸入されていた。ボロ布拾いの場合は、一ポンドあたり半ペニーで町のバイヤーに売ることができたという。これは、木材パルプが出現するまで、紙が布から作られていたからだった。ディケンズの小説の初期の版はこうしたボロ布拾いが集めた布から作った紙に印刷されていたはずだ（こうした紙は丈夫で長持ちした。大英図書館は、木材パルプから作られた現代の書籍について酸化と腐敗という問題を抱えているが、ヴィクトリア時代初期の本は今でも新品同様だという）。

【右】通りで声を上げるダストマン。あるいは、喉につまったゴミの煤を一杯のビールで洗い流したいと思っているかもしれない

【ステップトウ親子】廃品回収業の親子によるシチュエーションコメディ。

骨拾い

骨拾いは、古い骨を掘り返しては集めて歩く仕事で、なりたくしてなる職業ではない。汚れて腐った骨は悪臭を放つし、あまり金にもならないからだ。骨拾いになるのは、たいていは落ちぶれた人間で、中には収穫が終わって仕事のなくなった農業労働者もいるが、多くは職にあぶれたナヴィ（前述）である。ヘンリー・メイヒューは、ある骨拾いに会って話を聞いているが、「彼の着ているコートはぼろぼろで、集めている骨からの脂じみと灰やほこりのため、まるで鳥もちにくるまれているように見えた」という。

売られた骨には、いくつかの用途があった。大きなものはフランスに送られ、歯ブラシやひげそり用ブラシの柄、赤ん坊用の輪形おしゃぶり、ナイフの柄、安物の櫛などに加工される。残りは茹でてゼラチンと脂の成分を取り除き、石鹸にするのだ。そ

れでも残った細かなものは、砕いて肥料用の骨粉にする。

では、灰処理場での仕事や朝二時に起きて三〇キロ歩き続ける仕事より、もっとひどい仕事はあるだろうか？　あるとすれば、〝どぶさらい〟がそうだろう。

どぶさらい《トッシャー》

どぶさらい《トッシャー》は、クズ拾いの中でも代表的な存在だった。彼らは、最もヴィクトリア時代らしい場所である下水溝の奥深くで、違法かつ不快な仕事をしていたのである。

一八五〇年の時点で、ロンドンは年に三一六億五〇〇〇万ガロンの汚水を排出し、そのすべてをテムズ川に直接流していた。一八五三年にコレラの流行で一万人のロンドン市民が死に、何らかの手を打たねばと言われたのに、国会はなかなか動かなかった。それが重い腰を上げたのは、一八五八年の長く暑い夏に〝ロンドンの大悪臭騒ぎ〟が起き、議会が停止したせいだ。何らかのきっかけが必要だったのだ。その後八年のうちに法律が制定され、著名なエンジニアであるジョゼフ・バザルジェットがレンガづくりのトンネルと下水溝を一七〇〇キロ以上建設し、そのネットワークでロンドンの汚水を迂回《うかい》させたのだった。

だが、排水溝やトイレを通過するのは、人間の排泄物だ

【左】ロンドンの驚異的な土木工事のひとつ、排水施設作りを手がけたのはサー・ジョゼフ・バザルジェットだが、自分が同時にクズ拾いの王様である〝どぶさらい〟の仕事場所を作ったのだということなど、考えもしなかったろう

けとはかぎらない。あらゆる種類のものが、下水溝になだれこむのだった。法律はその危険な商売を禁止していたものの、〝どぶさらい《トッシャー》〟、あるいは〝下水あさり《スーアー・ハンター》〟たちは、トンネルのネットワークに入りこんで、コインや宝石、ナイフやフォーク、石炭、古い金属の塊といったものを探して歩いたのである。

　どぶさらいをするのは、男だけだった。しかも、その仕事に使う道具――長さ二メートルで先にクワの付いた棒を扱えるような、丈夫な男でなくてはならない。クワは、不透明な水に突っこんで探るのに使うのだ。服装は、キャンヴァス地のエプロンとズボン、

ロンドンの汚水

（汚水の中に）含まれているのは、ありとあらゆるものだった。ビール工場をはじめガス工場、薬物や毒物の工場などの材料、犬猫やネズミの死骸、食肉解体処理場のクズ肉（ときには動物の内臓もあり）、舗装道路のかけら、野菜クズ、馬屋の糞、豚小屋のゴミ、屎《し》尿《にょう》、灰、ヤカンや鍋、壺や水差しや花瓶など炻器のかけら、レンガや木片、崩れたモルタル、それにボロ布などである。

――ヘンリー・メイヒュー『ロンドンの労働とロンドンの貧民』

それに獲物を入れる大きなポケットのついた、脂じみた長いコート。背中に袋を背負い、胸にはランプをぶら下げている。

どぶさらいは違法なだけでなく、きわめて危険な仕事でもあった。雨のあとは下水溝に水があふれることもあって、溺れる危険性があった。暑い季節には、汚水から立ちのぼる有毒ガスのせいで命がけとなる。また、レンガの壁が崩れてくることも、ときおりあった。だが、いちばんの脅威は、ドブネズミだった。特に攻撃的と言われる連中だ。どぶさらいはつねに三人以上のグループで下水溝に入り、怒り狂ったネズミに襲われるときも決して離れないようにしていた。

経済的には、かなり恵まれた仕事と言えた。数多くのコインが見つかるので、グループで分けても相当な金額になるのだ。一回の作業で三〇シリング以上になることもあったが、平均すると一日六シリングというところだった。それでも、ふつうの事務員などより多い実入りなのだ。おまけに、悪臭の中で生活していながら煙突掃除や骨拾いのようにさげすまれることもなかった。危険性と違法性のために、一種の地域的ヒーローのように思われたのだろう。

泥ひばり《マッド・ラーク》

どぶさらいは、比較的いい環境にあったと言える。彼らが生計をたてる汚物は、流れる水によって運ばれていたからだ。それが干満はあるがよどんだテムズ川に流れこむと、そこは〝泥ひばり《マッド・ラーク》〟と呼ばれる者たちの仕事場となる。詩的な響きをもつ名称だが、実際の仕事はそれからほど遠いものだ。

〝泥ひばり〟はもともと、川べりの浅瀬を歩きまわる鳥の一般的名称だった。それが、どぶさらいたちの見逃したわずかなゴミを拾う人たちの呼び名となったのである。だが、その仕事はひばりのイメージとまったく違うし、十九世紀のテムズ川にあったのはふつうの泥ではなく、排泄物のぬかるみだった。

泥ひばりは、テレビのドキュメンタリーなどで紹介される、ゴミの山をあさる発展途上国の子どもたちの、ヴィクトリア時代版であった。この子どもたちの場合も、なかなか金にならない作業である。ワッピングのドックで修理中の船から出る銅の鋲でもあればいいのだろうが、泥ひばりは船のそばから追い払われていたので、そういうお宝をおがめる可能性はほとんどなかった。しかも、クズ拾いのできる時間は潮の満ち干に左右されるので、余計に難しいのだった。水位が上がるまでに手桶やヤカンをいっぱいにできなければ、食事にありつけないということなのである。

彼らは六歳のころからテムズ川沿いの埠頭《ふとう》へ行き、はしけのあいだをうろつき回る。はだしにボロ布をはおった姿で、腰を深く曲げてぬかるみの中をばしゃばしゃと歩くのだ。仲間どうしでもめったにしゃべらず、黙々と作業を続ける。冬になると、蒸気機関のある工場から流れこむ温水で、凍えた足を温める。潮が満ちてきて作業が早じまいになってしまうと、街に出て、辻馬車の客のためにドアを開けてチップをせがみ、なんとか稼ぎの足しにしようとするのだ。

メイヒューは十四歳の泥ひばりに話を聞いている。その男の子はシャツなしのズボンのみで、はだしの足はしもやけになっていた。父親は石炭の荷揚げ人夫だったが、はしけの上で死んだ。母親の仕事は、ジャガイモの病気がはやったためになくなってしまった。男の子はズボンの裾をまくり、いつもはだしで、膝までのぬかるみの中を歩いていく。釘やガラスのかけらが足に刺さることもあるが、か

んたんな手当をしたあと、満ち潮がくる前にすばやくまた戻っていくのだ。「潮がくんのになんにも見つかんなきゃ、次の潮までに飢え死にしちまうからね」と彼は言うのだった。銅の鋲が足に刺さったときは、三カ月足をひきずっていたという。

さて、これでヴィクトリア時代の最底辺の職業を見たとお思いだろう。はだしで汚水の中を歩くのは、ぞっとする仕事だ。だが、足でなく素手を使うとしたら？　次の〝純物拾い〟に会ったら、握手はしたくないと思うことだろう。

【右】ヘンリー・メイヒューによれば、泥ひばりは「調査のあいだに出会ったなかで最も卑しむべき外見だった」だという

純物拾い《ピュア・コレクター》

ピュア――［形容詞］きれいな、汚されていない、まじりけのない、純粋な、他［名詞］犬の排泄物、またはそれに似た物（『チェンバーズ・ディクショナリー』）

〝純物拾い《ピュア・コレクター》〟が商売にするのは、この辞書の定義の後半にあたる。最初はジョークだったのだろうが、名詞としての〝ピュア〟の意味は、犬の糞なのである。純物拾いは、通りを歩いて、文字どおり糞を集めてまわるのだ（しかも彼らは、シャベルなども使わない）。

とすると、これがこの時代最悪の仕事だろうか。いや、そうではない。純物拾いは、自分たちが拾ったものに誰も金を払わなくても、気にしないからだ。犬の糞は、ほかの商売で使われたとき、初めて〝純物〟としての価値を発揮できる。純物拾いはクズ拾いのたぐいとしては最悪のものだが、犬の糞の悪臭は、さまざまな臭いの混じった

カクテルの一部分にすぎないし、それは最悪の仕事で経験することの典型と言える。では、究極の賞賛を受けるべき〝最悪の仕事アカデミー賞〟の受賞対象は、どんな仕事だろうか。

すべての時代を通じて最悪の仕事

ここまで読まれた方は、最悪の仕事がどんなものかということを、ひととおり知ったはずだ。時代ごとの最悪の仕事をじっくりと振り返り、雇用という名の樽に残るかすまでこすり取ってみれば、〝すべての時代を通じて最悪の仕事〟がそなえているべき要素がわかってくるのではないだろうか。

これまで見てきた最悪の仕事に繰り返し現れてきた要素は、五つある。まず第一は、アングロ・サクソン時代の耕作人《プラウマン》（二八ページ）やセダン・チェア担ぎ（一六九ページ）、あるいはヴィクトリア時代のナヴィ（二七二ページ）のように、体力が必要なことだ。

次に、汚れ仕事であること。ヴァイオリンの弦づくりのために羊の内臓を手で掻きだしたり（二〇三ページ）、縮絨用のタライに膝まで浸かったり（一〇四ページ）といった仕事である。

三番目の、低収入という点では、泥ひばり《マッド・ラーク》（三〇七ページ）の貧困さに匹敵するものはちょっと見あたらない。あるとすれば、無報酬でコインの刻印作業をしたコイン奴隷（四五ページ）くらいだろう。

危険性という要素には、二種類あった。爆破火具師助手（二六五ページ）や火薬小僧《パウダー・モンキー》（二五六ページ）が戦いのさなかに直面した、その場で死ぬかもしれないというものと、マッチ工（二八七ページ）や少年役者（一四一ページ）のような、知らぬ間にその職業に関係した病気にかかってしまうという危険性である。

そして五番目が、退屈さだ。現代では、この要素が仕事に関して最もよくある不平不満だが、スーパーのレジ係にしても、コンピュータの画面を見つめるだけの仕事にしても、財務府大記録の転記者（九八ページ）や隠遁者（二三三ページ）ほどに退屈とは言えないだろう。

すべての時代を通じて最悪の仕事は、以上のうち四つの要素を含んだものだ。報酬がいいという明るい面もあるが、それもほかのすべての点で最悪だということにより、打ち消されてしまう。汚れ仕事であり、単調で疲労困憊する仕事であり、長期間にわたって健康を損なう仕事。さらには、おそろしく不快な悪臭を伴うので、鼻のないことが仕事につく要件だとでも言いたくなるくらいだ。この仕事につく人たちは、サッカーのワールドカップで言えばブラジル人チームと言える。その仕事は、皮なめし《タンニング》。タンニングと言えば日焼けだが、彼らの驚くべき世界に日焼けの概念はない。

皮なめし人《タナー》

最悪の仕事としての皮なめし人《タナー》は、この本のどの章でとりあげてもいいのだが、ヴィクトリア時代の最後にもってきたのには、ちゃんとした理由がある。

皮なめし人は、その名の通り、動物の皮をなめして革を作る。ヴィクトリア時代において、革は、ほかのどんな時代よりも重要な存在だった。合成品が登場するまで、革はナヴィやどぶさらい《トッシャー》、ネズミ捕り師《ラット・キャッチャー》、工場労働者の作業用エプロンやベルト、作業靴を作るのに使われた。また、押型模様のついた鞍や端綱、手綱、側面目隠しなど、馬に頼る時代の道具一式も、革から作られた。さらには、蒸気機関のベルトにも使われ、あらゆる工場や製造所のパワーとなり、産業の発展を支えたのである。

しかし同時に、ヴィクトリア時代は皮なめし人の地位が急落した時代でもあった。生の革が腐敗から保護されるまでの過程は、つねに不快なものであり、彼らは長いあいだ、都市のはずれの地域に追いやられる職業のひとつだったのだ。そして、糞汲み取り人《ゴング・ファーマー》や大青染め師、縮絨《しゅくじゅう》職人などのように、同じ皮なめし人とのあいだで結婚するしかなかった。ただ、ヴィクトリア時代には、社会ののけ者的存在の中では地位が高かったようだ。

あまりにもたくさんの革が必要だったため、ヴィクトリア時代の英国ではほぼすべての町にひとつの皮なめし工場があった。原材料が豊富な地域では、特にたくさんの工場がかたまることになる。たとえば、オックスフォードシャーの市場町であるウォンテージでは、ある時期に三〇〇以上の工場がかたまっていて、町全体に圧倒的な臭いを放っていたという。

皮なめし人たちは、地元の食肉処理場から直接皮を仕入れていた。古代エジプト時代から、牡牛や雌牛、子牛、豚、馬、羊、さらには犬の皮までが、なめし革にして使われてきたのだ。そしてそれぞれの皮は、独特の特徴をもっている。子牛の皮は最も

【左】この十六世紀の皮なめし人を描いた版画と、次ページの写真を比べると、この仕事が四〇〇年以上経ってもほとんど変わっていないことがわかるだろう。

皮なめし人の病気

皮なめしは、どの時代にも敬遠される仕事だった。医学に関する著作者として先駆的な存在である、イタリアのラマッツィーニは、十七世紀後半の皮なめし人たちの不健康な仕事について、こんなふうに記録している

皮なめし人の場合も同じで、彼らは石灰と没食子《もっしょくし》を混ぜた穴に獣の皮を浸し、自分の足で踏んでから、きれいに洗い、さまざまな目的のために獣脂を塗る。彼らもまた、絶え間ない悪臭と汚れた空気に悩まされるのだ。死人のように青ざめた顔をして、体はふくれあがり、息づかいが荒いし、誰もが妙に怒りっぽい。私は、この仕事に就いている者の中に水腫《すいしゅ》が多いと気づいた。一日中じめじめした場所にこもり、腐った皮によって汚れた空気を吸っているのだから、当然といえば当然だろう。獣と人間の魂が寄り集まったところが汚染され、人体の秩序が狂うということが、あっていいのだろうか。私はしばしば、この作業所に近づいた馬が拍車でもムチでも言うことを聞かなくなった場面を見たことがある。怪しい臭いに気づいたとたん、馬は手綱を無視して狂ったように家へ逃げ帰ってしまったのだ。そうした事情から、皮なめしの作業所は空気を汚さぬよう、ほかの汚れ仕事と同様、市の城壁近くに置かれるか、モデナ†のように町の外に作られたのである。

――ベルナディーノ・ラマッツィーニ『労働者の病気について』、一七〇〇年

【モデナ】イタリア北部の都市

やわらかい革となり（リンディスファーン福音書に使われたベラムがそうだ）、いっぽう、牡牛や雌牛の皮は靴や道具に向いた硬い革を作ることができるのだ。

人間の皮も、ある種の特徴をもっていた。有名な死体盗掘人《ボディ・スナッチャー》ウィリアム・バークの皮膚が手帳のカバーになってエディンバラのロイヤル・ミュージアムに保管されていることは、第五章で見たとおりだ。スコットランドのヒーロー、ウィリアム・ウォーレス†も、敵であるイングランド人の皮をはいでベルトにしたと言われている。

とはいえ、皮なめし人たちは、友人知人の生皮を浸酸しようという誘惑を避け、獣の皮を専門としてきた。皮は、まだ血の臭いのする状態で、食肉処理場からひとまとめに荷馬車で運ばれてくると、形を整え、塩をつけて洗われた。それから、毛と組織をやわらかくするため、吐き気をもよおすような臭いの槽に入れられる。そこに入っている液体は、消石灰と水から作られたものだ。中世の皮なめし人たちは、これに尿を加えていた。今日の防錆潤滑剤ＷＤ－40と同様、どこででも手に入るものである。皮はこの消石灰の液槽に何週間か浸けられるうち、ゆっくりと腐り、やわらかくなっていくのだ。そして、皮なめし人がちょうどいい頃合いだと判断すると、液から出して、大型で斜めになった除毛用の台に置く。ここで、除毛と腐った肉の部分の取り除き作業が行なわれることになる。

だがこれが、想像よりはるかにたいへんな作業なのだ。消石灰に浸った皮は非常に重く、ねばねばしている。しかも、皮を手に持ったとたん、毛の塊から消石灰の刺激的な臭いが立ちのぼってくる。

皮を台の上にのせると、両手で持つ曲がったナイフを使って、除毛という単調な作

【右】二十世紀初頭、ロンドンのバーモンジーにおける皮なめし作業。最も歓迎されざる仕事だ。デヴォン州には、今でも英国内でただひとつヴィクトリア時代と同じ伝統的方法を使う、コリトン皮なめし工場がある。私も体験してみたのだが、ナイフの刃を皮にすべらせると脂がこびりつき、いちいちこそぎ落とさなければならなかった。これが手にしみ込んで、むかつく臭いになるのだ。当然、脂で手がすべるから、ナイフをしっかり持つのはかなり難しくなる

【ウィリアム・ウォーレス】イングランド王エドワード一世に抵抗してロンドンで処刑された。

皮への情熱

革製品の優越性は、現在もこれまでも、英国人労働者によって『マグナカルタ』のごとく頑強に守られてきた。「英国人の家は城である」ということわざや、英国国家と同じと言ってもいい。英国人はそれに、ビールに対するのと同じくらいの絶対的な信頼を置いており、革の代わりにグッタペルカ†や合成ゴムを受け入れることはないし、ビールの代わりに軽いフランス・ワインやレモネードを受け入れることもないのである。どんなかたちの革製品であろうと、同じ程度の敬意を表される。革への情熱が英国人の奥深くに埋め込まれていることは、それが若いころ心の中で育まれる情熱のうち最も早い時期のものであるという事実から、明白だ。少年は、エプロンと紐靴を卒業するずいぶん前から、本物の革紐でできたムチを欲しがるようになる。あるいは湿っぽい革製の〝おしゃぶり〟として知られる忌まわしきものか。そして、初めて与えられた帽子に厚紙でなく本物の革のまびさしが付いていれば、堂々とふるまうことができる。実際、われわれは、両足を鹿革《バックスキン》でくるんでいた大昔に比べ、退化したわけだが、まだ鹿革に似せたラシャをドスキンと呼んだり、馬や牛の革で作ったしゃれた製品で膝のあたりまでくるんだりして、革への愛情を示しているのである。あさましい街の呼び売り商人たちの〝ウェリントン〟†は侮蔑と嘲りの対象であり、逆に彼らは革製ゲートルとニッカーボッカーという服装をあざ笑うが、その彼らでさえ、縫い取りから七・五センチは重ねるように〝舌革〟でたっぷりおおった〝アンクルジャック〟を使うのだから、革への愛着が国民的なものであることははっきりしている。旅先の宿で最高の部屋に案内してもらうには、『本革保証』の付いた正統派の茶色い大型旅行カバンさえあれば確実なのである。もちろん、〝頑丈さ〟というさらなる長所があることからも、尊敬を勝ち得ることはできるが。

――ジェイムズ・グリーンウッド『感傷的になれない旅、あるいは現代バビロンの脇道』、一八六七年

【グッタペルカ】樹液を乾燥させたゴム様物質
【ウェリントン】ひざまでのゴム長靴

業の開始だ。そのようすは、三一三ページのイラストと三一四ページの写真を見ていただきたい。この作業は、肉体的なハードワークである一方、単調で退屈なものでもあるが、集中力も必要とした。この段階で毛をすべて取り除いておかないと、なめしたあとでは遅いからだ。ひげの生えた靴やハンドバッグを欲しいと思う客など、いないのだから。

毛をすべて取り除いてしまうと、今度は皮を裏返して、同じナイフを使った脂の除去作業に入る。消石灰の液に長く浸けてあった組織は、ふくれあがった状態だ。ここで取り除いた脂は、保管して別の工場に送り、石鹼を作るのに使われる。

ここまでもたいへんな作業だが、これからがさらに厳しい作業だ。この段階で、〝純物拾い《ピュア・コレクター》〟の項に出てきた犬の糞が登場するのである。除毛と脂除去を終えた皮は、別の槽に浸けられる。今度は液槽の中の〝なめし剤〟が、消石灰を取り除き、さらにやわらかな素材にするのだ。現代の労働衛生安全法にはひっかかるだろうが、ヴィクトリア時代のなめし剤は犬の糞に水を混ぜた、胸のむかつくような混合液だった。除毛用の部屋のはしでつねに腐り続けていたような液体だ。

なぜ犬の糞を使うのか？　糞には、犬の胃からの残留物が混じっている。その強い酸と酵素は、肉や皮膚を分解し消化するための、自然界の産物だ。皮を糞の混合液に短時間浸すだけで、消石灰を取り除くことができ、逆にバクテリアと酵素をしみ込ませて、しなやかさを出すことができるのである。

皮を槽の液体に浸す時間は短いが、中の糞は何週間も入れっぱなしにしておく。皮なめし人によれば、古い糞ほどいいのだそうだ。しかも、消石灰となめし剤の悪臭で

皮なめし人の町

ヴィクトリア時代のロンドンでは、皮なめし人たちは東部地域へ追いやられていた。

バーモンジー・レザー・マーケット。この巨大な革（あるいは獣の皮）市場は、ロンドン・ブリッジのサリー州側から徒歩十分のウェストン・ストリートに位置している。周辺一帯は完全に肉はがし人《シンナー》や皮なめし人のための場所で、あたりには悪臭が立ちこめている。ここにいるのは変わった人たちで、十二時になって仕事場からいっせいに男たちが流れ出てくるさまは、ひとつの見物だ。服はいたるところにしみがつき、ズボンは皮なめし剤で変色している。生皮のエプロンとゲートルという姿の者もいる。そして、ほとんどすべての者が、血の臭いをさせているように思えるのだ……。まわりの貯蔵庫には、なめし終わった革がいっぱいに詰まっている。高い壁のむこうは、すべてが皮なめし工場で、そこでは無数の皮が穴に浸されている。バーモンジーの革市場を見に行く場合は、巨大な皮なめし工場のどれかを訪問する許可をあらかじめとっておいたほうがいい。そうしないと、せっかく市場に行っても、近隣に広がる悪臭にさらされる不快感の埋め合わせができないことになるからだ。

――チャールズ・ディケンズ・ジュニア『ディケンズのロンドン事典』、一八七九年

は不十分だとでもいうのか、ヴィクトリア時代の皮なめし人たちは、彼ら独自のやりかたで悪臭を拡張した。なめし作業のスピードを上げるため、液槽の下に蒸気パイプを置き、液体を温めたのだ。糞の水溶液は温かなスープとなり、その悪臭は近隣地域に漂っていった。

皮なめし人の技能は、なめし剤の中に皮を浸けておくべき時間を心得ているかどうかにかかっている。このあと、皮は一年近くタンニンの液に浸けておくという最終処

【左】仕事道具を手にする、ヴィクトリア時代の皮なめし人たち。少年たちはおそらくその子どもたちだろうが、この時代でも最悪の汚れ仕事に従事するべく生まれてきたということを、受け入れているように見える

理に入るのだ。皮なめし《タンニング》には、お茶に含まれているようなタンニンが必要とされる。ただし、皮なめし工場の場合はオークの樹皮を手のひらくらいの大きさにして使う。皮はこのタンニンのきつい液体に浸されたあと、すすいで、人目を避けた場所でゆっくりと乾かされるのである。

　乾いた空気にさらすため、皮なめし工場ではつねに火を燃やしている。その結果、煙とタンニンの槽の臭い、消石灰の槽の臭い、なめし剤の鼻をつく臭いのすべてが入り混じって、とんでもない悪臭が生まれることになる。そして煙とバクテリアと化学物質は、あらゆる種類の健康障害と退行性の病気につながるのだ。皮なめし人は病気からの快復力が高くなくてはいけなかったが、その妻たちも、毎晩仕事から帰ってくる夫の臭

いに耐えなければならなかったはずだ。

仕事の工程が複数あるせいで、皮なめし人に関して英国では二つの名称がある。ここに紹介した皮なめし人《タナー》と、樹皮処理人《バーカー》だ。これまで説明したように、皮なめし工場ではタンニンを使う工程のため大量の樹皮（タンニン皮）が必要だった。一七九三年の『ダービー・マーキュリー』紙に、こんな広告が載っていた。

樹皮はぎ人《バーク・ピーラー》募集――一七九三年の今季、アシュボーン近郊ブラッドリーのオーク樹林で大量の樹皮はぎ人を求む。樹木林は五つに分かれているので、そのひとつでも全部でも可。申し込みはアシュボーンの皮なめし人ミスター・バクストン、またはブラッドリーの材木商ミスター・ファーンまで。

皮なめしという仕事は、〝最悪の仕事〟のコンセプトからすると、典型的なものである。驚くほどハードなものであるとともに、デリケートな現代人からすれば胸の悪くなるような仕事でもあろう。しかも、皮なめし人たちは自らのコミュニティからのけ者にされていた。それでも、技術の必要な仕事であったことは確かだ。ヴィクトリア時代、この仕事には何千という人たちが就いていた。もっと重要なことに、この仕事がなかったら――そして彼らの作った革がなかったら――馬に引かせる犂もなければ、騎馬隊も騎士もいず、彩色された写本も財務府の記録も存在しなかったことだろう。この社会と歴史の動きがストップしていたはずなのだ。

だがそのことは、本書で紹介した仕事のほとんどについても言えるだろう。武具甲

【左】いわゆる〝純物拾い〟たちだけでは、皮なめし人に必要な犬の糞をコンスタントに供給することができなかった。工場のブルマスティフ（注・ブルドッグとマスティフの交配種である大型犬）は、番犬とネズミ捕りと皮なめし液のかわりの供給者という、三つの役目があったのだった

冑従者や火薬小僧《パウダー・モンキー》がいなければアジャンクールの戦いもトラファルガーの海戦もなかったろうし、糞清掃人がいなければハンプトン・コート宮殿もなかったろう、と。私たちの歴史が作られてきたのは、それぞれの時代の〝最悪の仕事〟に従事した、無名の人たちのおかげなのである。彼らこそ、この世界を作ってきた人なのだから。

「ヴィクトリア時代」のできごとと仕事

一八三一	スティーヴンスンの蒸気機関車ロケット号、ストックトンとダーリントン間の鉄道で営業を開始。蒸気機関時代の幕開け。
一八三四	救貧法改正条令によって救貧院が生まれる。懲罰施設だった。
一八三四	火災で国会議事堂焼失。議事堂はビッグ・ベンと呼ばれる鐘がある塔とともに再建された。
一八三六	後世にヴィクトリア時代の生活を鮮やかに伝えることにかけては誰よりも優れた書き手、チャールズ・ディケンズが、『ピクウィック・ペイパーズ』第一章を発表。
一八三七	ユーストン駅が建造され、ロンドンに鉄道時代とともに仕事をもたらす。
一八三七	ウィリアム四世が死去し、ヴィクトリア女王が王位を継承。サミュエル・モース、電信機とモールス式符号を開発。長距離間の即時通信が可能になった。
一八三八	チャールズ・ディケンズ、『オリヴァー・ツイスト』を発表。救貧院を諷刺する作品だった。
一八三八	大西洋横断定期航行の蒸気船が営業開始。イザムバード・キングダム・ブルーネル建造のグレート・ウェスタン号が最初の外洋汽船となった。
一八三九	社会改善運動の初会合。チャーティスト（人民憲章主義者）たちが、普通選挙権獲得と不正取引規制を訴えて声をあげた。
一八四〇	二一歳未満の〝煙突登り少年〟を煙突に登らせることを禁じる法律が通る。ただし、気にする者はほとんどいなかった。
一八四〇	ヴィクトリア女王、いとこのアルバートと結婚。
一八四一	第五回全国国勢調査。一八五〇万人の人口

中、働く男性、女性、子ども、ひとりひとりの名前を調査した（従来、多くの人々はただの統計値でしかなかった）。

一八四二　女性と子どもの鉱坑内労働を禁じる国会制定法が通過。シャフツベリー卿の提案だった。

一八四三　タイプライターが発明され、女性にとって〝最悪の仕事〟である秘書が誕生。近世以前の秘書は、たいていは男性がたずさわる立派な職業だった。機械化されてたやすくできる仕事になるとともに、職業としての地位は失われた。

一八四四　画家J・M・W・ターナーの作品、『雨、蒸気、スピード――グレート・ウェスタン鉄道』に、英国人の鉄道マニアぶりが端的に描かれる。

一八四五～八　ヨーロッパでジャガイモの不作。アイルランドで飢饉。アイルランド人移民が大挙して英国に渡り、鉄道工事の〝ナヴィ〟として大きな労働力を提供した。

一八四六　アンドーヴァー感化院に収容された子どもたちが、ひもじさのあまり腐った骨を奪い合って喧嘩。このスキャンダルがもとで救貧法委員会が交替する。救貧病院を設立するなどの改善。一世紀を経て、救貧法が国民救助法に変わり、国民保健サービス（NHS）がスタートする。しかし、救貧院のひどい状況は変わらなかった。

一八四八　英国でチャーティストのデモ行進がつつがなく終わる。賛美歌『オール・シングズ・ブライト・アンド・ビューティフル』が世に出る。その中にはこんな一節があった。「お金持ちは自らのお城に／貧しき者は自らの城門に／高きも低きも、みな神がつくりたまい／それぞれの境遇を定めたもうた」（注：この一節は、今ではほとんどの賛美歌集で削除されている）

一八四八　この年、ヨーロッパじゅうで革命。

一八四九　カール・マルクス、政治亡命者としてロンドンに落ち着く。

一八五一　ジョゼフ・パクストン設計の水晶宮（クリスタル・パレス）で開催された大博覧会に、

	国家の誇りと科学の粋が集束。連合王国の人口、二一〇〇万人に。
一八五一〜二	ヘンリー・メイヒュー『ロンドンの労働とロンドンの貧民』全三巻が刊行される。この時代の現実に独特の洞察を加えた著作。
一八五四	ヘンリー・ベッセマー、軽量鉄鋼をつくるための転炉《コンヴァーター》を発明。吊り橋や高層建築をつくることが可能になった。
一八五八	議会がジョゼフ・バザルジェットに、ロンドンの悪臭問題を解決する一七〇〇キロの街路下水溝と一三〇キロのレンガ製下水道の建造を許可。はからずも〝どぶさらい〟の仕事場を生み出した。
一八五九	チャールズ・ダーウィン、著書『種の起源』の中で進化論を発表。
一八六一	アルバート公死去。ヴィクトリア女王は喪に服した。
一八六二	チャールズ・キングズリー『水のこどもたち』の連載開始。煙突掃除少年の苦境に光を当てた作品だった。

一八六三	ロンドンの地下鉄がパディントンからファリンドン・ロードまで開通。掘ったのはもちろん、〝ナヴィ〟たちだった。
一八六七	アルフレッド・ノーベル、ダイナマイトを発明。比較的安全に扱える、最初の高性能爆薬だった。
一八六七	第二回選挙法改正で、男性人口の約三分の一に選挙権が与えられる。
一八六九	スエズ運河開通。インドやオーストラリアとの貿易や交通が大幅に楽になった。
一八七三	連合王国《ユナイテッド・キングダム》の人口、二六〇〇万人に。
一八七六	大英帝国で学校に通うことが義務づけられ、児童労働を禁止する一助となる。
一八七六	アメリカでアレグザンダー・グレアム・ベル、電話機の特許取得。
一八七七	アメリカでトマス・エジソン、蓄音機を発明。
一八七九	アメリカでエジソン、電球を発明。
一八八四	第三回選挙法改正でイングランドで全男性

に選挙権。女性たちはもう四〇年待たされることになる。

一八八五　ドイツで内燃機関を用いた世界初の自動車が走る。開発したのはドイツ紳士、カール・ベンツだった。

一八八九　〝マッチ工〟たちが労働条件改善と時給六ペンスを要求してストライキ。

一八九四　タワー・ブリッジ完成。

一九〇〇　ジグムント・フロイト、『夢の解釈』を出版するとともに、精神分析学財団を設立。

一九〇一　ヴィクトリア女王死去。プリンス・オブ・ウェールズであるエドワードが王位を継承した。

訳者あとがき

英国の歴史は、教科書に載っているような王室や政治家たちだけがつくってきたものではない。その他大勢の、もっとつらくて厳しい仕事をしてきた無名の人たちが、つくってきたのだ……。そう考えた本書の著者トニー・ロビンソンは、社会史の本に出てくるような退屈な内容にならずに、そうした人たちのことを語れないだろうかと模索してきた。

そこにヒントを与えてくれたのが、〝英国史上最悪〟、つまり「きつい」「きたない」「危険」の3Kに「低収入」「退屈」という2Tを加えた、仕事の存在だった。現代では考えられないような〝ワースト・ジョブ〟を調べていけば、歴史上の出来事のかげで苦労した人たちや、その時代の社会のゆがみを体現する人たち、社会の底辺にいた人たちのことが、浮き彫りになるだろう。自分で実際に体験し、それぞれの時代のワーストが何かを考えたりすれば、退屈さを避けられるのではないか、と。

そうしてできあがったのが、英国のテレビ局「チャンネル４（フォー）」の体験番組、『ザ・ワースト・ジョブズ・イン・ヒストリー』だった。番組では、二〇〇四年八～十月に放映された第一シリーズ（六回）で時代ごとに（ローマ、アングロ・サクソン、中世、チューダー、スチュアート、ジョージ、ヴィクトリアの各時代ごと）、二〇〇六年四月からの第二シリーズでは環境ごとに（都市部、王室、産業界、海上、田園地域に分けて）〝最悪の仕事〟をまとめ、人気を博した。その第一シリーズを本にして二〇〇四年に刊行したのが、本書なのである。

番組では、人気俳優のロビンソン自身がそれぞれの仕事を再現し、本当に体験してみせた。たとえば、〝ウミガラスの卵採り〟（一章）では実際に海抜百メートルの崖で懸垂下降をしたし、〝縮絨《しゅくじゅう》職人〟（二章）では、なんと尿の入った桶にはだしで入り、生地を踏む作業をした。さらに、〝魚売り女〟および〝がみがみ女〟（三章）では、鉄製の轡をはめられての市中引き回しと水責め椅子の刑を体験し、〝絵画モデル〟（五章）では、女性も含む美術学生の前で全裸でアポロンのポーズをとったのだった。もちろん、ヒキガエルを呑んだり死体を発掘したりという、実際には行なえないこともあるが、再現ドラマや現地ロケで、さまざまなワースト・ジョブをフォローした。

人気タレントが昔の仕事を実体験……と聞くと、日本のテレビ番組のような興味本位の（お笑いや、はたまたお涙頂戴にシフトした）ものをイメージされるかもしれないが、ロビンソンの姿勢は決して興味本位ではない。それは本書を読まれた方ならすでにおわかりのことだろう。

ロビンソン自身、歴史や考古学に造詣が深く、この『ザ・ワースト・ジョブズ・イン・ヒストリー』の前に彼が司会をしたチャンネル４の『タイム・チーム』は、考古学をテーマにした体験番組だった。英国各地におもむいて、考古学者といっしょに三日間だけ発掘を行うが、何が出てくるかはわからないという、ユニークなものだ。たいていはガラクタが出てくるが、そのガラクタこそ、ローマ時代の主婦やチューダー王朝時代の大工が使っていたものだったりと、歴史を語る証人なのである。そうやって発掘の方法や年代分析の手法を、しろうとである視聴者に教えるとともに、考古学は巷で思われているほど派手なものではないが、地道な中に面白さがあるのだということを、わからせてくれる番組なのだった。

著者トニー・ロビンソンは、一九四六年ロンドン生まれ。十二歳のときにミュージカル『オリバー!』に出演、演劇学校を経て俳優の道を進んだ。一九八〇年代に入ると、テレビのシチュエーション・コメディ『ブラックアダー』で有名になり、自らも台本を書いたBBCテレビシリーズ『乙女マリアンと愉快な仲間たち』(ロビン・フッドのパロディ的作品)で、英国アカデミー賞と英国テレビ協会賞を受賞した。本書や、前述の番組『タイム・チーム』を本にした考古学入門書のほか、子ども向けの歴史案内書を十数冊書いている。英国の公共テレビ局チャンネル4では、一九九四年からの『タイム・チーム』と、この『ザ・ワースト・ジョブズ・イン・ヒストリー』で、ユニークな司会者として全英に知られる存在となった。

共著者デイヴィッド・ウィルコックは、『ザ・ワースト・ジョブズ・イン・ヒストリー』を制作した独立系プロダクション、スパイア・フィルム社を経営するテレビ・プロデューサー。ロビンソンとともにチャンネル4のさまざまな歴史番組をプロデュースし、台本も書いてきた。

最後になったが、本書〝The Worst Jobs in History〟を訳すにあたっては、林と日暮が全体の半分ずつを担当し、最終的な統一と調整を日暮が行なった。引用文献にはできるだけ既訳を使う一方、職業の呼び名などで定訳がないものについては、適宜に造語を行った。

本書はテレビ放映の際の面白さを伝えるとともに、歴史上の文献やデータも加え、〝退屈でない社会史の本〟に仕上げられている。日本の読者が英国史を知るためのツールとしても、ユニークなものだろう。まさに、「こんなに楽しく歴史や風俗史がわかっていいのだろうか」と言える本なのであるが、決して〝ワーストな職業〟自体を茶化したりするのではない、真面目な裏面史であることはおわかりいただけるだろう。ロビンソンは翌二〇〇六年に、本書の子ども向け版である〝The Worst Children's Jobs in History〟を出しているが、これもまた、コミカルなイラスト満載でありながら、3K＋2Tの仕事を通じて昔の英国の生活を知ってもらう本なのである。

日暮雅通

二〇〇七年八月

［わ］

ワークハウス　workhouses　155,208,233,259,292-297,322,323
ワーズワース、ウィリアム　Wordsworth, William　82
ワット、ジェームズ　Watt, James　258, 266
ワーテルローの戦い　Waterloo, Battle of 266

[も]

モア、トマス　More, Thomas　112,114,122,153
モク拾い　Cigar End Finder　297,298
モース、サミュエル　Morse, Samuel　322
モレスキ、アレッサンドロ　Moreschi, Alessandro　240,241
モンテヴェルディ、クラウディオ　Monteverdi, Claudio　237,238

[や]

焼き串少年　Spit Boy　122-127,152,244
屋根職人　thatchers　83

[よ]

『陽気なかごかき』　'The Jolly Chairman'　173
羊毛　wool　22,32,103,104,258
浴場ガイド　Bath Guide　219-224

[ら]

ライダー、ダドリー　Ryder, Dudley　202
ラゲール、ルイ　Laguerre, Louis　198
ラッセル、トマス　Russell, Thomas　160
ラッダイト運動　Luddites　266
ラット・キャッチャー　Rat Catcher　193,283-287,311
ラティマー、ヒュー　Latimer, Hugh　154
ラブラリ・ボーイ　Loblolly Boy　245-248
ラマッツィーニ、ベルナディーノ　Ramazzini, Bernadino　313
ラングランド、ウィリアム　Langland, William　107,109

[り]

陸路輸送人　Portager　52-55,158
リチャード一世、獅子心王　Richard I the Lionheart, King　108
リチャード三世　Richard III, King　66,110,112,152
リドリー、ニコラス　Ridley, Nicholas
リンディスファーン　Lindisfarne　12,31,34-36,38,39,60,61,315
　福音書　Gospels　12,35,36,39,60,312
　襲撃　raids　39,61

[る]

ルイ十六世　Louis XVI　266
ルター、マルティン　Luther, Martin　152
ルネサンス　Renaissance　112,113,153,200

[れ]

レカウント中尉、ピーター　Lecount, Lieutenant Peter　273
レン、クリストファー　Wren, Christopher　197,202,208

[ろ]

ロバート・ド・ブルネン　Robert the Bruce　109
ロビン・フッド　Robin Hood　109
ローマ人　Romans　12,14,15,17,19,20,31,45,60,131
ローリー、サー・ウォルター・　Raleigh, Sir Walter　112,154
ロングシップ　longships　49,51,52
ロンドン大火　Great Fire of London　164,196,198,208
ロンドン塔　Tower of London　114,118,119
『ロンドンの労働とロンドンの貧民』　London Labour and the London Poor　286,301,306,324

ホジソン、バジャー　Hodgson, Bodger　145
ボズワースの戦い　Bosworth, Battle of　66,110,112,152
ポータス、マーガレット　Porteous, Margaret　184
ボーディッカ　Boudicca　12
ポーテージャー　Portager　52-55,158
骨拾い　Bone Grubber　303,304,306
掘り出し屋　Resurrection Man　229-233,246
ホルサ　Horsa　23,60
ホルバイン、ハンス　Holbein, Hans　112,152
ボロ布拾い　Rag Man　302.303
ホワイト、ジョージ　White, George　224,226

［ま］

槙皮（まいはだ）作り　Oakum Picker　295-297
マグナカルタ　Magna Carta　108,316
マグヌス、オラウス　Magnus,Olaus　46,52,74
魔術　Witchcraft　77,81,85-87,110,148
マスグレーヴ、サー・ウィリアム　Musgrave, Sir Wlliam　218
マスター・メイスン　Master Mason　87-91
マーストンムーアの戦い　Marston Moor, Battle of　207
マッチ・ガール（マッチ売りの少女）　Match Girls　9,288,290,292
マッチ工　Match Maker　9,287-292,311,325
マッド・ラーク　Mud Lark　307-310
マルクス、カール　Marx, Karl　323
丸天井画家　Dome Painter　197-203
マルマンノ、ベット　Balmanno, Bet　228
マーロー、クリストファー　Marlowe, Christopher　154
マンスフィールド判事　Mansfield, Judge　266

［み］

ミケランジェロ　Michelangelo　110,200
水運搬人　Water Carrier　175-178
水責め椅子　ducking stools　137,138,140
『水の子どもたち』　The Water Babies　282
水腐敗　Water-retting　97,98
ミッソン、アンリ　Misson, Henri　139
密輸　smuggling　212-218,233,265
ミドルトン、トマス　Middleton, Thomas　118
ミドルトン、サー・ヒュー　Myddleton, Sir Hugh　176
ミルトン、ジョン　Milton, John　208

［む］

虫シチュー　worm stew　86
無敵艦隊　Armada　154

［め］

メアリ、スコットランド女王　Mary Queen of Scots　112,114,118,120,121,140,154,158
メアリ一世　Mary I, Queen　154
メアリ二世　Mary II, Queen　208
メアリローズ号　Mary Rose　153
メイヒュー、ヘンリー　Mayhew, Henry　271,273,282,283,296,301,303,306,309,324
　煙突掃除人　Chimney Sweep　282,283
　ネズミ捕り師　Rat Catcher　284,286
　クズ拾い　Dustman　296,303,306
メイフラワー号　Mayflower　207
『メサイア』　Messiah　265

フィッツニジェール、リチャード　Fitznigel, Richard　99
フィッツハーバート、ジョン　Fitzherbert, John　138
フィリーム　phleem　78
フィールド、ネーサン　Field, Nathan　140
フェラーズ伯爵　Ferrers, Earl　265
フォークス、ガイ　Fawkes, Guy　159, 160,162,207,296
武具甲冑従者　Arming Squire　6,66-73, 109,320
踏み車漕ぎ　treadmill Operator　91,94-96
フラー　Fuller　104,106
ブライアント・アンド・メイ工場　Bryant and May　288,289,290,292
プラウマン　Ploughman　28-32,310
ブラック、ジャック　Black, Jack　284-286
フランソワ一世　Francis I, King　124,152
ブラント、トマス　Blount, Thomas　118
フリジア語　Frisians　24
プリーストリー、トマス　Priestley, Thomas　262
プリニウス、大　Pliny the Elder　19,21
ブーリン、アン　Boleyn, Anne　113,114, 119,128,153
ブルック、サー・ジョン　Brooke, Sir John　160
ブルーネル、イザムバード・キングダム　Brunel, Isambard Kingdom　275,276,322
フロイト、ジグムント　Freud, Sigmund　325
糞清掃人　Gong Scourer　131-135,147, 160,321

［へ］

ヘア、ウィリアム　Hare, William　232
ヘイスティングズの戦い　Hastings, Battle of　58,61,66
ヘイドン、ベンジャミン・ロバート　Haydon, Benjamin Robert　226
ベイリー、ドクター・トマス　Bailey, Dr Thomas　122
ベケット、トマス　Becket, Thomas a　108
ベザント、アニー　Besant, Annie　289, 292
ベーダ、尊者　Bede, Venerable　28,34,60
ベッセマー、ヘンリー　Bessemer, Henry　324
反吐収集人　Puke Collector　15-18
ペトロニウス　Petronius　14,17,18
ヘネジ、サー・トマス　Heneage, Sir Thomas　129
ベネディクト、聖　Benedict, St　33,35,60
　戒律　Rule of　33,35,60
ペリグリーニ　Pelligrini　198
ベル、アレグザンダー・グレアム　Bell, Alexander Graham　324
ヘンギスト　Hengst　23,60
ベンツ、カール・フリードリヒ　Benz, Carl Friedrich　325
ヘンデル、ゲオルク　Handel, Georg　203, 208,238,241,265
ヘンリー一世　Henry I, King　99,108
ヘンリー五世　Henry V, King　69,70,71, 72,73,109,154
ヘンリー六世　Henry VI, King　78,80,154
ヘンリー七世　Henry VII, King　112,113, 152
ヘンリー八世　Henry VIII, King　7,112, 113,122-128,131,146,152,153

［ほ］

ボアタール、ルイ　Boitard, Louis　158
ホイットビー会議　Synod of Whitby　60
紡績工場　cotton mills　258,259,264
『放蕩息子一代記』　The Rake's Progress　170
ホガース、ウィリアム　Hogarth,William　170,239

［ね］

ネイプルズ、ジョシュア　Naples, Joshua 231
ネーズビーの戦い　Naseby, Battle of 208
ネズミ捕り師　Rat Catcher　193,283-287,312
ネルソン提督、ホラーショ　Nelson, Admiral Horatio　8,242,243,246,266
ネロ、皇帝　Nero, Emperor　14,18

［の］

『農夫ピアースの夢』　The Vision of Piers Plowman　107,109
ノースコート、ジェームズ　Northcote, James　227
ノーベル、アルフレッド　Nobel, Alfred 324
ノリス、ヘンリー　Norreys, Henry　128,129,153
ノルマン人　Normans　61,64,108
ノレキンズ、ジョゼフ　Nollekens, Joseph 228

［は］

パウダー・モンキー　Powder Monkey　7,256-258,310,321
バーク、ウィリアム　Burke, William 231,315
パクストン、ジョセフ　Paxton, Joseph 323
爆破火具師助手　Petardier's Assistant 165-169,191,207,310
バーク・ピーラー　Bark Peeler　320
ハーグリーヴズ、ジェームズ　Hargreaves, James　258
バゲジトレイン　baggage train　72,73,110
バザルジェット、ジョゼフ　Bazalgette, Joseph　304,324
ハドリアヌスの長城　Hadrian's Wall　60,87
バーナビー、キャサリン　Barnaby, Catherine　140
バノックバーンの戦い　Bannockburn, Battle of　109
バッハ、J.S　Bach, J. S.　208
パーマー、ジョン　Palmer, John　220
ハミルトン、サー・チャールズ　Hamilton, Sir Charles　236
バラ戦争　Wars of the Roses　110,113,152
ハーラル三世苛烈王　Harald Hardrada 58
張り枠　tenterframe　105
ハロルド二世　Harold II, King　58
バーンズ、ロバート　Burns, Robert　180
ハンプトン・コート　Hampton Court 122-124,126,131-133,152,321

［ひ］

ヒキガエル喰い　Toad Eater　7,178-181,185
ピータールーの虐殺　Perterloo massacre 264,267
ピープス、サミュエル　Pepys, Samuel 164,172,182,183,184,208
ヒポクラテス　Hippocrates　75,83
百年戦争　Hundred Years war　109
ピュア・コレクター　Pure Collector 309,310,317,320
蛭　leeches　79-83
　採取人　Collector　80-83
ヒル、サー・リチャード　Hill, Sir Richard　234
ピン工　Pinner　144-146

［ふ］

ファインズ、シーリア　Fiennes, Celia 105
フィッシャー、ジョン　Fisher, John　122

［ち］

チェオルル　Churl　25-28,34
蓄音機　phonograph　324
チムニー・スウィープ　Chimney Sweeps　14,280-283
チャーティスト（人民憲章主義者）　Chartists　322
チャールズ一世　Charles I, King　116,158,168,170,174,207
　死刑執行令状　death warrant　174
チャールズ二世　Charles II, King　116,174,197,207,208
鋳造業者　moniers　46,47,48
チョーサー、ジェフリー　Chaucer, Geoffrey　76,77,109
治療床屋　Barber Surgeon　74-79,83,230,246

［つ］

露腐敗　dew-retting　97

［て］

デイヴィス、アグネス　Davis, Agnes　140
デイヴィス、マーガレット　Davis, Margaret　140
ディケンズ、チャールズ　Dickens, Charles　270,273,318,322
デッカー、トマス　Dekker, Thomas　118
鉄鋼用転炉　steel converter　324
デュラン、ジョージ　Durrant, George　236
デリック、トマス　Derrick, Thomas　116,118
伝染病　plague　113,186,187,188,285
　黒死病　Black Death　84,109,190
　疫病埋葬人　Plague Burier　190-193,208
電話　telephone　87,324

［と］

『ドゥームズデー・ブック』　Domesday Book　108
トッシャー　Tosher　304-307,312,324
トップマン（檣楼員）　Topman　248-256
どぶさらい　Tosher　304-307,312,324
トムキス　Tomkis　143
ドラコッティー金鉱　Dolaucothi Gold mines　20,22,60
トラファルガーの戦い　Trafalgar, Battle of　8,243,256,266,320
鳥おどし　Bird Scarers　280
トリマルキオの饗宴　Trimalchio's Banquet　14,16,18
奴隷　slaves　12,14-16,18-20,22,25,28,32,40,45-48,61,241-243,266,310
ドレーク、フランシス　Drake, Francis　112,154
泥ひばり　Mud Lark　307-310

［な］

ナイルの海戦　Nile, Battle of　256,257
ナヴィ（工夫）　Navvy　224,265,272-278,303,310
ナポレオン　Napoleon　242,244,266
南海泡沫事件　South Sea Bubble　265

［に］

西ゴート族　Visigoths　23,60
ニシン番　Herring Callers　280
『二都物語』　A Tale of Two Cities　230
ニュー・リヴァー　New River　176,177
ニュートン、アイザック　Newton, Isaac　208

［ぬ］

沼地の鉄収集人　Bog Iron Hunter　39,40,60

ジョンソン博士、サミュエル　Johnson, Dr Samuel　265
シラミとり　Nit Picker　181-183
シルチェスター鉄鋳造場　Silchester iron foundry　60
白の受難　White martyrdom　34
『ジン横丁』　Gin Lane　212
水力紡績機　Water frame　258,265

［す］

スエズ運河　Suez Canal　324
スターリング・ブリッジの戦い　Stirling Bridge, Battle of　109
スタンフォード・ブリッジの戦い　Stamford Bridge, Battle of　108
スティーヴンスン、ジョージ　Stephenson, George　267
ストー、ジョン　Stow, John　140
ストッキンジ、アリス　Stockynge, Alice　74
ストーン・ピッカー　Stone Picker　278
スピット・ボーイ　Spit Boy　122-127,152,244
スペンサー、エドマンド　Spenser, Edmund　140,155
スミス、アダム　Smith, Adam　145
炭焼き人　Charcoal Burner　40-44
スモレット、トバイアス　Smollett, Tobias　223

［せ］

税　tax　99,102,161,186,212-214,216,218,265,266
精紡機掃除人　Mule Scavenger　8,258-264
セダン・チェア　sedan chairs　158,169-175,207,220,310
　担ぎ　Bearer　158,169-175,207,208,310
石灰焼成者　Lime Burner　90-93
セネカ　Seneca　17
セフトン、ジョゼフ　Sefton, Joseph　262
船医助手　Loblolly Boy　245-248
選挙法改正　Reform Bills　324
占星術　astrology　75,77
セント・ポール大聖堂　St Paul's Cathedral　196,198-200,202,203,208

［そ］

ソシュール、セザール・ド　Saussure, Cesar de　174
ソールズベリー大聖堂　Salisbury Cathedral　90,95,108
ソルトピーター・マン　Saltpetre Man　8,159-165,207,208
ソーンヒル、サー・ジェームズ　Thornhill, Sir James　198,199

［た］

大悪疫　Great Plague　208
大青染め師　Woad Dyer　146-151,312
大道薬売り　mountebank　179,185
大博覧会　Great Exhibition　323
タイバーン　Tyburn　115,118,265
タイプライター　typewriters　323
大砲　cannons　160,165,247,254-256,260
ダーウィン、チャールズ　Darwin, Charles　267,270,273,324
ダストマン（ゴミ収集人）　Dustman　299-302
ダック、スティーヴン　Duck, Stephen　234
タナー　Tanner　311-321
ターナー、J.M.W　Turner, J.M.W　224,323
煙草　tobacco　133,136,185,191,193,279,298
ダーフィ、トマス　Durfey, Thomas　221,222
ダラム大聖堂　Durham Cathedral　108
タワー・ブリッジ　Tower Bridge　325
ダンクーム、サー・ソウンダース　Duncombe, Sir Saunders　170,207

小作農の反乱　Peasants' Revolt　109
ゴシック様式の大聖堂　Gothic cathedrals　87,109
コーヒーハウス　coffee houses　207,212
ゴング・スカワラー　Gong Scourer　131-135,147,160,321
コンプトン、ウィリアム　Compton, Wlliam　126

［さ］

採石工　Quarryman　92
財務府大記録　Great Roll　8,98-103,108,109,311
財務府大記録の転記者　Pipe Roll Transcriber　8,98-104,311
財務府長官　Chancellor of the Exchequer　99,101
『財務府に関する対話』　Dialogus de Scaccario　99
魚売り女　Fishwife　135-141
サクソン人　Saxons　23,31,34,41,45,49,60,61,64
『サテュリコン』　Satyricon　14,18
醗酵させたサメ　shark, fermented　54
サンボーン、サー・ヘンリー　Sambourne, Sir Henry　162

［し］

ジェームズタウン　Jamestown　208
シェークスピア、ウィリアム　Shakespeare, William　72,73,142,143,154,167,208
ジェニー紡機　Spinning jenny　258
ジェフリー、モンマスの　Geoffrey of Monmouth　108
ジェームズ一世　James I, King　158,159,167,203,207
ジェームズ二世　James II, King　208
死刑執行人　Executioner　114-122,169,265
死体盗掘人　Bodysnatchers　230-232,315
死体取り調べ人　Searcher of the Dead　7,84,186-190,208
七年戦争　Seven Years War　243
『失楽園』　Paradise Lost　208
自動車　cars　87,325
シドニー、サー・フィリップ　Sydney, Sir Philip　140
市民革命　Civil War　165,166,168,207
瀉血　bloodletting　74,76,78,79
シャフツベリー卿　Shaftesbury, Lord　282,323
写本装飾師　Illuminator　35-39
ジャンヌ・ダルク　Joan of Arc　109
修道士　monk　12,28,31-36,38,41,153
　写本　manuscripts　35,36,38,320
　修練者　Novice　32-35
宗教改革　Reformation　112,113,136,152,199
十字軍　Crusades　66,96,108
縮絨機　fulling mills　106,107,109
縮絨職人　Fuller　104-108,312
ジュート族　Jutes　23
樹皮はぎ人　Bark Peeler　320
純物拾い　Pure Collector　309,310,317,320
ジョイス、ジョージ〝コルネット〟　Joyce, George 'Cornet'　116,169
蒸気機関　Steam engine　258,266,308,312,322
硝石集め人　Saltpetre Man　8,159-165,207,208
少年役者　Boy Actor　141-144,154,311
ジョージ一世　George I, King　209,212,265
ジョージ二世　George II, King　265
ジョージ三世　George III, King　265,266
ジョージ四世　George IV, King　266,267
ジョーダン　Jordan　76
ショーリアック、ギ・ド　Chauliac, Guy de　79
ジョン王　John, King　108
ジョーンズ博士、マイク　Jones, Dr Mike　5

祈禱書　Book of Common prayer　153
騎馬巡視官　Riding Officer　7,212-218,236
ギャリック、デイヴィッド　Garrick, David　265
ギャリパイン　Galipines　123
救世軍　Salvation Army　289
救貧法　Poor Laws　155,158,292,322,323
救貧院　workhouses　155,208,233,259,292-297,322,323
　遺体　bodies　232
　仕事　jobs　292-297
強制徴募隊　press gangs　243,244
ギル、ダニエル　Gill, Daniel　216,217
キングズリー、チャールズ　Kingsley, Charles　280,282,324
金鉱夫　Gold Miner　19-23
金襴の陣　Field of the Cloth of Gold　124,152

［く］

『ラ・クー・リテ』　Le Court Leete　138
クオリー・バンク工場　Quarry Bank Mill　260
グーテンベルクの印刷機　Gutenberg's printing press　110
クーパー、ウィリアム　Cowper, William　220
窪み地　pitstead　43
クラウディウス、皇帝　Claudius, Emperor　60
クランプ　clamp　41
クリスター　clyster　76
クリマー　climmers　9,58
グリーンウッド、ジェイムズ　Greenwood, James　316
クレイニッジ、ジョージ　Cranage, George　168
クレシーの戦い　Crecy, Battle of　109
クレスウェル、ポール　Cresswell, Paul　222
グレッグ、サミュエル　Greg, Samuel　259,263
クロスランド、ジョン　Crossland, John　116
グローブ座　Globe Theatre　140,143,145
クロムウェル、オリヴァー　Cromwell, Oliver　165,208
クロムウェル、トマス　Cromwell, Thomas　131
クロンプトンのミュール精紡機　Crompton's Mule　258
軍需品輸送隊　baggage train　72,73,109

［け］

ゲインズバラ、トマス　Gainsborough, Thomas　226
下水　Sewers　131,150,271,283,285,304,305,324
『決意と自立』　'Resolution and Independence'　82,83
賢女　Wise Woman　83-87,110

［こ］

小石拾い　Stone Picker　278
コイン奴隷　Coin Thrall　45-49,61,310
コヴェント・ガーデン　Covent Garden　265
『コヴェント・ガーデンの浮かれ騒ぎ』　The Covent Garden Frolic　158
耕作人　Ploughman　28-32,310
鉱山　mines　21
　国会制定法　Act of Parliament　208,323
　ドラコッティー金鉱　Dolaucothi Gold mines　20,22,60
絞首台　hangman's drop　115,117,118,265
工場法　Factory Act　264,267
『剛勇グレティル』　Grettir's Saga　50
黒死病　Black Death　84,109,190
国勢調査　census　322
『国富論』　The Wealth of Nations　145

ウォルポール、ホラス　Walpole, Horace　234
ウォーレス、ウィリアム　Wallace, William　109,315
ウッド、ジョン　Wood, John　220
ウッドヘッド・トンネル　Woodhead Tunnel　275
ウミガラスの卵採り　Egg Collector　9, 55-59
『海行く人』　The Seafarer　50
ウルジー枢機卿　Wolsey, Cardinal　122, 126,152
運河　canals　265,272,324

［え］

英蘭戦争　Anglo-Dutch War　208
エジソン、トマス　Edison, Thomas　324
エセルレッド無策王　Etherlred the Unready　48,61
エッジヒルの戦い　Edgehill, Battle of　207
エディントンの戦い　Edington, Battle of　61
エドワード殉教王　Edward the Martyr　61
エドワード一世　Edward I, King　108
エドワード六世　Edward VI, King　153, 154
エドワード七世　Edward VII, King　325
エリザベス一世、女王　Elizabeth I, Queen　140,154,155,158
エルタム法令　Eltham Ordinances　123, 126,152
エルフリック『対話』　Aelfric's Colloquy　30
煙突掃除人　Chimney Sweeps　14,280-283

［お］

王政復古　Restoration　174,208
オータン大聖堂　Autun Cathedral　88,90
お茶の葉集め　Tea Hawker　298
オックスフォード包囲戦　Oxford, Siege of　207
オッファ王、マーシアの　Offa, King of Mercia　44
御便器番　Groom of the Stool　7,126-131, 153

［か］

絵画モデル　Artist's model　224-229
海軍　Navy　8,112,164,216,241-258,266
壊血病　Scurvy　222,247,266
カクストン、ウィリアム　Caxton, William　110
カースウェル、トマス　Carswell, Thomas　217
カストラート　Castrato　237-241,265
カスバート、聖　Cuthbert, St　34,36,60
『家政の進め方』　A Book of Husbandry　138
甲冑　armour　6,66-73,109,320
カヌート王　Canute, King　7,61
貨幣　mints　45,48
がみがみ女　scolds　136,137,139,140
　轡　bridle　137,139
火薬陰謀事件　Gunpowder Plot　8,158-160,162,164,207
火薬小僧　Powder Monkey　7,256-258, 310,321
皮なめし人　Tanner　311-321
カンタベリー大聖堂　Canterbury Cathedral　91
『カンタベリー物語』　The Canterbury Tales　76,77,109
浣腸器　clyster　76

［き］

キケロ　Cicero　17,36
騎士　knights　6,66-73,103,108,320
起重機　cranes　94,95
キッチン、ジョン　Kitchen, John　138

索　引

［あ］

アイオナ　Iona　31,35,36
アウグスティヌス　Augustine　60
アークライト、リチャード　Arkwright, Richard　258,265
アーサー王　Arthur, King　66,108
アジャンクールの戦い　Agincourt, Battle of　69,70,72,109,320
アセルスタン　Aethelstan　48
アード（犂先）　ard　28,30
アドムナン（修道士）　Adomnan　33
亜麻の浸水職人　flax Retter　57,96-98
アメリカとの戦争　American War　243
アラリクス王（ゴート族の）　Alaric the Goth　23
アルバート王子　Albert, Prince　322,324
アルフレッド大王　Alfred the Great　27,39,45-48,61
アン女王　Anne, Queen　199,209,220,265
アングル族　Angles　23
暗黒時代　Dark Ages　23-25,28,38,46,56,60

［い］

イーヴリン、ジョン　Evelyn, John　164,173,196
石工親方　Master Mason　87-91
石割り人　Stone Breaker　294,295
糸継ぎ　piercing　260
犬追い　dog whipper　194,195
犬猫殺し　Dog and Cat Killers　193-197,208
イラクサ　nettles　56,85
隠遁者　Hermit　233-237,311
ヴァイオリンの弦づくり　Violin String Maker　203-206,310
ヴァイキング　Vikings　9,39,46,48,49,51-56,58,61,108,158
　エディントンの戦い　Battle of Edington　61
　支払い　payment　48,61
　襲撃　raids　39,61
ヴィクトリア女王　Victoria, queen　267,270,272,284,322,324,325
ウィリアムズ、モンタギュー　Williams, Montague　290
ウィリアム、サンスの　William of Sens　91
ウィリアム一世征服王　William I the Conqueror　58,64,108
ウィリアム三世　William III, King　208
ウィリアム四世　William IV, King　267,322
ウィンクフィールド、ロバート　Wyngfielde, Robert　120
ウエスター（中央部上甲板員）　waisters　243,244
ウォーカー、ジョージ　Walker, George　82
ヴォーティガーン　Vortigern　23,60
ウォード、ネッド　Ward, Ned　222,223
ヴォミトリアム　vomitorium　15

【著者】
トニー・ロビンソン　Tony Robinson
英国の俳優、放送タレントで、『英国の英雄伝説』や子ども向けの本『英国の王様と女王様たち』を始め、歴史や神話に関する著書多数。また、英国チャンネル4のテレビシリーズ『タイムチーム』をもとにした考古学の入門書『考古学なんてくだらないけど面白い』を大学教授ミック・アストンと共著し、台本を手がけた『乙女マリアンと愉快な仲間たち』では、英国アカデミー賞と英国テレビ協会賞を受賞。

デイヴィッド・ウィルコック　David Willcock
テレビ・プロデューサーで、ロビンソンとともにチャンネル4のさまざまな歴史番組をプロデュースし、台本も書いてきた。『ロビン・フッドと英国の本当の君主』では、非体制的な君主候補者というユニークな視点で番組をつくった。

【訳者】
日暮雅通（ひぐらし・まさみち）
1954年生まれ。翻訳家。青山学院大学卒。英米文学および科学技術ノンフィクションの分野で活躍。日本文藝家協会会員。訳書はバンソン『シャーロック・ホームズ百科事典』、ブリーン他『シャーロック・ホームズ　ベイカー街の幽霊』（以上原書房）、ドイル『新訳シャーロック・ホームズ全集』（光文社文庫）、ラインゴールド『新・思考のための道具』（パーソナルメディア）、ハンセン『ファーストマン』（ソフトバンククリエイティブ）ほか多数。英国通としても知られる。

林啓恵（はやし・ひろえ）
1961年生まれ。翻訳家。国際基督教大学卒。訳書はアーダ『ヒエログリフを書こう！』（翔泳社）、ドネリー『薔薇の宿命』（ヴィレッジブックス）、ハワード『夢のなかの騎士』（二見書房）、ベレアーズ『ミイラと遺書と地下聖堂』（集英社）、フェイバー『アンダー・ザ・スキン』（アーティストハウス）ほか多数。

図説《ずせつ》「最悪《さいあく》」の仕事《しごと》の歴史《れきし》

●

2007年9月26日　第1刷
2014年4月17日　第4刷

著者……………トニー・ロビンソン&デイヴィッド・ウィルコック
訳者……………日《ひ》暮《ぐらし》雅通《まさみち》& 林《はやし》啓恵《ひろえ》

装幀……………岡孝治
発行者……………成瀬雅人
発行所……………株式会社原書房
〒160-0022 東京都新宿区新宿1-25-13
電話・代表03(3354)0685
振替・00150-6-151594
http://www.harashobo.co.jp

印刷……………新灯印刷株式会社
製本……………小高製本工業株式会社

ISBN978-4-562-04119-0, Printed in Japan